保险公司经营分析：
基于财务报告

（第二版）

郭振华　朱少杰　编著

上海交通大学出版社
SHANGHAI JIAO TONG UNIVERSITY PRESS

内容提要

本书共分七部分内容：一是保险公司承保利润（亏损）分析；二是保险公司投资收益（率）分析；三是非保险业务的盈利贡献；四是保险公司盈利水平分析；五是保险公司风险管理分析；六是保险公司估值；七是新会计准则简介。

本书可作为高等院校"保险公司经营管理"课程的教材，也可作为保险企业工作人员自学和培训的参考用书。

图书在版编目（CIP）数据

保险公司经营分析：基于财务报告 ／ 郭振华，朱少杰编著. -- 2 版. -- 上海：上海交通大学出版社，2024.6 -- ISBN 978-7-313-31153-5

Ⅰ. F840.32

中国国家版本馆 CIP 数据核字第 2024A70C06 号

保险公司经营分析：基于财务报告（第二版）

BAOXIAN GONGSI JINGYING FENXI：JIYU CAIWU BAOGAO（DIERBAN ）

编 著：	郭振华 朱少杰			
出版发行：	上海交通大学出版社		地 址：	上海市番禺路 951 号
邮政编码：	200030		电 话：	021 - 64071208
印 制：	上海景条印刷有限公司		经 销：	全国新华书店
开 本：	710 mm×1000 mm 1/16		印 张：	21.75
字 数：	399 千字			
版 次：	2018 年 4 月第 1 版 2024 年 6 月第 2 版		印 次：	2024 年 6 月第 8 次印刷
书 号：	ISBN 978 - 7 - 313 - 31153 - 5			
定 价：	69.80 元			

序

本书自 2018 年 4 月出版后，填补了保险企业财务分析领域专用参考书的空白，受到了高校保险学专业师生的欢迎，更受到了保险企业财务、会计、精算、风险管理、IT 等部门人士的高度欢迎，已经重印 6 次。据我所知，有 20 多所高校将本书作为保险学本科和保险专业硕士的《保险公司经营管理》《保险财务分析》或《保险公司经营分析》课程的教材，大量业界人士将本书作为研读保险公司年报、研读保险公司偿付能力报告、理解保险公司经营逻辑的必备参考书。

本书出版后，保险财会领域发生了两大变化。第一，从 2022 年第一季度起，保险业需要按照监管新规《保险公司偿付能力监管规则（Ⅱ）》编报偿付能力报告；第二，从 2023 年 1 月 1 日开始，上市保险公司开始执行新保险会计准则（IFRS17 和财政部 25 号准则）和新金融工具准则（财政部 22、23、24、37 号准则）。

为此，我们对本书进行了两方面修订：第一，由我们保险系长期讲授《风险管理》和《保险公司风险管理》课程的朱少杰博士负责，对本书第五部分"保险公司风险管理分析"进行了更新和完善，该部分从原来的三章扩展为五章，充分反映了偿二代二期监管规则带来的变化和影响。第二，由郭振华教授负责，增加了第七部分"新会计准则简介"，分两章对新保险会计准则、新金融工具准则及两项准则实施后保险公司财报列示的变化进行了介绍。

需要说明的是，本书第二版将于 2024 年 6 月上市，因此，尽管新会计准则已于 2023 年实施，但对 2024 年 3、4 月才发布的基于新准则的新年报如何进行财务分析的内容仍在准备过程中，将在本书第三版中全面反映。

由于自身知识的局限，书中肯定有问题和缺陷，欢迎各位读者提出宝贵意见，联系邮箱：13918418470@163.com。

郭振华

2024 年 4 月 1 日

前　　言

本书希望为读者达成如下三个目标：第一，读懂监管机构发布的各类保险行业统计数据；第二，读懂保险公司发布的财务报告（或财务报表）和偿付能力报告；第三，能基于财务报告对保险公司进行经营分析，包括承保利润（率）分析、投资收益（率）分析、非保险业务盈利分析、保险公司利源分析、保险公司偿付能力分析、保险公司流动性风险分析等。

本书共分为七大部分：

第一部分是保险公司承保利润（亏损）分析。核算承保利润（亏损）的依据是利润表中的相关数据，比较特殊的包括保费收入、已赚保费、保险合同准备金等，因此，第一章首先讨论保费收入和保险负债，第二、三章分别讨论财险业务的承保利润和寿险业务的承保亏损。最后还讨论了影响保险公司承保利润（或亏损）的各种因素。

第二部分是保险公司投资收益（率）分析。核算投资收益率的依据是投资资产和投资收益，因此，第四章讨论金融资产账面价值及其投资收益的计量，第五章讨论长期股权投资与投资性房地产的账面价值及其投资收益的计量。在此基础上，第六章讨论投资资产、投资收益与投资收益率的核算。最后讨论了保险公司投资管理中需要考虑的问题。

第三部分是非保险业务的盈利贡献。保险公司的业务可分为保险业务（对应原保费收入）和非保险业务（对应保户投资款新增交费和投连险独立账户新增交费），第一部分讨论了保险业务本身的盈利贡献——承保利润，第二部分讨论了投资业务的盈利贡献——投资收益，第三部分则讨论非保险业务对保险公司的盈利贡献，分析保户投资款业务和独立账户业务的盈利贡献。

第四部分是在前三部分基础上对保险公司盈利水平进行深入分析。第八章讨论保险公司利源分析，我将保险公司的业务进行分类，分别讨论了各类业务的利润贡献，还对产、寿险公司的利润来源进行了对比分析；第九章通过计算各类业务的利差（投资收益率－资金成本率），更直观地分析保险公司各类业务的盈利水平和对公司利润贡献大小；第十章讨论了保险公司的盈利指标及其影响因素,包括 ROE、财险公司综合成本率、寿险公司内含价值和新业务价值、寿险公司新业价值增长率和内含价值营运回报率。

第五部分是保险公司风险管理分析。第十一章是保险公司风险管理概述,包括保险风险管理、市场风险管理、信用风险管理、流动性风险管理以及剩余风险管理或资本管理;基于偿二代二期监管规则,第十二章讨论保险公司实际资本的计量和分级方法,第十三章讨论保险公司最低资本的计量方法;第十四章讨论保险公司流动性风险分析,在讨论保险公司现金流量表的基础上介绍了保险公司流动性风险监管指标分析;第十五章介绍保险公司偿付能力报告的解读和分析。

第六部分或第十六章是保险公司估值,主要讨论了传统公司估值方法在用于寿险公司估值时的缺陷,并着重介绍了寿险公司估值的内含价值法。

第七部分是新会计准则简介。第十七章介绍新保险会计准则和新金融工具准则,第十八章介绍两项新准则实施后保险公司财报列示的主要变化。

需要着重说明的是,贯穿全书的财务分析和计算都有实际案例,寿险业务或寿险公司分析均以中国人寿股份有限公司 2016 年年度报告为例,产险业务和产险公司分析均以中国平安财险股份有限公司 2016 年年度报告为例,偿付能力报告解读分析以中国人寿和平安财险的 2022 年四季度偿付能力报告为例,便于读者活学活用。

目　　录

第一部分　保险公司承保利润（亏损）分析

第一章　保费收入与保险负债 ·· 2
　第一节　理解保费收入 ·· 2
　第二节　理解保险负债 ·· 8
　第三节　保险负债的计量 ·· 13
第二章　财险业务：收入、成本与承保利润 ·························· 23
　第一节　一个简化的财险承保业务分析模型 ······················ 23
　第二节　承保收入：已赚保费 ······································ 25
　第三节　承保业务支出：风险成本与营运费用 ···················· 26
　第四节　承保利润和绩效指标 ······································ 30
　第五节　关于财险公司承保业务的讨论 ·························· 31
第三章　人身险业务：收入、成本与承保亏损 ························ 33
　第一节　一个简化的寿险承保业务分析模型 ······················ 33
　第二节　承保收入：已赚保费 ······································ 36
　第三节　人身险公司有多"虚胖"？ ································ 38
　第四节　承保业务支出：风险成本与营运费用 ···················· 40
　第五节　承保亏损 ·· 47
　第六节　人身险公司承保业务小结 ································ 48

第二部分　保险公司投资收益（率）分析

第四章　保险投资计量：金融资产及其投资收益 ···················· 52
　第一节　保险投资计量概述 ·· 52
　第二节　以公允价值计量且其变动计入当期损益的金融资产计量 ······ 54
　第三节　持有至到期投资资产计量 ·································· 56
　第四节　贷款类投资资产计量 ······································ 60
　第五节　可供出售金融资产计量 ···································· 63

第六节　金融资产划分、减值与计量总结 ……………………………………… 66

第五章　保险投资计量：长期股权、房地产及其投资收益 ……………… 70
　　第一节　长期股权投资的分类 ………………………………………………… 70
　　第二节　长期股权投资的计量 ………………………………………………… 73
　　第三节　从可供出售金融资产到长期股权投资 …………………………… 77
　　第四节　投资性房地产的计量 ………………………………………………… 84
　　第五节　投资资产计量总结 …………………………………………………… 86

第六章　保险投资：投资收益率 …………………………………………… 89
　　第一节　投资资产的配置和核算 …………………………………………… 89
　　第二节　投资收益和投资收益率核算 ……………………………………… 91
　　第三节　关于保险投资的几点讨论 ………………………………………… 96

第三部分　非保险业务的盈利贡献

第七章　非保险业务的盈利贡献 ………………………………………… 102
　　第一节　独立账户业务的利润贡献 ………………………………………… 103
　　第二节　保户投资款的盈利贡献 …………………………………………… 106

第四部分　保险公司盈利水平分析

第八章　保险公司利源分析 ……………………………………………… 110
　　第一节　保险公司的利润来源 ……………………………………………… 110
　　第二节　财险公司的利润来源和计算 ……………………………………… 112
　　第三节　寿险公司的利润来源和计算 ……………………………………… 116
　　第四节　产、寿险公司利源对比分析 ……………………………………… 122

第九章　保险公司盈利：利差分析模式 ………………………………… 124
　　第一节　寿险公司利差分析：以中国人寿为例 …………………………… 124
　　第二节　财险公司利差分析：以平安财险为例 …………………………… 127
　　第三节　利差分析：寿险公司与财险公司的区别 ………………………… 129

第十章　保险公司盈利指标分析 ………………………………………… 131
　　第一节　保险公司 ROE 的分解及其影响因素 …………………………… 131
　　第二节　财险公司盈利指标：综合成本率 ………………………………… 136
　　第三节　寿险公司盈利度量：内含价值与新业务价值 …………………… 139
　　第四节　寿险公司盈利指标：新业务价值增长率和内含价值营运回
　　　　　　报率…………………………………………………………………… 145

第五部分　保险公司风险管理分析

第十一章　保险公司风险管理 ···························· 150

第一节　保险风险及其管理 ···························· 151

第二节　市场风险及其管理 ···························· 152

第三节　信用风险、流动性风险及其管理 ·········· 155

第四节　保险公司资本管理 ···························· 157

第十二章　保险公司偿付能力管理：实际资本 ······ 159

第一节　保险公司偿付能力管理概述 ··············· 159

第二节　实际资本的计量 ······························· 166

第三节　实际资本的分级 ······························· 172

第十三章　保险公司偿付能力管理：最低资本 ······ 182

第一节　最低资本的含义及其计量原理 ············ 182

第二节　保险风险的最低资本 ························· 186

第三节　市场风险的最低资本 ························· 205

第四节　信用风险的最低资本 ························· 215

第五节　集中度风险的最低资本 ····················· 221

第六节　市场风险和信用风险的穿透计量 ········· 223

第七节　SARMRA 评估与控制风险最低资本 ······ 228

第十四章　保险公司流动性风险管理 ················ 232

第一节　保险公司经营活动现金流量的特点 ······ 232

第二节　保险公司投资、筹资活动现金流量特点 ··· 236

第三节　保险公司现金及现金等价物（净现金流）变动特点 ··· 240

第四节　流动性风险监管指标分析 ·················· 242

第十五章　保险公司偿付能力报告解读 ·············· 247

第一节　保险公司偿付能力报告概述 ··············· 247

第二节　人身险公司偿付能力报告解读：以中国人寿为例 ··· 249

第三节　财险公司偿付能力报告解读：以平安财险为例 ··· 259

第六部分　保险公司估值

第十六章　保险公司估值 ······························· 274

第一节　传统的公司估值方法及其缺陷 ············ 274

第二节　寿险公司估值：内含价值法 ··············· 277

第七部分　新会计准则简介

第十七章　新会计准则简介 ·· 282

　　第一节　新保险会计准则简介：保险合同的确认、分拆和计量 ········· 282

　　第二节　新保险会计准则简介：保险合同负债的分类和构成要素 ······ 286

　　第三节　新保险会计准则简介：保险服务业绩和投资业绩 ············· 289

　　第四节　新金融工具准则下保险公司的金融资产结构 ················· 294

第十八章　实施新准则后保险公司财报列示的主要变化 ················· 299

　　第一节　资产负债表列示的主要变化 ·································· 299

　　第二节　利润表列示的主要变化 ······································ 304

附录 ·· 314

参考文献 ·· 328

索引 ·· 330

后记 ·· 336

第 一 部 分

保险公司承保利润（亏损）分析

第一章 保费收入与保险负债

从保险公司经营来看,保费收入太重要了。首先,保费收入是保险公司的面子,因为保险行业每年都会根据保费收入对保险公司进行排名;其次,保费收入形成和决定着保险公司的负债增量,而负债增量决定着资产增量,也就是说,保费收入是壮大保险公司资产负债表的发动机,进而也是提高公司盈利水平的基础。

本章的目的是帮助大家理解保险公司的保费收入和保险负债,一是有助于大家真正读懂保监会公布的保险公司保费收入情况统计表,二是有助于大家理解保险公司的(资产)负债表和利润表中与保费收入和保险负债相关的科目,为以后分析保险公司经营做准备。

本章首先讨论保费收入的三种类别,解释保险公司拿到保费后如何将其分成三大类:原保险保费收入、保户投资款新增交费和投连险独立账户新增交费;然后讨论上述三类保费如何形成保险公司的六种负债,以及财险公司负债和寿险公司负债的特点和区别;最后讨论保险公司负债的评估方法。

第一节 理解保费收入

一、保费收入分三种

保监会每年都会公布各家保险公司的保费收入情况。例如,2017 年 2 月,保监会公布了 2016 年人身保险公司原保险保费收入情况表和 2016 年财产保险公司原保险保费收入情况表,如表 1-1、表 1-2 所示。你可以看到,保险公司的保费收入有三种:原保险保费收入、保户投资款新增交费、投连险独立账户新增交费。

对任一家保险公司来说,通常将原保险保费收入、保户投资款新增交费、投连险独立账户新增交费三者之和称为规模保费,但只将原保险保费收入称为保费收入。保费收入是根据《关于印发〈保险合同相关会计处理规定〉的通知》(财会〔2009〕15 号),对规模保费进行重大保险风险测试和保险混合合同分拆后的保费数据。

表 1 - 1　2016 年人身保险公司原保险保费收入情况表(部分公司)　单位:万元

序号	公司名称	原保险保费收入	保户投资款 新增交费	投连险独立账户 新增交费
1	国寿股份	43 060 677.17	16 555 055.76	—
2	太保寿	13 736 233.45	1 239 929.85	0.10
3	平安寿	27 518 152.18	9 096 061.04	208 682.67
4	新　华	11 255 979.54	426 829.34	118.91
5	泰　康	8 984 073.97	3 015 137.53	476 859.91
6	太平人寿	9 436 417.90	562 690.84	7 688.72
7	建信人寿	4 611 692.35	623 510.31	509 348.49
8	天安人寿	3 352 417.62	3 520 828.83	—
9	光大永明	507 208.32	469 180.54	3 142 393.30
10	民生人寿	1 252 075.51	517 650.12	90 574.95
11	富德生命人寿	10 217 741.56	6 810 922.75	—

资料来源:中国保监会网站,发布日期:2017 年 2 月 22 日。

表 1 - 2　2016 年财产保险公司原保险保费收入情况表(部分公司)　单位:万元

序　号	公　司　名　称	原保险保费收入
1	人保股份	31 045 348.12
2	大地财产	3 195 785.08
3	出口信用	1 730 795.26
4	中华联合	3 858 724.65
5	太保财	9 607 111.54
6	平安财	17 790 765.32
7	华　泰	701 094.06
8	天　安	1 387 436.08
9	华　安	1 003 486.71
10	永　安	903 558.62

资料来源:中国保监会网站,发布日期:2017 年 2 月 22 日。

这里按照大家熟悉的分类习惯,把所有保险产品分为三类:纯保障性保险、保障储蓄性保险和纯投资性保险,分别讨论其保费收入如何确认,是确认为原保险保费收入、保户投资款新增交费,还是投连险独立账户新增交费。

二、纯保障性保险产生原保费收入

纯保障性保险(媒体经常称之为纯消费性保险),即各类 1 年期及 1 年期以下的短期保障性保险,如各类财产保险、意外险、短期防癌险、医疗保险等,这类保险的特点是只有保障功能,保单没有现金价值或账户价值,没有任何投资功能。

对于纯保障性保险,客户缴纳保费后,自然就形成了保险公司的原保险保费收入。

由于财产保险公司主要经营纯保障性保险(少量经营投资性产品),所以,保监会公布的 2016 年财产保险公司原保险保费收入情况表中只出现了原保险保费收入的数据。

三、纯投资性保险产生投资款

纯投资性保险是指没有任何保障功能的保险,对于这类合同,保险公司自然应该将其确认非保险合同,将收到的保费确认为投资款。如果合同是万能险,就计入保户投资款新增交费;如果合同是投连险,就计入投连险独立账户新增交费。

有的读者看起来会觉得奇怪,保险公司会做这样的业务吗? 确实会的,只不过规模不大。例如,根据中国平安年报,平安保险集团旗下的保险公司所做的部分团体万能保险、团体投资连结保险、部分年金保险及部分其他保险就属于这一类,归类为非保险合同。

四、保障储蓄性保险的特点和分类

1. 保障储蓄性保险的特点

保障储蓄性保险,即既有保障功能又有储蓄投资功能的保险,期限通常在 1 年以上,如终身寿险、长期重大疾病保险、两全保险、年金保险等。事实上,只要是 1 年期以上保险,由于预交保费的原因,保单通常都会有现金价值,进而有储蓄或投资功能。

保单的投资性强弱完全取决于保险公司的设计,例如,同样是终身寿险,有的公司将其设计成保障性很强、投资性很弱的产品,即死亡保险金远超保单现金价值;有的保险公司将其设计成保障性很弱、投资性很强的产品,即死亡保险金只是略微比保单现金价值高一点点,如高 5%(如果不高一点儿,那就肯定不是保险了)。

2. 保障储蓄性保险的四种形式

对于有储蓄功能的保险,保险公司可以将其设计成四种形式,即普通寿险、分红险、万能险或投资连结保险。这四种形式的主要区别在于保险公司如何为客户的现金价值或账户价值支付利息或投资收益:

(1)普通寿险。为客户的现金价值支付固定利率的复利利息,称为预定利率,由于利率固定,其保单现金价值在整个保险期限内都是预先确定的。

(2)分红险。为客户的现金价值提供保底利率,当前市场上的保底利率多为 2.5% 左右,并且每年分红一次,红利取决于保险公司经营分红险的当年盈余。

(3)万能险。也为客户的账户价值提供保底利率,当前市场上的保底利率多为 2.5% 到 3.5% 之间,并且每个月公布或调整一次结算利率。

(4)投资连结保险。类似于投资基金,大比例投资于股票市场,客户承担全部投资风险,保险公司不承担保底收益,只收取相关管理费用。

五、保障储蓄性保险的保费收入确认

对于保障储蓄性保险来说,理论上保险公司既可以认为是保险,进而确认为保费收入,也可以认为是储蓄或投资,进而确认为投资款。如果没有相关规范,保险公司就会将其全部归为保费收入。

1. 政策规定与保险公司选择

2009 年 12 月,财政部颁发了财会[2009]15 号文"关于印发《保险合同相关会计处理规定》的通知",专门明确了保障储蓄性保险的保费确认问题。该文件将这类合同称为保险混合合同,即保险人既承担保险风险又承担其他风险的合同(保险风险是指承保风险,指保单有保障功能;其他风险主要指投资风险,指保单有投资功能),应当根据是否方便分拆进行分别处理,并据此确认形成保费收入还是非保费收入。

显然,对保险公司而言,最好的选择是,自行认为所有保险产品都无法将保险风险部分和其他风险部分区分,或即使区分也无法进行单独计量,于是就对所有保险产品都进行重大保险风险测试,而重大保险风险测试其实是非常宽松的,绝大多数保单都很容易混入保险合同的队伍,进而确认为保费收入。因为,相对于规模保费而言,保费收入占比越高,显示该保险公司越是一家真正意义上的保险公司,越符合监管机构的心愿,符合当下"保险姓保"的要求。

不过,一方面由于万能险和投连险显然易于拆分,另一方面由于监管原因,多数保险公司选择将万能险和投连险进行拆分,将普通寿险和分红险整体进行重大保险风险测试。

《保险合同相关会计处理规定》中的相关规定

（1）保险人与投保人签订的合同，使保险人既承担保险风险又承担其他风险的，应当分别下列情况进行处理：

① 保险风险部分和其他风险部分能够区分，并且能够单独计量的，应当将保险风险部分和其他风险部分进行分拆。保险风险部分，确定为保险合同；其他风险部分，不确定为保险合同。

② 保险风险部分和其他风险部分不能够区分，或者虽能够区分但不能够单独计量的，如果保险风险重大，应当将整个合同确定为保险合同；如果保险风险不重大，不应当将整个合同确定为保险合同。

（2）保险人与投保人签订的需要进行重大保险风险测试的合同，应当在合同初始确认日进行重大保险风险测试。保险人应当以单项合同为基础进行重大保险风险测试；不同合同的保险风险同质的，可以按合同组合为基础进行重大保险风险测试。测试结果表明，发生合同约定的保险事故可能导致保险人支付重大附加利益的，即认定该保险风险重大，但不具有商业实质的除外。合同的签发对交易双方的经济利益没有可辨认的影响的，表明保险人与投保人签订的合同不具有商业实质。附加利益，是指保险人在发生保险事故时的支付额，超过不发生保险事故时的支付额的金额。

2. 对万能险、投连险保费进行分拆

《保险合同相关会计处理规定》明确："保险风险部分和其他风险部分能够区分，并且能够单独计量的，应当将保险风险部分和其他风险部分进行分拆。保险风险部分，确定为保险合同；其他风险部分，不确定为保险合同。"

在四类保险产品中，明显能够区分保险风险和其他风险且能够单独计量的，主要就是万能险和投资连结保险，因为万能险为客户设有个人账户，投连险为客户设有投资账户，个人账户价值和投资账户价值就是其他风险部分，能够单独计量。

因此，客户购买万能险（或投连险）交纳保费后，进入万能险个人账户（或投连险投资账户）的保费，不确认为保费收入，而是确认为保户投资款新增交费（或投连险独立账户新增交费）；对于未进入万能险个人账户（或投连险投资账户）的保费，确认为原保费收入。具体案例请参看"中国人寿鑫E两全保险（万能型）的保费分拆"。

"国寿鑫 E 两全保险(万能型)"的保费分拆

保险期间为 5 年,一次性交费;

保险责任:

(1)满期保险金:5 年末,给付当时的个人账户价值。

(2)身故保险金:一般身故金＝个人账户价值的 120％;客运交通工具意外身故金＝私家车意外身故金＝个人账户价值的 200％。

初始费用:保险费的 0.8％。

最低保证利率:保证年利率不低于 2％。

保单利益演示:被保险人 30 岁,一次性缴纳保费 10 万元。

保单年度	保险费	初始费用	进入个人账户的价值	假定中等结算利率 4.5％				
				个人账户价值(年末)	身故保障(年末)	客运交通工具意外身故保障(年末)	自驾车意外身故保障(年末)	现金价值(年末)
1	100 000	800	99 200	103 757	124 508	207 514	207 514	98 569
2				108 524	130 229	217 048	217 048	104 183
3				113 509	136 211	227 018	227 018	110 104
4				118 724	142 469	237 448	237 448	118 724
5				124 178	149 014	248 356	248 356	124 178

保费分拆:对于这一保单,客户交纳 10 万保费后,初始费用 800 元计入原保险保费收入,进入个人账户的 99 200 元计入保户投资款新增交费。

资料来源:保单介绍和利益演示表均来自中国人寿网站。

3.对普通寿险和分红险进行重大保险风险测试

《保险合同相关会计处理规定》明确:"保险风险部分和其他风险部分不能够区分,或者虽能够区分但不能够单独计量的,如果保险风险重大,应当将整个合同确定为保险合同;如果保险风险不重大,不应当将整个合同确定为保险合同。"

在四类保险产品中,普通寿险和分红险其实能够区分保险风险部分和其他风险部分,但相对不容易单独计量(其实对保险公司来说应该是没有问题的,只是稍微费点功夫),于是,多数保险公司就对这两类产品进行重大保险风险测试。测试时主要考虑"发生合同约定的保险事故是否可能导致保险人支付重大附加利益",附加利益是指"保险人在发生保险事故时的支付额,超过不发生保险事故时的支付额的金额"。

如果确认有附加利益,就认为该保险风险重大,将整个合同确认为保险合同,将其合同收入确认为保费收入;如果没有附加利益,就将整个合同确认为非保险合同,将其合同收入确认为投资款,计入"保户投资款新增交费"。

中国人寿如何进行重大保险风险测试

(摘自中国人寿 2014 年年报)

如果原保险保单"保险风险比例"在保险期间的一个或多个时点大于等于 5%,则确认为保险合同。

保险风险比例=(保险事故发生情境下保险人支付的金额—保险事故不发生情境下保险人支付的金额)/保险事故不发生情境下的保险人支付的金额×100%

显然,按照上述重大保险风险测试方法,只要将保险产品设计成"保险金超过账户价值或现金价值 5%"就可以将整个合同认定为保险合同。极端地,保险公司可以在一个储蓄合同基础上,增加一个交通工具意外险,"死亡全残保额为现金价值的 105%"即可被认定为保险合同,而风险保额为"现金价值的 5%"的交通工具意外险的风险保费几乎可以忽略不计。所以,正如我们前面提到的,重大保险风险测试其实是非常宽松的。不过,全球基本都是如此,绝大多数国家的人身保险业都是以储蓄为主、保障为辅的(读者可参看瑞士再保险公司研究部 Sigma 2012 年第 1 期中的相关内容),否则寿险业不可能积聚远高于财险业的资产规模,这是由符合全球人类本性的保险消费行为造成的。

第二节　理解保险负债

先说明一下,这里只讨论保险公司最重要的,也是特有的负债,即由规模保费(含保险业务保费和非保险业务保费)产生的准备金或类似于准备金的负债,这类负债在保险公司负债中占比最大,约占总负债的 80%。其他非保险公司特有、对保险经营不太重要的负债,如预收、应付、卖出回购金融资产款之类的负债在这里不进行讨论。这让我想起了希腊哲学家爱比克泰德(Epictetus)的话"对于无关紧要的事情,我们要甘于表现出无知或愚蠢,这样才有希望取得进步"。

一、三种保费对应三类负债

与三种(规模)保费收入相对应,在保险公司的资产负债表上有三类负债,如表 1-3 所示。第一类是保险合同产生保险合同准备金,具体又分四种:未到期责任准备金、未决赔款准备金、寿险责任准备金和长期健康险责任准备金;后两类负债是由非保险合同产生的,第二类是由保户投资款新增交费产生的保户储金及投资款,第三类是由投连险独立账户新增交费形成的独立账户负债。

表 1 - 3　两类业务、三类保费对应三类负债

业务种类	保费收入	负　债	
保险业务	原保险保费收入	保险合同准备金	未到期责任准备金 未决赔款准备金 寿险责任准备金 长期健康险责任准备金
非保险业务	保户投资款新增交费	保户储金及投资款	
	投连险独立账户新增交费	独立账户负债	

对这三类负债,可以这样理解:① 负债是存量不是流量,是历年保险业务累积形成的;② 你可以想象,在保险公司有三个大水池,分别对应三类负债,每个水池既有进水管也有出水管,进水管流入的是新保费产生的准备金(或投资款)及其增加值(或将要支付给客户的投资收益),出水管流出的是保险金给付和退保金,在某一时刻留在水池中的金额就是负债金额。

二、三类负债的具体解释

各类保险的保费收入将按照表 1 - 4 总结方式形成负债,具体而言:

(1)对于短期纯保障性保险,即各类 1 年期及 1 年期以下的保障性保险,如各类财产保险、意外险、短期防癌险、医疗保险等,保险公司会从保费收入中提取准备金,形成(资产)负债表中的未到期责任准备金。未决赔款准备金则是由所有存量未了结业务(包括本期业务和往期业务)形成的准备金。

(2)对于通过重大保险风险测试、归类为保险合同的长期保障储蓄性保险(主要指普通寿险和分红险)而言,保险公司会从保费中提取准备金,形成(资产)负债表中的寿险责任准备金和长期健康险责任准备金。寿险责任准备金其实就是长期寿险的未到期责任准备金和未决赔款准备金之和,长期健康险责任准备金其实就是长期健康险的未到期责任准备金和未决赔款准备金之和。

(3)对于未通过重大保险风险测试、归类为非保险合同的长期保障储蓄性保险(主要指普通寿险和分红险)而言,保费收入计入保户投资款新增交费,形成负债表中的保户储金及投资款。

（4）对于可拆分的万能保险,将进入个人账户的保费计入投资款,形成了负债表中的保户储金及投资款。

（5）对于可拆分的投资连结保险,将进入投资账户的保费计入投资款,形成了负债表中的独立账户负债。

表1-4　不同保费来源对应的负债种类

保 费 来 源		负 债 种 类
短期纯保障性保险(财险、责任险、短期健康险)		未到期责任准备金、未决赔款准备金
长期普通寿险和分红险	通过了重大保险风险测试	寿险责任准备金、长期健康险责任准备金
长期普通寿险和分红险	未通过重大保险风险测试	保户储金及投资款
可拆分万能保险的个人账户		保户储金及投资款
可拆分投资连结保险的投资账户		独立账户负债

三、财险公司负债及其特点

1. 财险公司负债

如上所述,纯保障保险通常都是短期的,其准备金有两个：未到期责任准备金和未决赔款准备金。而财险公司通常主要做短期保障性保险,所以其负债主要就是未到期责任准备金和未决赔款准备金。

未到期责任准备金亦称未赚保费,是指在会计年度决算时,对未满期保险单提存的对应于剩余保险期限的保险责任的准备金；未决赔款准备金,是指保险事故已经发生在本会计年度内,但保险公司因为责任界定、理赔程序未完成等原因尚未赔偿或未给付保险金,而在当年收入的保险费中提取的资金。

2. 案例：平安产险负债的特点

表1-5展示了平安财险2016年负债表。

从平安财险2016年12月31日负债表可以看出,其主要负债就是未到期责任准备金和未决赔款准备金,共计1 531.7(＝905.0＋626.7)亿元,占整个负债的比例达72%。

其他与规模保费(含保险业务保费和非保险合同保费)相关的主要负债还包括：① 保户储金及投资款0.7亿元,说明平安财险有少量未到期非保险业务,很可能是储蓄性家庭财产保险,形成了少量保户储金及投资款。② 农业保费准备金1.3亿元。农业保险的特点是容易发生大面积受损和赔偿,按照相关政策,平安财险需要对农业保险业务,分别按照保费收入和超额承保利润的一定比例,分别计提大灾准备金,简称保费准备金和利润准备金,保费准备金的计提基础为自留保费,计提比例为:种植业保险 4%～8%,养殖业保险 2%～4%,森林保险 6%～10%。

表 1-5　平安财险 2016 年公司负债表　　　　　　　　　单位:元

负债及股东权益	附　注	2016 年 12 月 31 日	2015 年 12 月 31 日
负债			
衍生金融负债		2 577 868	—
存入保证金		456 051	442 811
卖出回购金融资产款	十四(9)	2 224 699 435	5 341 785 116
预收保费		13 552 589 020	10 802 301 797
应付手续费及佣金		3 660 400 395	2 851 437 489
应付分保账款	八(21)	12 210 240 948	6 891 908 272
应付职工薪酬	十四(10)	4 943 500 982	3 696 046 019
应交税费	十四(11)	4 689 545 244	4 943 831 922
应付利息		105 587 396	105 629 987
保户储金及投资款	八(24)	70 047 229	132 499 576
未到期责任准备金	八(25)	90 496 191 193	82 480 930 163
未决赔款准备金	八(25)	62 667 025 005	55 861 539 693
农业保费准备金	八(26)	133 498 270	92 090 359
应付债券	八(27)	8 129 396 438	8 073 486 132
其他负债	十四(12)	8 524 635 138	5 201 713 918
负债合计		211 410 390 612	186 475 643 254

四、寿险公司负债及其特点

1. 保险业务负债

从保险业务来看,寿险公司经营以长期保险业务为主,但也经营短期保障型保险业务。长期保险的准备金有两个:寿险责任准备金和长期健康险责任准备金。寿险责任准备金来源于长期寿险业务,如两全保险、终身寿险以及年金保险等,长期健康险责任准备金来源于长期健康险业务,如长期重疾险、长期护理保险等。

因此,寿险公司的保险业务带来的负债包括未到期责任准备金、未决赔款准备金、寿险责任准备金和长期健康险责任准备金。

2. 非保险业务负债

从非保险业务来看，寿险公司经营的万能险业务的个人账户部分会产生保户储金及投资款负债，经营的投连险业务的投资账户部分会产生独立账户负债，未经过重大保险风险测试的普通寿险和分红险业务会产生保户储金及投资款负债。

因此，非保险业务带来的负债包括保户储金及投资款、独立账户负债。

3. 寿险公司负债特点

（1）由于多数寿险公司都是以保险业务为主、非保险业务为辅，因此，多数寿险公司负债都是以保险业务带来的负债（包括未到期责任准备金、未决赔款准备金、寿险责任准备金和长期健康险责任准备金）为主。

（2）由于多数寿险公司以长期保险为主、以短期保险为辅，因此，多数寿险公司负债都是以保险业务带来的长期负债（寿险责任准备金和长期健康险责任准备金）为主。

（3）由于多数寿险公司以长期寿险为主、以长期健康险为辅，因此，多数寿险公司负债都是以寿险责任准备金为主。

4. 案例：中国人寿负债及其特点

表1-6展示了中国人寿2016年公司负债表。

从中国人寿2016年12月31日负债表可以看出，短期保险业务产生的未到期责任准备金和未决赔款准备金合计220.3（＝104.9＋115.4）亿元；长期保险业务产生的寿险责任准备金和长期健康险责任准备金合计18 259.5（＝17 629.3＋630.2）亿元；非保险合同产生的保户储金及投资款1 956.9亿元、独立账户负债0.1亿元，合计1 957亿元。

中国人寿的由规模保费（含保险业务和非保险业务）带来的准备金性质的负债的特征有如下几点：

（1）由保险业务和非保险业务产生的准备金性质的负债合计20 436.8（＝220.3＋18 259.5＋1 957）亿元，占总负债的86%。

（2）其中，由保险业务产生的保险合同准备金负债共计18 479.8（＝220.3＋18 259.5）亿元，占整个负债的比例达78%；非保险合同产生的投资款合计1 957亿元，只占整个负债的8%。说明中国人寿历年累积业务是以保险为主、非保险为辅的。

（3）在保险业务产生的保险合同准备金中，长期保险业务产生的寿险责任准备金和长期健康险责任准备金合计18 259.5亿元，远高于短期保险业务产生的未到期责任准备金和未决赔款准备金合计220.3亿元。说明中国人寿历年累积业务是以长险为主、短险为辅的。

表 1-6 中国人寿 2016 年负债表 单位：百万元

负债及股东权益	附　注	2016 年 12 月 31 日	2015 年 12 月 31 日
负债			
卖出回购金融资产款		81 032	30 368
预收保费		35 252	32 266
应付手续费及佣金		3 713	2 598
应付分保账款	15	436	196
应付职工薪酬		7 120	5 406
应交税费		1 761	5 740
应付赔付款	32	39 038	30 092
应付保单红利	33	87 725	107 774
其他应付款		7 731	5 173
保户储金及投资款	35	195 694	84 092
未到期责任准备金	36	10 492	7 944
未决赔款准备金	36	11 538	9 268
寿险责任准备金	36	1 762 932	1 652 763
长期健康险责任准备金	36	63 024	46 010
应付债券	38	37 998	67 994
递延所得税负债		7 774	16 979
其他负债		11 436	9 542
独立账户负债	64(c)	12	14
负债合计		**2 364 708**	**2 114 219**

第三节　保险负债的计量

如前所述,保险公司的规模保费(含保险业务和非保险业务)产生了三类负债,如表 1-7 所示。本节讨论这三类负债在保险公司负债表中的计量方法,这对于保险公司经营利润会产生重大影响,值得仔细讨论。

表 1-7 保险公司的三类负债

业　　务	负　　债	
保险业务	保险合同准备金	未到期责任准备金 未决赔款准备金 寿险责任准备金 长期健康险责任准备金
非保险业务	保户储金及投资款	
	独立账户负债	

我们从先易后难的顺序进行讨论，先讨论独立账户负债的计量，然后讨论保户储金及投资款的计量，最后讨论保险合同准备金的计量。

一、独立账户负债的计量

独立账户负债是由投连险分拆出的投资账户保费计入后逐年形成的。

对于投连险的投资账户而言，是由客户承担全部投资风险，保险公司只收取相关管理费用，因此，独立账户负债按公允价值进行初始确认，以公允价值进行后续计量，盈亏都是客户的。

二、保户储金及投资款的计量

除投连险之外的所有非保险合同（包括万能险分拆出来的、未经过重大保险风险测试的）的交费，计入保户储金及投资款。保户储金及投资款反映了保险公司的储蓄性或投资性保险业务中客户缴存的储金或投资金累积额。

对于保户储金及投资款而言，保险公司需要逐年或逐月为客户支付利息，可能是固定利率，也可能是浮动利率。因此，保户储金及投资款按公允价值进行初始确认，按摊余成本进行后续计量。

如果之前没有接触过，摊余成本的概念会感觉稍微有些复杂，我们会在讨论保险投资资产计量的时候专门用案例进行介绍。在这里，保户储金及投资款的后续计量其实很简单，其实就是将保户储金及投资款逐年或逐月增加支付给客户的利息，例如，对于万能险个人账户资金形成的保户储金及投资款而言，就是每月按照保险公司公布的结算利率增加结算利息。

三、保险合同准备金的计量方法

保险合同准备金，即由保险合同所产生的未到期责任准备金、未决赔款准备金、寿险责任准备金（未到期＋未决）和长期健康险责任准备金（未到期＋未决）。

由于保险合同准备金非常特殊，一方面有投资收益的不确定性带来的支付给客户的利息的不确定性，更有由于客户群死亡率、发病率、退保率等的不确定性带来的给付不确定性，因此，保险合同准备金有区别于一般金融工具的特有计量方法，适用专门的规定，即财政部的《保险合同相关会计处理规定》（财会[2009]15号）。

总体来看，可以将四类保险合同准备金归并为两类：未决赔款准备金和未到期责任准备金，由于寿险责任准备金和长期健康险责任准备金中的未决赔款准备金占比很小，也可以将其粗略地认为就是长期的未到期责任准备金。下面就按照两类准备金分别进行介绍。

1. 未决赔款准备金的计量方法

未决赔款准备金包括：已发生已报案未决赔款准备金、已发生未报案未决赔款准备金和理赔费用准备金。

对于已发生已报案未决赔款准备金，保险公司可以采用逐案估损法、案均赔款法等方法，以最终赔付的合理估计金额为基础，同时考虑边际因素，计量已发生已报案未决赔款准备金。

对于已发生未报案未决赔款准备金，保险公司可以根据保险风险的性质和分布、赔款发展模式、经验数据等因素，采用链梯法、案均赔款法、准备金进展法、B—F 法等方法，以最终赔付的合理估计金额为基础，同时考虑边际因素，计量已发生未报案未决赔款准备金。

对于理赔费用准备金，保险公司可以未来必须发生的理赔费用的合理估计金额为基础，计量理赔费用准备金。

2. 未到期责任准备金的计量方法

无论是短期的未到期责任准备金，还是长期的未到期责任准备金，其计算公式都是：

未到期责任准备金＝合理估计负债＋风险边际＋剩余边际

其中，

合理估计负债：是指对保单（一张保单或一组同质保单）未来预期净现金流出的现值的合理估计，由于未来净现金流出有不确定性，这个合理估计应该是期望值。

风险边际：是指为应对预期现金流不确定性而提取的准备金。显然，由于未来净现金流出有不确定性，在合理估计负债基础上增加一点准备金（风险边际）会让保险公司对未来感觉心里更踏实。

剩余边际：是指保单隐含的未来利润，将在未来保险期间逐渐摊销或实现。正常情况下，保险公司销售保单，由于预收保费的原因，保费中实际都包含着一定额度的未来利润，按照《保险合同相关会计处理规定》（财会［2009］15 号），保险人在保险合同初始确认日不应当确认首日利得，于是就将本来赚到的"首日利得"作为剩余边际放在准备金里。

剩余边际小案例

一家寿险公司向一位 40 岁的客户销售了一份趸缴保费 100 万元的终身年金保险合同，销售费用是 5 万元，即销售结束后，落到保险公司口袋里的是 95 万元。

保险公司对这张保单的未来给付进行合理估计并折现，合理估计负债为 88 万元，再考虑风险边际 2 万元，其含义是，只要现在准备好 90 万元，未来给付就应该足够了。但现在保险公司口袋里有 95 万元，这多出来的 5 万元就是潜在利润，如果不出意外，保险公司已经赚了 5 万元，因此称为"首日利得"。

如果现在就将这 5 万元确认为利润，保险公司在未来几十年的保单期限里，就无法从这张保单上获取利润了，这显然不合理。因此，《保险合同相关会计处理规定》明确，保险人在保险合同初始确认日不应当确认首日利得。

于是，保险公司将这 5 万元作为剩余边际放在未到期责任准备金里，以后在保险期限内逐步释放，逐步确认为利润。

四、未到期责任准备金的计量

由于未到期责任准备金计量内容最多，这里单独作为一部分进行讨论。如上所述，未到期责任准备金包括合理估计负债、风险边际和剩余边际，下面分别讨论。

1. 合理估计负债

其基本含义是，采用未来法对保险合同（单项合同或同质合同集合）产生的预期净现金流出的合理估计。即

$$合理估计负债 = \sum_{j=1}^{n} \frac{预期净现金流出_j}{(1+i)^j}$$

其中，n 为剩余保险期限；i 为折现率；j 代表第几年。

（1）估计预期净现金流出。

某一保单年度预期净现金流出＝预期现金流出－预期现金流入。

预期现金流出＝保证利益给付（保险事故赔付、生存给付、满期给付等）＋非保证利益给付（保单红利等）＋管理费用支出（保单维持、理赔等）。

预期现金流入＝保险费。

显然，在计算预期净现金流出时需根据实际经验和未来发展趋势，作一系列假设，包括保险事故发生率（如死亡率、发病率、残疾率、护理状态发生率、火灾发生率等）、退保率、费用、通货膨胀率、保单红利等。

（2）估计折现率。对于短险的未到期责任准备金，由于负债久期小于等于 1 年，因此不考虑货币时间价值。

对于长险的未到期责任准备金，即寿险责任准备金和长期健康险责任准备金，负债久期超过 1 年，需要考虑货币时间价值，其折现率应当以资产负债表日

可获取的当前信息为基础确定。具体而言：

① 普通寿险准备金的折现率。普通寿险采用预定利率，因此，第一，其未来保单利益与保险公司资产投资收益率无关，第二，保险公司在投资时不能有闪失，投资风格比较保守。于是，普通寿险准备金的折现率在相应期限的国债收益率基础上确定，即

$$折现率＝基准利率＋溢价$$

对于基准利率，保险公司通常选择三年移动平均国债到期收益率确定；此外，保险公司会考虑流动性溢价、税收等因素，在基准利率基础上增加一定的溢价。总体而言，折现率反映了保险公司在投资时的风险偏好。

② 新型寿险准备金的折现率。对于未来保险利益随保险公司资产投资收益变动的保险，如分红险、万能险，折现率根据对应资产组合预期产生的未来投资收益率确定。具体而言，保险公司会在考虑未来宏观经济状况、未来资产组合、投资策略、再投资策略、市场利率变动等因素基础上综合确定，同时反映了保险公司在投资时的风险偏好。

分红、万能险有保底利率，但保底利率通常低于普通寿险预定利率，所以，投资风险相对可以激进一点儿，折现率可能相对较高一点。

中国人寿与中国平安的折现率假设(摘自两公司 2016 年报)

（1）对普通寿险或传统保险业务：以中国债券信息网公布的“保险合同准备金计量基准收益率曲线”为基础，考虑流动性溢价、税收等因素确定，包含风险边际的折现率为：

普通寿险	中国人寿	中国平安
2016 年 12 月 31 日	3.23%～5.32%	3.12%～5.00%
2015 年 12 月 31 日	3.42%～5.78%	3.55%～5.29%

（2）对新型寿险（分红、万能）：根据对应资产组合预期产生的未来投资收益率确定，反映了保险公司对未来经济状况和自身投资策略的预期，包含风险边际的折现率为：

新型寿险	中国人寿	中国平安
2016 年 12 月 31 日	4.45%～4.85%	4.75%～5.00%
2015 年 12 月 31 日	4.80%～5.00%	4.75%～5.50%

2. 风险边际

如上所述,风险边际是指为应对预期现金流的不确定性或风险而在合理估计负债基础上多提的准备金。这里的风险既包含保险风险,也包含投资风险。保险风险主要体现为未来赔付和退保等现金流出的不确定性;投资风险主要是指保险公司的投资收益率会随着宏观经济环境的变化而起伏不定,导致折现率假设很可能出现偏差。显然,若折现率假设偏高(或对未来投资收益率的预期过高),就会导致净准备金提取不足。

关于风险边际的计算,常见的方法是"寿险风险边际＝不利情景下的负债－基于合理估计假设的负债","非寿险风险边际＝合理估计负债×风险边际率"。也有寿险公司直接在折现率的假设上考虑了风险边际,即合理估计负债的折现率假设得略微低一点,就可以将负债估计得多一点,这样就直接包含了风险边际,中国人寿就采取了这样的计算方法。

3. 剩余边际

如上所述,剩余边际是指保单隐含的未来利润,是为了达到"首日不确认利得"的目的而存在的边际。或者说,既然保险合同首日不确认盈利,那就只好将盈利起名为"剩余边际"包含在准备金中。

事实上,如果保险公司定价保守,自然会产生首日利得,但若定价过于激进,也会产生首日亏损,因此,下面分"存在首日利得"与"存在首日损失"两种情况讨论其剩余边际。

(1) 存在首日利得时的剩余边际。当"可观察的保险合同负债的市场价值＞(合理估计负债＋风险边际)"时,存在首日利得,首日利得等于前者与后者之差,遵照保险合同首日不确认利得的规定,此时,剩余边际＝首日利得。即

$$剩余边际＝可观察的保险合同负债的市场价值$$
$$－(合理估计负债＋风险边际)$$

可观察的保险合同负债的市场价值＝保费收入－市场一致的保单获取成本。市场一致的保单获取成本是指保险公司获得这份保险合同所花费的费用,包括销售费用、相关增值税、缴纳的保险保障基金等。因此,可观察的保险合同负债的市场价值就是指保险公司销售这份保单后,将保费扣除直接费用开销后真正落到自己手里的部分。

(2) 存在首日损失时的剩余边际。当"可观察的保险合同负债的市场价值＜(合理估计负债＋风险边际)"时,存在首日损失,首日损失等于后者与前者之差,此时,剩余边际＝0。

你可以考虑到,如果将首日损失计入未到期责任准备金,将导致准备金不

足,于是,首日损失不计入准备金,而是直接计入损益表,确认亏损。

（3）剩余边际小结。剩余边际其实就是"过去法计算的准备金"与"未来法计算的准备金"之差。因为,按照过去法,未到期责任准备金＝保费收入－市场一致获取成本;按照未来法,未到期责任准备金＝未来净现金流出折现＝合理估计负债＋风险边际。

若存在首日利得,将其作为剩余边际,计入准备金。在保险期间,逐渐将剩余边际摊销计入当期损益。

若存在首日损失,说明保险定价不足,已经造成亏损,将亏损额"首日损失"计入当期损益表。所谓计入当期损益表,其实就是在利润表中的营业支出中"提取保险责任准备金"计算中,对所有产生首日损失的保单按照"合理估计负债＋风险边际"来足额计算其准备金。

4. 未到期责任准备金估计案例

（1）财险未到期责任准备金计量案例。

案例: 2016 年 2 月 1 日幸福财产保险公司与俊杰矿业公司签订了财产保险合同,收取保费 20 万元,市场一致的保单获取成本为 2 万元。在合同签订日,幸福财险在合理估计未来一年内保单赔款和理赔费用以及保单维持费用的基础上,计算出合理估计负债为 16 万元,风险边际根据理赔经验按照合理估计负债的 4% 计算。请帮助幸福财险计算这张保单在签订时的未到期责任准备金。

解:

合理估计负债＝160 000 元

风险边际＝160 000×4%＝6 400 元

可观察的保险合同负债的市场价值＝200 000－20 000＝180 000 元

首日利得＝180 000－(160 000＋6 400)＝13 600 元

剩余边际＝首日利得＝13 600 元

则：未到期责任准备金＝160 000＋6 400＋13 600＝180 000 元

案例启示: 对于短期保险来说,① 剩余边际就是保险公司的预期承保利润;② 如果未来现金流出符合预期,风险边际其实也会变成承保利润;③ 由于在计算准备金时未考虑货币时间价值,所以,未到期责任准备金产生的投资收益也将成为保险公司利润组成部分。即,保险公司利润＝剩余边际＋风险边际＋投资收益。当然,在不利条件下,风险边际甚至部分或全部剩余边际都会被用来支付未来赔付和理赔费用。

（2）长期寿险责任准备金计量案例。

案例: 张先生趸交保费 10 万元购买了美好生活寿险公司的 5 年期普通寿险(预定利率 5%),该保单的保险责任为：① 被保险人 5 年内发生意外身故,保险公司给付 15 万元；② 被保险人生存至 5 年末，保险公司给付 12.5 万元。通过对该保单进行重大保险风险测试，美好生活寿险公司将该保单确认为保险合同。该保单的市场一致获取成本为 3 000 元。请帮助美好生活寿险公司计算这张保单在签订时的寿险责任准备金。

解：为了更直观地理解准备金计量，简化计算，如下计算过程忽略意外身故给付成本。

① 情形一：存在首日利得。

合理估计负债 $=12.5/1.08^5=8.5$ 万元（忽略意外身故给付成本，折现率假定保险公司根据国债收益率曲线确定为 8%）

$$风险边际 = 不利情景下的负债 - 合理估计负债$$
$$= 12.5/1.06^5 - 12.5/1.08^5$$
$$= 9.33 - 8.50 = 0.83 \, 万元$$

（不利情景只考虑投资收益率下降带来的折现率下降，忽略意外死亡率增加的不利情形）

则，

$$剩余边际 = 首日利得$$
$$= （保费收入 - 市场一致获取成本）-（合理估计负债 + 风险边际）$$
$$= （10-0.3）-（8.5+0.83）= 0.37 \, 万元$$

寿险责任准备金 $=8.5+0.83+0.37=9.7$ 万元

② 情形二：存在首日损失。

合理估计负债 $=12.5/1.06^5=9.33$（万元）（折现率假定保险公司确定为 6%）

$$风险边际 = 不利情景下的负债（折现率降为 5%）- 合理估计负债$$
$$= 12.5/1.05^5 - 12.5/1.06^5$$
$$= 9.77 - 9.33 = 0.44 \, 万元$$

则，

$$首日损失 = （合理估计负债 + 风险边际）-（保费收入 - 市场一致获取成本）$$
$$= （9.33+0.44）-（10-0.3）= 0.07 \, 万元$$

剩余边际 $=0$

寿险责任准备金 $=9.33+0.44+0=9.77$ 万元

案例启示：对于长期保险来说，提取合理估计负债后，如果未来与当下的预期相同，未来收支已经平衡了，所以，剩余边际就是未来利润的现值，风险边际其实也会转变成利润。不过，如果未来比预期差，风险边际就会转变成保险公司的支出，如果还不够，剩余边际也得用来满足支出。

五、案例：中国人寿的保险合同准备金变化

因为寿险公司既做短险又做长险，有四项保险合同准备金（未到期责任准备金、未决赔款准备金、寿险责任准备金和长期健康险责任准备金），而财险公司通常只做短险，只有两项保险合同准备金（未到期责任准备金、未决赔款准备金），所以，通过理解寿险公司的保险合同准备金变化，就可以理解产、寿险公司的准备金变化原理。表 1-8 是从中国人寿 2016 年报中摘出的 2016 年中国人寿保险合同准备金变化情况。

表 1-8　2016 年中国人寿保险合同准备金变化情况　　　　单位：百万元

	2015 年 12 月 31 日	本年增加额	本年减少额			2016 年 12 月 31 日
			赔付款项	提前解除	其他[注]	
未到期责任准备金	7 944	10 492	—	—	(7 944)	10 492
未决赔款准备金	9 268	11 538	(9 268)			11 538
寿险责任准备金	1 652 763	347 602	(177 800)	(73 483)	13 850	1 762 932
长期健康险责任准备金	46 010	17 256	(2 102)	(439)	2 299	63 024
合计	**1 715 985**	**386 888**	**(189 170)**	**(73 922)**	**8 205**	**1 847 986**

注：如附注 5 所述，其他中包括精算假设变更对准备金的影响人民币 14 736 百万元，其中增加寿险责任准备金人民币 11 415 百万元，增加长期健康险责任准备金人民币 3 321 百万元。

我们可以看出：

（1）准备金是一个池子，是存量，会随着资金流入、流出而发生变化。中国人寿的四项保险合同准备金合计金额，从 2015 年 12 月 31 日的 17 159.85 亿元变为 2016 年 12 月 31 日的 18 479.86 亿元。各项准备金都有所变化。

（2）期末未到期责任准备金＝期初未到期责任准备金＋本年增加额（本年新增保费首日准备金）－期初未到期责任准备金（本年全部到期了），由此，中国人寿的未到期责任准备金从年初的 79.44 亿元变为年底的 104.92 亿元。

（3）期末未决赔款准备金＝期初未决赔款准备金＋本年增加额（当年年底的未决）－赔付款项（期初未决全部在当年赔掉了），由此，中国人寿的未决赔款准备金从年初的 92.68 亿元变为年底的 115.38 亿元。

（4）期末寿险（长期健康险）责任准备金＝期初寿险（长期健康险）责任准备金＋本年增加额（包括当年入账保费首日准备金、准备金增值）－赔付款项－提前解除合同退保金＋准备金调整金额（主要指精算变更导致的调整），由此，中国人寿的寿险责任准备金、长期健康险责任准备金从年初的 16 527.63 亿元、460.1 亿元变为年底的 17 629.32 亿元、630.24 亿元。

关于精算变更导致的调整,中国人寿在其年报中提供了详细解释:"本报告期,折现率假设变化增加准备金人民币 14 262 百万元,部分险种发病率假设变化增加准备金人民币 464 百万元,其他假设变化增加准备金人民币 10 百万元,上述假设变更合计增加 2016 年 12 月 31 日寿险责任准备金人民币 11 415 百万元,增加长期健康险责任准备金人民币 3 321 百万元。"

　　如本节开头所述,保险合同准备金的计量会对保险公司经营利润产生重大影响,中国人寿就是如此,该公司 2016 年 12 月 31 日根据当时信息修改了精算假设,导致准备金增加 147.36(＝114.15＋33.21)亿元,所形成的相关保险合同准备金的变动计入本年度利润表,合计减少税前利润人民币 147.36 亿元。这一点在第三章"寿险业务、收入、成本与承保亏损"中会更加深入地得到体现和讨论。

第二章　财险业务：收入、
成本与承保利润

　　从财产保险公司的盈利来看，即便不考虑用保险准备金投资带来的投资收益，承保业务本身就可以盈利，即用保费收入扣除赔付支出和其他费用支出后，业务质量较好的财险公司就可以获得承保利润。

　　这正是财险公司与其他金融中介如商业银行、信托公司、基金公司、资产管理公司等的重大不同之处。金融中介的主要功能是将资金从盈余方转移至赤字方或需求方，其中，商业银行从储户获取资金时，需要支付固定利率的利息，其他金融中介通常不承诺固定利率的利息，但会向资金提供者收取资产管理费，或者对投资收益进行分成。也就是说，从金融中介的思维来看，一般的金融中介都需要为资金提供者支付利息或创造投资收益，但业务质量较好的财险公司却无须为资金提供者支付利息和创造投资收益。

　　正是由于这一点，巴菲特将财险业务（和再保险业务）作为伯克希尔哈撒韦公司的主营业务，并用财险公司（和再保险公司）提供的极其稳定的低成本保险准备金去投资而获利。

　　本章就是讨论，在不考虑投资收益的条件下，财险公司是如何获取承保利润的、承保利润如何核算、承保绩效度量以及承保绩效的影响因素。你将看到，优质财险公司承保业务创造的增加值竟然可以占到保费收入的 45% 左右，公司不仅用它养活了大量的保险公司工作人员、保险中介工作人员和监管机构工作人员，为国家创造约保费收入的 5% 的营业税或增值税，最后还可以获得承保利润。

第一节　一个简化的财险承保
业务分析模型

　　一个极端简化的案例：假定美能达财险公司只从事 1 年期财险业务，2016 年，其所有保险业务都是 2016 年 1 月 1 日凌晨 0 点承保生效的，生效时收到保费总额为 100 亿元，所有保单都是 2016 年 12 月 31 日 24 时到期。为了获得这

些保险业务，2016 年年初支出手续费及佣金 20 亿元，当年公司支出业务管理费
15 亿元，上交营业税及附加 5 亿元，当年赔付 55 亿元，当年所有保险事故的赔
款均已全部支付给了客户。

请问，在不考虑投资收益的情况下，美能达财险公司 2016 年度的承保利润
有多少？ 如何度量该公司承保业务的绩效呢？

一、承保利润计算

显然，在不考虑投资收益的情况下，美能达财险公司的承保利润就是保费收
入扣除所有支出后的余额，即，

$$承保利润 ＝ 保费 － 赔付 － （手续费佣金 ＋ 业务管理费 ＋ 营业税及附加）$$
$$＝ 100 － 55 － （20 ＋ 15 ＋ 5）$$
$$＝ 5 \text{ 亿元}$$

二、承保业务绩效指标

我们可以用赔付率、成本率和承保利润率来测算承保绩效，即

赔付率 ＝ 赔付/保费 ＝ 55/100 ＝ 55％

成本率 ＝ （赔付 ＋ 其他各种支出）/保费 ＝ 95/100 ＝ 95％

承保利润率 ＝ 承保利润/保费 ＝ 1 － 成本率 ＝ 5％

上述计算结果说明，2016 年度，美能达财险公司每收 100 元保费，赔付支出
为 55 元，其他各种支出为 40 元，承保利润为 5 元。

显然，财险公司的赔付率越低、成本率越低，承保利润率就越高，其承保绩效
就越好。

三、实际情况下的三点考虑

现实中的财险公司比上面的案例要复杂一些，主要是三点：

（1）财险公司有保险业务，也有非保险业务，即保户储金及投资款业务。我
们在计算承保业务的收入、支出和利润时，通常只考虑保险业务，不考虑非保险
业务。

（2）财险公司有分出、分入业务。在计算保费收入时需要增加分入保费、扣
除分出保费；在计算赔付支出的时候，需要扣减从分入人那里得到的"摊回赔付
支出"；此外，分入、分出业务还会带来分保费用和摊回分保费用，即财险公司作
为分入人要为分出人支付分保费用（或分保佣金），作为分出人则可以从分入人
那里收到"摊回分保费用"。

（3）除少量极短期保险（如航空意外险）外，绝大多数保险合同都是 1 年期

的，而且不可能都从1月1日凌晨生效，其保险期限必然是跨越会计年度的。因此，按照权责发生制，在计算承保业务收入时，需要将未到期责任准备金扣除。

第二节 承保收入：已赚保费

如上所述，我们在计算承保业务的收入、支出和利润时，通常只考虑保险业务。因此，在计算承保收入时，我们只考虑保险合同带来的保费收入，不考虑非保险合同带来的"保户投资款新增交费"。

一、理解已赚保费

直观上看，承保收入就是保费收入，但是，考虑到分入、分出因素和保险合同跨会计年度需要适用权责发生制的因素，我们将对应于当期的实际保费收入称为"已赚保费"。

已赚保费＝保费收入＋（分入保费－分出保费）
  　　　　－（期末未到期责任准备金－期初未到期责任准备金）
  　　　　＝保费收入＋分入保费－分出保费
  　　　　－提取未到期责任准备金

其中，提取未到期责任准备金＝期末未到期责任准备金－期初未到期责任准备金。可以这样理解："期末未到期责任准备金－期初未到期责任准备金"，就是当年保费带来的未到期增量（不太直观）；也可以这样理解：由于财险业务多为1年期保单，则上年度生效的保单将在今年全部到期，因此，期初未到期责任准备金将全部转化为本年度的已赚保费，而期末未到期责任准备金对应的保费收入尚未到期，需要从保费收入中扣除（这样比较好理解）。

此外，财政部相关文件规定："① 基于权责发生制，分出人应在提取原保险合同未到期责任准备金、未决赔款准备金、寿险责任准备金、长期健康险责任准备金的当期，按照再保险合同的约定，计算确定应向再保险接受人摊回的相应准备金，确认当期损益，并同时确认相应的应收分保准备金资产；② 分出公司对再保险合同涉及的保费收入、准备金、费用、赔付等根据原保险合同和再保险合同单独进行总额列报，不得相互抵消。"

按照上述规定，所有与分出业务有关的收支，均需单独列报；反过来，所有与分入有关的收支，均已经与保险业务合并，无须单独列报。因此，在财险公司的（资产）负债表里的两个保险合同准备金（未到期和未决），都是考虑了分入、但未考虑分出业务的准备金，于是，需要将再保险接受人提取的相关准备金（对分入人是负债，对分出人是资产）计入保险公司（分出人）的资产，称为应收分保准备金。

因此，基于权责发生制，更详尽的算法是：

提取未到期责任准备金

=（期末未到期责任准备金－期初未到期责任准备金）

－（期末应收分保未到期责任准备金－期初应收分保未到期责任准备金）

二、已赚保费案例

以 2016 年度平安财险为例，参看中国平安年报和平安财险年报，2016 年，平安产险总体分出保费 157.1 亿元，其中，车险分出保费 99.7 亿元，财产险分出保费 57.1 亿元，意外与健康保险分出保费 0.3 亿元。平安产险总体分入保费 0.9 亿元，均为财产险分入保费。根据分保数据和资产负债表中的准备金数据，可以计算

平安财险 2016 提取未到期责任准备金

=（期末未到期责任准备金－期初未到期责任准备金）

－（期末应收分保未到期责任准备金－期初应收分保未到期责任准备金）

=（905.0－824.8）－（58.5－67.7）

=89.4 亿元

平安财险 2016 已赚保费

=（保险业务收入＋分入保费）－分出保费－提取未到期责任准备金

=1 780.0－157.1－89.4

=1 533.5 亿元

第三节 承保业务支出：风险成本与营运费用

如简化案例所示，财险业务的支出分为两部分：赔付支出和其他费用。不过，实际情况稍显复杂，需要考虑分入分出因素和权责发生制因素，承保业务支出可分为"风险成本"和"营运费用"两部分。

一、财险业务风险成本

与简化模型的赔付支出对应，财险业务风险成本包括：

1. 赔付支出－摊回赔付支出

赔付支出是指财险公司当期的赔款支出、死伤医疗给付、分保赔付支出等；摊回赔付支出指财险公司作为分出人从分入人那里摊回的赔付成本，包括赔款

支出、死伤医疗给付等。

以平安产险为例，2016 年度，赔付支出－摊回赔付支出＝843.6－88.6＝755.0 亿元。

2. 提取未决赔款准备金－摊回未决赔款准备金

其中，提取未决赔款准备金＝期末未决赔款准备金－期初未决赔款准备金；摊回未决赔款准备金＝期末应收分保未决赔款准备金－期初应收分保未决赔款准备金。

关于提取未决赔款准备金：首先，上面第 1 项中的"赔付支出"是指财险公司当期的全部赔付支出，显然包含有"期初未决赔款准备金"转化的赔款支出，而且除极少数长尾保单外，期初未决赔款准备金基本全部转化为当期的赔付支出。而按照权责发生制，期初未决赔款准备金（转化的赔款支出）对应的是上一期发生的保险事故，显然应该从赔款支出中扣除；再者，按照权责发生制，期末未决赔款准备金虽未发生，但对应于当期发生的保险事故，应该将其记在支出里。因此，关于未决赔款方面的支出，应该是"期末未决赔款准备金－期初未决赔款准备金"，在财险公司利润表里，被称为"提取保险责任准备金"。

以平安财险为例，2016 的提取保险责任准备金＝2016 年年底未决赔款准备金－2015 年年底未决赔款准备金＝626.7－558.6＝68.1 亿元。

关于摊回保险责任准备金：根据财政部相关文件规定"分出公司对再保险合同涉及的保费收入、准备金、费用、赔付等根据原保险合同和再保险合同单独进行总额列报，不得相互抵消"，因此，上述未决赔款准备金考虑了分入因素，但未考虑分出因素，应该将"分出保费产生的提取未决赔款准备金＝期末应收分保未决赔款准备金－期初应收分保未决赔款准备金"扣除，在财险公司利润表中称为"摊回保险责任准备金"。

以平安财险为例，2016 摊回保险责任准备金＝2016 年年底应收分保未决赔款准备金－2015 年年底应收分保未决赔款准备金＝75.0－86.1＝－11.1 亿元。

3. 提取农险准备金

其实，农险业务的未到期责任准备金和未决赔款准备金在前面都已经提取和考虑过了，但如第一章所述，由于农业保险业务面临一定的大灾风险，即一次事故造成大面积损失和赔付的风险，财政部规定，农险业务应在未到期责任准备金和未决赔款准备金之外，在税前提取应对大灾的准备金，称为提取农险准备金。按照相关政策，财险公司需要对农业保险业务，分别按照保费收入和超额承保利润的一定比例，分别计提大灾准备金，简称保费准备金和利润准备金，保费准备金的计提基础为自留保费，计提比例为：种植业保险 4%～8%，养殖业保险 2%～4%，森林保险 6%～10%。

当期的提取农险准备金＝期末农险准备金－期初农险准备金。以平安产险为例,2016 年度提取农险准备金＝1.3－0.9＝0.4 亿元。

4. 风险成本总计

总体来看,"实际的风险成本"与"简化模型中的赔付成本"的思路是完全相同的,主要区别有两点：一是基于分出业务,考虑了摊回赔付支出、摊回未决赔款准备金；二是基于权责发生制,考虑了提取未决赔款准备金。

以平安产险为例,考虑分入分出和权责发生制,第 1、2、3 项风险成本之和,才是对应于当期已赚保费的"赔付成本",即 2016 年度赔付成本＝755.0＋[68.1－(－11.1)]＋0.4＝834.4 亿元。

二、财险业务营运成本

与简化模型的其他费用相对应,财险业务的营运成本包括：

1. 税金及附加

保险业从 2016 年开始实施营业税改增值税制度,如果缴纳营业税,针对承保业务,保险公司需要缴纳营业税及附加,包括：营业税＝应纳税营业额×税率(5％)；城市维护建设税＝营业税×5％左右；教育费附加＝营业税×3％。1 年期及以上的返还型保险保费免征营业税。营业税不考虑权责发生制,承保业务的应纳税营业额＝保费收入(含分入保费)－分出保费。如果缴纳增值税,针对承保业务,保险公司需要缴纳增值税,税率是 6％。1 年期及以上储蓄险免征。

以平安产险为例,2016 年的税金及附加支出为 40.0 亿元(比 2015 年的 92.4 亿元大幅减少 56.5％),占当年保费收入(1 780.0 亿元)的比例为 2.2％(比 2015 年的 5.6％大幅减少),应该是营改增后减税效果的体现。如表 2－1 所示。

表 2－1 平安财产保险公司营改增后税金及附加变化情况

	保费收入 /亿元	税金及附加 /亿元	税金及附加占比
2015	1 636.9	92.4	5.6％
2016	1 780.0	40.0	2.2％

2. 手续费及佣金支出

产品销售通常有两种方式,一是自己卖,二是由第三方卖。第三方卖也有两种方式,一是直接将产品卖给第三方,再由第三方卖给消费者,类似于超市模式；二是将第三方作为销售渠道,第三方负责销售,但只收取渠道费或中介费。

除了少量自己卖之外,保险销售的一大特点是高度依赖中介,寿险尤为突出,产险也是如此。以平安产险为例,其分销途径包括平安产险的内部销售代表、各级保险代理人、经纪人、电话销售、网络销售以及交叉销售等渠道。2016年年底,平安产险有直销销售代表 7 658 人,保险代理人(包括个人代理人、专业代理人和兼业代理人)数量 141 369 人。

支付给中介的销售费用称为"手续费及佣金支出",通常将支付给个人代理人的销售费用称为"佣金",将支付给机构性中介的销售费用称为"手续费"。

以平安产险为例,2016 年的手续费及佣金支出为 255.2 亿元,占当年保费收入(1 780.0 亿元)的比例为 14.3%。由于部分保费是由平安产险直销出去的,因此,实际的销售费用会大幅超过其手续费及佣金支出。

3. 业务及管理费用

保险公司的业务及管理费是个大箩筐,除赔付给客户的赔付支出、交给政府的增值税(或营业税及附加)、支付给中介的佣金及手续费之外的,保险公司所有的开销都在这里了! 包括:

(1) 职工薪酬：薪酬及奖金,社会保险及其他福利。

(2) 物业及设备支出：折旧与摊销,包括固定资产折旧、无形资产摊销、长期待摊费用摊销。

(3) 业务投入：如广告费、宣传费、业务拓展费等。

(4) 监管费用,如中国保监会监管费。

(5) 行政办公支出,如办公通讯邮寄费、招待费、差旅费、会议费等。

(6) 其他支出,如研究开发费、审计费等。

以平安产险为例,2016 年度业务及管理费合计支出 396.6 亿元,占已赚保费(1 541.8 亿元)的 25.7%。职工薪酬、物业及设备支出、业务投入及监管费用、行政办公和其他分别支出 122.9 亿元(以人均薪酬 20 万计算,养活员工 61 450人)、18.9 亿元、176.7 亿元、15.5 亿元和 62.6 亿元。

4. 分保费用－摊回分保费用

分保费用,是指财险公司作为分入人向分出人支付的分保佣金(用以弥补分出人的销售费用支出),对财险公司是支出。

摊回分保费用,是指财险公司作为分出人收到的分入人支付的分保佣金,用以弥补自身的销售费用支出,对财险公司是收入。

因此,就分出、分入业务产生的分保费用而言,财险公司的净支出为"分保费用－摊回分保费用"。

通常,财险公司都是分出远大于分入,因此,分保费用远低于摊回分保费用。以平安产险 2016 年度为例,分出保费 157.1 亿元,分入保费 0.9 亿元;分保费用支出为 0.1 亿元,摊回分保费用为 60.6 亿元。分保费用净支出－60.5 亿元(赚钱了)。

5. 其他营运成本

其他与承保业务有关的营运成本,还包括"与承保业务有关的财务费用"和"非投资资产的减值损失",占比很低,而且很难核算。

以平安产险为例,2016 年度发生财务费用 4.3 亿元,资产减值损失 5.5 亿元。财务费用无法分拆,对于资产减值损失,根据平安财险公司年报附注,其中包含投资资产减值损失 1 亿元、其他资产减值 4.5 亿元。因此,这里将 4.5 亿元的其他资产减值损失也计入平安产险的其他营运成本。

6. 营运成本总计

总体来看,"实际的营运成本"与"简化模型中的其他费用"的思路是完全相同的,主要区别是基于分入、分出业务,考虑了分保费用和摊回分保费用。

以平安产险为例,2016 年度承保业务的营运成本＝税金及附加＋手续费及佣金支出＋业务及管理费＋(分保费用－摊回分保费用)＋其他营运成本＝40.0＋255.2＋396.6＋(－60.5)＋4.5＝635.8 亿元。

第四节　承保利润和绩效指标

一、承保利润和承保绩效指标

显然,在缴纳企业所得税前的承保利润＝承保收入－承保支出。

与简化模型中的分析方法相同,在考虑分入、分出因素和权责发生制因素的条件下,实际财险公司也都采用赔付率和成本率两个指标来度量财险公司承保业务的经营好坏,称为综合赔付率和综合成本率。假定承保收入＝已赚保费,则

$$综合赔付率＝风险成本／承保收入＝风险成本／已赚保费$$

$$综合成本率＝(风险成本＋营运成本)／承保收入$$
$$＝(风险成本＋营运成本)／已赚保费$$

二、案例：平安产险的承保利润和承保绩效

以平安产险为例,2016 年度,其

承保利润＝承保收入－承保支出

　　　　＝已赚保费－风险成本－营运成本

　　　　＝1 533.5－834.4－635.8

　　　　＝63.3 亿元

综合赔付率＝风险成本／已赚保费

　　　　　＝834.4／1 533.5

$$=54.4\%$$

综合成本率＝（风险成本＋营运成本）/已赚保费

$$=(834.4+635.8)/1\ 533.5$$

$$=95.9\%$$

上述计算结果表示，2016年度，平安财险公司每收100元保费，赔付成本为54.4元，综合成本为95.9元，承保利润为4.1元。

可以看出，对财险公司的承保业务，通过观察其综合成本率、综合赔付率，其经营绩效一目了然。反过来，要获得好的承保绩效，就要控制综合赔付率和综合成本率，核心工作就是通过核保环节控制业务质量。

第五节 关于财险公司承保业务的讨论

一、财险公司承保盈利核算要点

（1）权责发生制是核算承保利润的基本规则，导致：① 已赚保费的计算要扣除未到期责任准备金部分；② 未决赔款准备金虽未支出，但按照权责发生制，应将其计入成本。

（2）财险公司总是存在分入保费和分出保费，通常分出保费远大于分入保费。财政部要求分出公司对再保险合同涉及的保费收入、准备金、费用、赔付等根据原保险合同和再保险合同单独进行总额列报，不得相互抵消。因此，分出公司核算保费收入、准备金（未到期、未决）、赔付、分保费用时，总是要同时出现两项：××、摊回×××。

二、财险公司经营特点：像是工业企业

虽然财险公司做的是金融业务（保险产品显然是一种跨时间、跨空间的资源配置，属于金融产品），但是，财险公司经营起来不像一般金融企业，更像是工业企业。因为，商业银行和投资公司（信托、资管、基金等）等金融企业虽然也管理风险，但主要是以资金中介或资产管理业务为主，赚取资金价差或管理费用，例如，我国商业银行要为持有的资金支付利息成本，最主要的营业收入是利息净收入。但财险公司靠承保风险为生，拿到的保费不但不需要支付利息成本，还可以将自己的所有费用从保费中支出，好的话还剩有承保利润。

具体而言，不考虑投资收益，财险公司的承保业务的损益表看起来很像工业企业的损益表。已赚保费相当于营业收入，赔付支出就像是原材料采购成本，已赚保费扣除赔付支出后就像是财险公司的毛利（我国财险行业的平均毛利率超过40%，还算不错）。手续费及佣金支出和业务及管理费支出类似于工业企业

的销售费用和管理费用(并不完全对应),财险公司通常只有很少的财务费用。最后,已赚保费扣除各项支出及增值税后,剩余的就是承保利润。

三、关于财险公司承保业务发展的讨论

(1) 少数公司非常重视承保盈利,巴菲特就宣称,保险业务经营的基本原则之一就是要获得承保利润。少数国内财险公司也是如此,如中国平安财险非常注重承保盈利,通过严格核保来控制业务质量。

(2) 为了获得保费收入或现金流入,即便业务质量较差(承保风险较大),多数财险公司也很难抗拒,常常为了保费规模导致承保盈利下降,甚至亏损,然后将盈利寄希望于投资。

(3) 大公司和小公司的经营策略有所不同。为了获得保险业务和现金流入,小公司可能不得不接受一些质量较差的业务,导致承保亏损。大公司往往有较大的回旋余地,但是若确定了过高的保费增长目标,也会增大业务投入(如增加支付给保险中介的手续费比例)、降低核保标准,进而导致承保利润下降、甚至亏损。

(4) 不同业务的承保盈利水平完全不同,通常:① 越是老业务,市场竞争越激烈,获得承保利润就越困难;② 创新业务由于竞争较弱,所以可以定价较高,承保盈利能力强。美国的 AIG 保险集团和丘博保险公司都声称通过产品创新获得承保利润,丘博甚至宣称,新产品一旦被大面积模仿,就退出该领域,以保证自己的高额承保利润。

(5) 车险业务不仅需要建设销售渠道,还需要建设维修和理赔网络,新公司经营起来不容易盈利。

(6) 长期保费增长要看宏观环境发展趋势。财险业保费增长率通常在 GDP 增长率的 1.5～2 倍左右,具体还取决于经济结构或产业结构,如汽车销量增长率、固定资产投资增长率、产业结构变化等。通常,如果经济发展速度较快,且投资旺盛,产险保费增长就较快。

(7) 一家财险公司的承保盈利能力取决于其品牌优势、产品创新程度和费用控制情况,品牌优势越强、产品创新程度越强、费用控制越好,承保利润就越高。

第三章　人身险业务：收入、成本与承保亏损

　　所谓承保利润，是指保险公司从保费收入中扣除赔付支出和其他支出后的剩余部分。从人身保险业务来看，由于绝大多数业务都有储蓄成分，而且多数业务都是储蓄为主、保障为辅的，即保险公司的保费收入中，只有少量保费是用来提供保障的，多数保费会形成保单的现金价值或账户价值，是用来帮助客户投资理财的，保险公司需要为客户的现金价值或账户价值支付利息。因此，虽然少量保险业务（如意外险）会形成承保利润，但总体而言，经营人身保险业的寿险公司是无法获得承保利润的，而是会出现承保亏损，即，寿险公司的保费收入扣除赔付支出和其他支出后，剩余部分为负值。

　　本章就是讨论在不考虑投资收益、仅考虑承保业务的情况下，寿险公司是如何出现承保亏损的、承保亏损如何核算以及影响承保亏损的因素。你将看到，与财险公司大不相同，寿险公司承保业务不但会发生亏损，而且亏损规模非常大（当然，不少财险公司也处于承保亏损的状态），必须要用投资收益进行弥补，或者说，寿险公司对投资收益的依赖程度远高于财险公司。

第一节　一个简化的寿险承保业务分析模型

　　我们首先看两个极端简化的案例：一个案例是寿险公司只经营短期纯保障性保险；另一个案例是寿险公司主要经营储蓄性保险。

案例一：只经营短期保障险

　　美能达寿险公司专门经营短期意外险（保险期限为 1 年），2016 年年初收到保费 100 亿元，所有保单年底到期。年初花费手续费佣金支出 30 亿元，当年业务及管理费支出 25 亿元，税金及附加支出 5 亿元，当年赔付支出 30 亿元。

　　请问，在不考虑投资收益的情况下，美能达寿险公司 2016 年度的承保利润

有多少？如何度量该公司承保业务的绩效呢？

分析：

承保利润＝保费－（手续费佣金＋业务管理费＋营业税及附加）－赔付

$\qquad$＝100－（30＋25＋5）－30

$\qquad$＝10亿元

经营绩效指标：

赔付率＝赔付／保费＝30/100＝30％

成本率＝（赔付＋其他各种支出）／保费＝90/100＝90％

承保利润率＝承保利润／保费＝1－成本率＝10％

上述计算结果说明，2016年度，美能达寿险公司每收100元保费，赔付支出为30元，其他各种支出为60元，承保利润为10元。

可以看出，如果只经营短期纯保障性人身保险，人身险公司和财险公司一样，都可以获得承保利润。（事实上，正是由于短期人身保险业务的经营特点与财险类似，所以，保险监管机构也允许财险公司经营短期保障性人身保险。）

案例二：主要经营储蓄性保险

万事达寿险公司专营短期寿险(1年期)，2016年年初收到保费100亿元，该短期寿险的保险责任为"1年内被保险人身故，保险公司给付所交保费的105％；被保险人1年内未身故，满期给付所交保费的104％"，所有保单年底到期。年初手续费支出2亿元，当年业务及管理费1亿元，税金及附加为零(1年期及1年期以上的储蓄性保险免收增值税)，当年给付104.2亿元(多出来的0.2亿元是由部分被保险人在保险期限内死亡导致的保险金给付造成的)。

请问，在不考虑投资收益的情况下，万事达寿险公司2016年度的承保利润有多少？如何度量该公司承保业务的绩效呢？

分析：

承保利润＝保费－（手续费＋业务及管理费＋税金及附加）－赔付

$\qquad$＝100－（2＋1＋0）－104.2

$\qquad$＝－7.2亿元

上述计算结果说明，2016年度，万事达寿险公司每收取100元保费，赔付支出为104.2元，其他支出为3元，承保亏损为7.2元。这也说明，如果没有较高的投资收益，万事达寿险公司必然发生亏损。

这个案例有些极端，期限只有1年，完全是为了对现实进行简化，以便说明储蓄性保险的承保亏损问题。现实中，多数人身险公司的多数业务都是长期储蓄性或理财性保险，一些公司前几年甚至主要经营短期理财性保险，因此，必然会出现承保亏损。

一、读者可能的疑虑

看了上面两个案例，读者可能会认为："还是经营短期意外险好，可以获得承保利润，如果再加上投资收益，利润就非常可观了！"不过，保险公司经营者需要在规模增长和盈利之间进行权衡，意外险固然利润较高，但保费规模却很有限，规模有限自然利润也有限；储蓄型保险固然会发生承保亏损，却很容易做大保费规模。

利润和规模对于保险公司的重要性，不同的公司、不同发展阶段的同一家公司会有不同的看法。因此，市场上的保险公司多种多样，有的做保障性业务多一些，像是美能达，有的做储蓄性业务多一些，像是万事达。总体而言，大多数公司都更靠近万事达一些，即以储蓄业务为主、保障业务为辅，这显示出，在大多数保险公司经营者眼中，规模通常比利润还要重要，因为媒体和公众都是按照规模对保险公司进行排名的，规模大的保险公司可以排名靠前，进而获得消费者的认可。

细心的读者可能还会想到："上一章财险公司的简单案例中，美能达财险公司的承保利润为5％，而经营短期意外险业务的万事达寿险公司的承保利润率达到了10％。"事实上，我案例中的数据都非空穴来风，而是与经营状况较好的保险公司高度相符的，经营意外险的承保利润确实高于财险业务。

二、实际情况下的三点考虑

从核算承保亏损的角度来看，现实中的寿险公司比上面的案例要复杂一些，主要是三点：

（1）寿险公司有保险业务，也有非保险业务，即保户储金及投资款业务和投资连结保险业务。我们在计算承保业务的收入、支出和亏损时，通常只考虑保险业务，不考虑非保险业务。

（2）寿险公司也有少量的分出、分入业务。由于人身保险业务的保险标的与财险业务的大型保险标的相比，其价值要小得多，因此，寿险公司的分出、分入要比财险公司少很多。尽管分出、分入很少，但在计算保费收入时也需要增加分入保费、扣除分出保费；在计算赔付支出的时候，需要扣减从分入人那里得到的"摊回赔付支出"；此外，分入、分出业务还会带来分保费用和摊回分保费用，即寿险公司作为分入人要为分出人支付分保费用，作为分出人则可以从分入人那里收到"摊回分保费用"。

（3）除少量短期保险（如意外险）外，大多数人身保险产品都是长期的，其保险期限必然是跨越会计年度的。因此，按照权责发生制，在计算承保业务收入时，需要将未到期责任准备金扣除。

第二节 承保收入：已赚保费

如上所述，我们在计算承保业务的收入、支出和利润时，通常只考虑保险业务。因此，在计算承保收入时，我们只考虑保险合同带来的保费收入，不考虑非保险合同带来的"保户投资款新增交费"和"独立账户新增交费"。

一、理解已赚保费

直观上看，承保收入就是保费收入，但是，考虑到分入、分出因素和保险合同跨会计年度需要适用权责发生制的因素，我们将对应于当期的实际保费收入称为"已赚保费"。

已赚保费＝保费收入＋（分入保费－分出保费）
　　　　　－（期末未到期责任准备金－期初未到期责任准备金）
　　　　＝保费收入＋分入保费－分出保费－提取未到期责任准备金

其中，提取未到期责任准备金＝期末未到期责任准备金－期初未到期责任准备金。读者看到这里，可能会这样理解：人身险的未到期责任准备金应该与财产险的未到期责任准备金不同，因为人身险保险期限更长，未到期会更严重。而且人身险的未到期责任准备金事实上包含三种：未到期责任准备金（针对1年期及1年期以下人身险）、寿险责任准备金和长期健康险责任准备金。

但是，与这种自然的想法不同，按照行业惯例，人身险公司在计算已赚保费时，只扣除提取未到期责任准备金，不扣除"提取寿险责任准备金"和"提取长期健康险责任准备金"。我们先按行业惯例进行计算，后面再进行更深入的讨论。

此外，财政部相关文件规定："（1）基于权责发生制，分出人应在提取原保险合同未到期责任准备金、未决赔款准备金、寿险责任准备金、长期健康险责任准备金的当期，按照再保险合同的约定，计算确定应向再保险接受人摊回的相应准备金，确认当期损益，并同时确认相应的应收分保准备金资产；（2）分出公司对再保险合同涉及的保费收入、准备金、费用、赔付等根据原保险合同和再保险合同单独进行总额列报，不得相互抵消。"

按照上述规定，所有与分出业务有关的收支，均需单独列报；反过来，所有与分入有关的收支，均已经与保险业务合并，无须单独列报。因此，在人身险公司的（资产）负债表里的四个保险合同准备金（未到期、未决、寿险责任和长期健康险责任准备金），都是考虑了分入、但未考虑分出业务的准备金，于是，需要将再保险分入人提取的相关准备金(对分入人是负债,对分出人是资产)计入保险公司(分出人)的资产,称为应收分保准备金。

因此,对于提取未到期责任准备金,基于权责发生制,但按照行业惯例不扣除"提取寿险责任准备金"和"提取长期健康险责任准备金",其准确算法是:

提取未到期责任准备金

  =(期末未到期责任准备金－期初未到期责任准备金)

    －(期末应收分保未到期责任准备金－期初应收分保未到期责任准备金)

二、已赚保费案例

以 2016 年度中国人寿为例,根据 2016 年度中国人寿利润表数据和资产负债表中的准备金数据,可以计算:

中国人寿 2016 提取未到期责任准备金

  =(期末未到期责任准备金－期初未到期责任准备金)

    －(期末应收分保未到期责任准备金－期初应收分保未到期责任准备金)

  =(104.9－79.4)－(1.3－0.9)

  =25.1 亿元

中国人寿 2016 已赚保费

  =保险业务收入(含分入保费)－分出保费－提取未到期责任准备金

  =4 305－17.6－25.1

  =4 262.3 亿元

事实上,2016 年,中国人寿股份公司保险业务收入共计 4 305 亿元(其中,寿险业务总保费为人民币 3 619 亿元,健康险业务保费 540 亿元,意外险业务保费 146 亿元),保户投资款新增交费 1 656 亿元,独立账户新增交费 0 元。如本小节开头所述,保险业务收入不包含"保户投资款新增交费"和"独立账户新增交费",因此,后两项交费不应计入保险业务收入。

三、关于提取未到期责任准备金的讨论

如前所述,人身险业务的未到期责任准备金事实上包含三种：未到期责任准备金(针对 1 年期及 1 年期以下人身险)、寿险责任准备金和长期健康险责任准备金。但按照行业惯例,上面计算已赚保费时,提取未到期责任准备金只考虑了"针对短期人身险的未到期责任准备金",而将"提取寿险责任准备金＋提取长期健康险责任准备金"与"(针对短期人身险的)提取未决赔款准备金"合并,称为"提取保险责任准备金",放到了营业支出里。

我想说的是,核算已赚保费应该遵从权责发生制,应该核算真正对应当期的

保费收入。因此,在不考虑分保的情况下,人身险公司的已赚保费应该这样算,

当期保费收入(已赚保费)

＝当期保险业务收入＋期初未到期责任准备金－期末未到期责任准备金

＝当期保险业务收入－提取未到期责任准备金－提取寿险责任准备金

－提取长期健康险责任准备金

为什么寿险行业不按上述公式计算已赚保费呢? 可能是制定会计准则的人员认为保险公司做的就是保险,主要就是像财险公司那样的保险业务,于是直接将财险公司的核算办法搬到了寿险公司来用。而这种核算方式,会使寿险公司的营业收入看起来非常大,有些"虚胖"。

第三节　人身险公司有多"虚胖"?

一家公司的大小往往会用其营业收入来描述,一家金融机构的大小往往会用其营业收入和资产规模来描述,但将各种公司放到一起时,大家主要还是看营业收入,例如,著名的财富世界 500 强榜单就是按照营业收入进行排名的。

一、财富 500 强中的中国工商银行和中国人寿

从 2016 世界财富世界 500 强榜单(根据 2015 年数据排名)来看,中国工商银行和中国人寿(集团)排名分别在第 15、54 位,其营业收入分别为 1 672.3 亿美元和 1 012.7 亿美元。看起来,中国工商银行的营业收入大致是中国人寿的1.6 倍。

按照《财富》杂志的说法,《财富》杂志在统计营业收入时,银行收入为总利息收入与总非利息收入的总和。保险公司的收入包括保险费与年金收入、投资收入、已实现资本收益或损失,以及其他收入,但不包含本金。

但从利润来看,2015 年,中国工商银行和中国人寿的净利润分别为 2 791 亿人民币和 352 亿元人民币,中国工商银行利润是中国人寿的 7.92 倍!

我们可以看到两家金融机构在营业收入和利润上的不对称性,即,净利润差距远比营业收入差距大得多。这说明,双方在计算营业收入时方法上有所不同。

二、中国工商银行与中国人寿营业收入对比

从营业收入结构来看,中国工商银行和中国人寿有着巨大的不同,中国工商银行的主要营业收入为利息净收入、手续费及佣金收入等;中国人寿的主要营业收入为已赚保费和投资收益,如表 3－1 所示。

表 3-1 2016 年度中国人寿和中国工商银行营业收入结构对比　单位：亿元

中国人寿（集团）营业收入		中国工商银行（集团）营业收入	
已赚保费	4 262	利息净收入	4 718
		手续费及佣金净收入	1 450
投资收益	1 208	投资收益	100
公允价值变动损益	−42	公允价值变动净收益	42
汇兑损益	6	汇兑及汇率产品净收益	32
其他业务收入	64	其他业务收入	417
合　　计	5 498	合计	6 759

从表 3-1 来看，中国人寿和中国工商银行的营业收入确实差距不大，但是，双方的收入存在本质上的不同：

（1）中国工商银行的营业收入非常纯净，其中不包含资金成本（支付给客户的利息）、更不包含本金，只要从中扣除业务及管理费（以及税金、资产减值），基本上就是利润了。

（2）中国人寿的营业收入则比较"虚"，已赚保费没有扣除寿险责任准备金和长期健康险责任准备金，投资收益也没有扣除支付给客户的利息，存在很大的"泡沫"，保险期限越长，已赚保费的"泡沫"越大；负债规模越大，投资收益的"泡沫"越大。因此，人身险公司的营业收入是非常"虚胖"的。

三、人身险公司"泡沫"示例

如果你有 100 万元可用于 5 年期储蓄，有两种选择，一是购买 5 年期储蓄性保险，二是进行 5 年定期银行存款。

（1）当你将这 100 万元作为趸交保费购买 5 年期储蓄性保险（假定该保险产品通过了重大保险风险测试）交给某家寿险公司时，该公司就会得到 100 万元保费收入，由于不是 1 年及 1 年期以下产品，该寿险公司无须提取未到期责任准备金，于是，该寿险公司的已赚保费（＝保费收入－提取未到期责任准备金）就增加了 100 万元，全部计入营业收入。

（2）当你将这 100 万元作为 5 年期储蓄存入某银行时，该银行仅将这 100 万元当年产生的利息净收入 2 万元（假定利差约为 2%）计入营业收入。

可以看到，通过的 100 万元，同样是 5 年期储蓄，寿险公司拿到后，其营业收入就增加了 100 万元，而银行只能增加 2 万元。但实际上，就这 100 万元为双方创造的利润而言，银行往往会超过寿险公司。

这就是为什么中国人寿净利润远低于中国工商银行，但营业收入却逼近中国工商银行的根本原因！

四、陈东升为什么要办泰康人寿

说到这里，你可能会理解当初一个很有名的报道的内在含义，该报道说陈东升先生创业之初有个梦想，就是要以最快的速度建成一家世界500强企业。那该创办一家什么企业呢？行业选择显然非常重要。经过调研，尤其是去日本的调研，陈东升先生终于发现，当时想到的能以最快速度进入世界500强的，首选寿险业。于是，陈东升创建了泰康人寿保险公司。当然，到目前为止，泰康仍未进入世界500强。泰康人寿2015年度的营收是1 272.3亿元，如果按照当前的1美元兑换6.641 5元人民币来计算，折合191.6亿美元，2016世界500强的入围门槛是209.2亿美元，应该只差一点点了！

在2016年8月的"亚布力中国企业家论坛第十六届年会"的分论坛上，陈东升再次表示，自己曾有世界500强情结，觉得企业家应该有500强梦想，并且坚信，作为中国第四大人寿保险公司，13亿人民一定会把泰康人寿抬进世界五百强，这只不过是时间问题！

掌握上述知识的人会发现，只要会计准则不改变，陈东升先生的梦想是一定会实现的！

不过，相关国际会计准则IFRS 9与IFRS 17的修订已经基本结束，保险业最迟将在2021年1月1日开始实施，A股上市公司将在2019年1月1日开始实施。新会计准则下保险公司损益表收入列报将发生重大变化，使得保险行业损益表信息与其他金融服务行业更为接近，将会挤出我们这里所讨论的"泡沫"。世界五百强中寿险公司的排名将会大幅下滑，甚至被挤出世界500强，对部分寿险公司造成比较尴尬的局面。

第四节　承保业务支出：风险成本与营运费用

如简化案例所示，人身险业务的支出分为两部分：赔付支出和其他费用。实际情况稍显复杂，需要考虑分入分出因素和权责发生制因素，承保业务支出可分为"风险成本"和"营运费用"两部分。

需要注意的是，人身险公司的营业支出中包含有非保险合同的营业支出和投资业务支出，需要扣除，因为我们这里仅考虑保险业务的承保利润。

一、人身险业务风险成本

与简化模型的赔付支出对应，与利润表中营业支出的相关科目相对应，人身险业务风险成本包括如下几种。

1. 退保金

与财险不同，人身险多数都有储蓄性，客户可以随时退保，领取保单的现金价值，于是，退保金是人身险公司的一项重要现金流出，也是人身险公司的一项重要支出。

2. 赔付支出－摊回赔付支出

赔付支出包括赔款支出、死伤医疗给付、满期给付、生存给付、年金给付、分保赔付支出等。

摊回赔付支出指分出人从分入人那里摊回的赔付成本，包括赔款支出、死伤医疗给付、满期给付、年金给付等。

3. 提取保险责任准备金－摊回保险责任准备金

提取保险责任准备金：指"未决赔款准备金＋寿险责任准备金＋长期健康险责任准备金"的本期变动数，即三类准备金的"期末值－期初值"之和。

以中国人寿 2016 年度为例，根据中国人寿（资产）负债表，

中国人寿 2016 年度提取保险责任准备金

$$＝（期末未决赔款准备金－期初未决赔款准备金）$$
$$＋（期末寿险责任准备金－期初寿险责任准备金）$$
$$＋（期末长期健康险责任准备金－期初长期健康险责任准备金）$$
$$＝（115.3－92.7）＋（17\,629.3－16\,527.7）＋（630.2－460.1）$$
$$＝1\,294.3\ 亿元$$

摊回保险责任准备金：指分出人按再保合同从分入人那里摊回的保险责任准备金的变动数，是三项应收分保准备金的本期变动数之和。如前所述，摊回保险责任准备金对分入人是负债，对分出人是资产，因此，三项准备金列在分出人的资产表中。

以中国人寿 2016 年度为例，根据中国人寿资产（负债）表，

中国人寿 2016 年度摊回保险责任准备金

$$＝（期末应收分保未决赔款准备金－期初应收分保未决赔款准备金）$$
$$＋（期末应收分保寿险责任准备金－期初应收分保寿险责任准备金）$$
$$＋（期末应收分保长期健康险责任准备金－期初应收分保长期健康险责任准备金）$$
$$＝（1.03－0.5）＋（1.82－0.82）＋（16.01－11.64）$$
$$＝5.9\ 亿元$$

4. 保单红利支出

指分红险业务盈余中分配给客户的部分。

二、人身险业务营运成本

与简化模型的其他费用相对应，同时与利润表中营业支出的相关科目相对应，人身险业务的营运成本包括如下几种。（由于某些营运成本支出既包含保险承保业务支出，也包含非保险业务和投资业务支出，需要视情况进行分拆计算。）

1. 税金及附加

2016 年 5 月 1 日开始，针对承保业务，保险公司需要缴纳增值税，税率是 6%。1 年期及以上储蓄险免征。保险公司的投资收益也需要缴纳 6% 的增值税，但对于持有至到期投资的利息收益，在到期前不缴纳增值税。（由于政策尚未完全确定，投资收益的缴税方法还未完全定型。）

由于人身险公司以经营长期储蓄业务为主，财险公司主要经营短期保障性业务，而增值税的计算基数是增加值，所以，同样的保费收入，寿险业务的增加值远低于产险，其缴纳的"税金及附加"也要比财险公司低得多。例如，2016 年度，中国人寿保险业务收入 4 305 亿元，缴纳的税金及附加只有 6.5 亿元，但平安财险保险业务收入 1 780 亿元，缴纳的税金及附加达 40 亿元。

看来，虽然寿险业保费规模和资产规模远超产险业，但产险业对政府的增值税贡献却高于寿险业。

2. 手续费及佣金支出

（1）手续费及佣金支出的含义。如前所述，保险销售的一大特点是高度依赖中介，寿险尤为突出。支付给中介的销售费用称为"手续费及佣金支出"，通常将支付给个人代理人的销售费用称为"佣金"，将支付给机构性中介的销售费用称为"手续费"。

以中国人寿为例，2016 年的手续费及佣金支出为 520.22 亿元，占当年规模保费收入（5 960 亿元）的比例为 8.7%，可见中介在保险销售中起到的中坚作用。需要说明的是：拿手续费和佣金支出与规模保费去比其实并不合适，因为规模保费中既包括新单保费，也包括续期保费，新单保费肯定要支付佣金，续期保费则有的需要有的不需要支付佣金，也就是说，8.7% 只是一个大致的参考数。

（2）保险公司业务分类。如第一章所述，保险公司有三种保费收入：原保险费收入、保户投资款新增交费、投连险独立账户新增交费；分别对应三种负债：保险合同准备金、保户储金及投资款、独立账户负债。我们将原保险费（流量）及其对应的保险合同准备金(存量)视为保险业务,将其他两种视为非保险业务,分别称为"保户投资款业务"和"独立账户业务"。

读者可以看得出来,"保户投资款业务"和"独立账户业务"是基于负债(存量)而不是基于保费(流量)起名的,之所以基于负债起名而不是基于保费起名,是因为保费收入是经过分拆后才进入"保户储金及投资款"和"独立账户"的,本书讨论的是分拆后进入"保户储金及投资款"和"独立账户负债"的业务。

(3) 手续费及佣金支出的分拆。如前所述,我们这里仅考虑保险业务的承保利润,而人身险公司利润表中的"手续费及佣金支出"往往既包含保险业务的手续费及佣金支出,也包含非保险业务(保户投资款业务和独立账户业务)的手续费及佣金支出,因此,这里需要对"手续费及佣金支出"进行分拆,拆出保险业务的手续费及佣金支出。

关于手续费及佣金的分拆,应该按照保费收入(而不是保险负债)分拆,因为手续费及佣金是基于保费收入的某个百分比支出的。分拆是需要重点考虑以下两点:

第一,保障性越强,或投资性越弱,保单销售难度越大,同时承保利润越高,因此,保险公司越需要、同时也越有钱支付更高的手续费或佣金。因此,从单位保费消耗的手续费及佣金来看,保险业务＞保户投资款业务＞独立账户业务。

第二,相对于保户投资款交费和独立账户交费,保险业务往往包含更多的续期保费,续期保费要么中介费相对于新单保费比较低,要么续期多年已经不需要支付中介费了(根据最新的年报数据,几家大型寿险公司的续期保费是新单保费的2倍左右)。

综合上述两点考虑,这里假定:在同等保费收入条件下,保险业务的手续费及佣金支出是保户投资款业务或独立账户业务的3倍(事实上,不同的公司应该根据其业务结构做出不同的假设),则:

保险业务的手续费及佣金支出

= 手续费及佣金支出

$$\times \frac{3倍保险业务收入}{3倍保险业务收入＋保户投资款新增交费＋独立账户新增交费}$$

保户投资款业务的手续费及佣金支出

= 手续费及佣金支出

$$\times \frac{保户投资款新增交费}{3倍保险业务收入＋保户投资款新增交费＋独立账户新增交费}$$

独立账户业务的手续费及佣金支出

＝手续费及佣金支出

$$\times \frac{独立账户新增交费}{3倍保险业务收入＋保户投资款新增交费＋独立账户新增交费}$$

分拆计算结果如表 3-2 所示,总的手续费及佣金支出为 520.2 亿元,其中,保险业务的手续费及佣金支出估计为 461 亿元。

表 3-2 手续费及佣金的分拆

业务种类	业务收入/亿元	手续费及佣金支出/亿元
保险业务	保险业务收入＝4 305	461
保户投资款业务	保户投资款新增交费＝1 656	59.2
独立账户业务	独立账户新增交费＝0	0
合　计	5 961	520.2

数据来源:中国人寿 2016 年年度报告。

3. 业务及管理费

(1)业务及管理费的含义。保险公司的业务及管理费是个大箩筐,除支付给客户的赔付支出、交给政府的税金及附加、支付给中介的佣金及手续费之外的,保险公司所有的开销都在这里了。包括:① 职工薪酬:薪酬及奖金,社会保险及其他福利。② 物业及设备支出:折旧与摊销,包括固定资产折旧、无形资产摊销、长期待摊费用摊销。③ 业务投入:如广告费、宣传费、业务拓展费等。④ 行政办公支出,如办公通讯邮寄费、招待费、差旅费、会议费等。⑤ 其他支出,如研究开发费、审计费等。

以中国人寿为例,2016 年度业务及管理费合计支出 315.6 亿元。包括职工薪酬 186 亿元、物业及设备支出 51 亿元、业务拓展及保单管理支出 63.7 亿元(含保监会监管费 2.5 亿元)、行政办公支出 21.6 亿元等。

(2)业务及管理费的分拆。需要说明的是,无论是保险业务还是非保险业务(保户投资款业务和投连险业务),都需要支出业务及管理费,因此,需要将人身险公司利润表中的"业务及管理费"进行分拆,得到保险业务的业务及管理费支出。

关于业务及管理费分拆,有两种思路,第一种是按照流量分拆,即按照当期流入的三类业务各自的规模保费占比进行分拆;第二种是按照存量进行分拆,即按照保险合同负债、保户储金及投资款、独立账户负债占比进行分拆。考虑到所有存量业务都会有业务及管理费用支出,如客户服务费用、理赔费用支出等,所以,这里按照存量占比进行分拆。

　　还需要考虑的是,不同业务的复杂性是不同的,通常保障性越强,或投资性越弱,业务管理就越是复杂,同等规模负债需要消耗更多的业务及管理费用。即从业务复杂性来看,保险业务＞保户储金业务＞独立账户业务,因此,单位负债的业务及管理费消耗,也是"保险业务＞保户投资款业务＞独立账户业务"。

　　假定单位负债的业务及管理费消耗规律为,保险业务是保户投资款业务的2倍,是独立账户业务的4倍,则

保险业务的业务及管理费

　　＝业务及管理费

$$\times \frac{4\,倍保险准备金}{4\,倍保险准备金＋2\,倍保户储金及投资款＋独立账户负债}$$

保户投资款业务的业务及管理费

　　＝业务及管理费

$$\times \frac{2\,倍保户储金及投资款}{4\,倍保险准备金＋2\,倍保户储金及投资款＋独立账户负债}$$

独立账户业务的业务及管理费

　　＝业务及管理费

$$\times \frac{独立账户负债}{4\,倍保险准备金＋2\,倍保户储金及投资款＋独立账户负债}$$

　　以中国人寿2016年度为例,根据中国人寿(资产)负债表(如表3-3所示),可计算:

保险合同准备金

　　＝[(104.9＋115.4＋17 629.3＋630.2)＋(79.4＋92.7＋16 527.6＋460.1)]/2

　　＝[18 479.8＋17 159.8]/2

　　＝17 819.8(亿元)

保户储金及投资款＝(1 957＋841)/2＝1 399 亿元

独立账户负债＝(0.1＋0.1)/2＝0.1 亿元

　　需要说明的是,由于资产负债表中列示的是保险合同准备金、保户储金及投资款以及独立账户负债年末和年初的存量值,计算年度值时需要计算其年末值和年初值的平均值。在本书后面的各种计算中,只要涉及资产负债表中的项目,处理方法类同。

　　业务及管理费分拆计算结果如表3-4所示,总的业务及管理费支出为315.6亿元,其中,保险业务的业务及管理费支出估计为303.6亿元。

表 3-3　中国人寿 2016 年公司负债表　　　　　单位：百万元

负债：	2016 年 12 月 31 日	2015 年 12 月 31 日
卖出回购金融资产款	81 032	30 368
预收保费	35 252	32 266
应付手续费及佣金	3 713	2 598
应付分保账款	436	196
应付职工薪酬	7 120	5 406
应交税费	1 761	5 740
应付赔付款	39 038	30 092
应付保单红利	87 725	107 774
其他应付款	7 731	5 173
保户储金及投资款	195 694	84 092
未到期责任准备金	10 492	7 944
未决赔款准备金	11 538	9 268
寿险责任准备金	1 762 932	1 652 763
长期健康险责任准备金	63 024	46 010
应付债券	37 998	67 994
递延所得税负债	7 774	16 979
其他负债	11 436	9 542
独立账户负债	12	14
负债合计	**2 364 708**	**2 114 219**

表 3-4　业务及管理费的分拆

业　务　种　类	相应负债规模/亿元	业务及管理费/亿元
保险业务	保险准备金＝17 819.8	303.6
保户投资款业务	保户储金及投资款＝1 399	12
独立账户业务	独立账户负债＝0.1	0
合　　计	19 218.9	315.6

4. 分保费用—摊回分保费用

分保费用是指分入人（如中国人寿）向分出人支付的分保费用（用以弥补分出人的销售等费用支出），这里是分入人的支出。

摊回分保费用是指分出人（如中国人寿）从分入人那里收到的分保费用，对分出人是收入。

5. 资产减值损失

资产减值损失包括投资资产减值损失和非投资资产减值损失，只有非投资资产减值损失属于承保业务支出。

由于保险公司的资产主要是投资资产，尤其是人身险公司，投资资产占比90%以上，与承保业务有关的资产主要是少量办公场所类固定资产。因此，人身险公司的资产减值损失主要是投资资产减值，而非固定资产减值。也就是说，我们在核算承保利润时，对资产减值损失可以忽略不计。

6. 其他业务成本

人身险公司营业支出中的其他业务成本，主要包括非保险合同的利息支出和手续费佣金支出，基本与保险业务无关，不算做承保业务成本。

第五节　承　保　亏　损

一、承保利润与承保绩效

显然，在缴纳企业所得税前的承保利润＝承保收入－承保支出，即

承保利润＝承保收入－承保支出

　　　　＝已赚保费－保险业务风险成本－保险业务营运成本

　　　　＝已赚保费－（退保金＋赔付支出－摊回赔付支出＋提取保险责任准备金－摊回保险责任准备金＋保单红利支出）－（税金及附加＋保险业务的手续费及佣金支出＋保险业务的业务及管理费＋分保费用－摊回分保费用）

从承保绩效来看，由于人身险多数是长期的，而且具有储蓄性，已赚保费中包含大量的责任准备金，风险成本支出和营运成本支出在时间上已经无法与当年的已赚保费完全对应，也就无法计算出精确的综合赔付率和综合成本率。因此，在财险公司适用的承保绩效指标"综合赔付率"和"综合成本率"对人身险公司不再适用了。

人身险公司只能用承保利润来简单度量和比较其承保绩效。

二、中国人寿 2016 的承保亏损

以中国人寿为例，2016 年度，

已赚保费＝4 262.3 亿元

风险成本支出＝退保金＋赔付支出－摊回赔付支出＋提取保险责任准备金－摊回保险责任准备金＋保单红利支出

　　　　　　＝739.2＋2 051.4－8.6＋1 294.3－5.9＋158.8

　　　　　　＝4 229.2 亿元

$$营运成本支出＝税金及附加＋保险业务的手续费及佣金支出＋保险业务的$$
$$业务及管理费＋分保费用－摊回分保费用$$
$$＝6.5＋461＋303.6＋0－1.1$$
$$＝770 亿元$$

$$承保利润＝承保收入－承保支出$$
$$＝已赚保费－风险成本－营运成本$$
$$＝4\ 262.3－4\ 229.2－770$$
$$＝－736.9 亿元$$

上述计算结果表示,2016 年度,中国人寿的保险业务发生承保亏损 736.9 亿元。即,对于保险业务,在不考虑投资收益的情况下,2016 年度中国人寿发生亏损 736.9 亿元。

不过,如果不考虑营运成本,中国人寿的保险业务还略有承保盈利 33.1 亿元(4 262.3－4 229.2),这说明,总体而言,中国人寿保险业务的质量还不错,保障性较强。但也说明,中国人寿 2016 年度为客户现金价值支付的利息率很低,从其保单红利支出大幅降低 50％可以看出这一点。

第六节　人身险公司承保业务小结

一、人身险公司承保业务核算要点

(1) 人身险公司的业务分为三部分：保险业务、非保险业务和投资业务。承保业务仅核算保险业务的收支。

(2) 权责发生制是核算承保业绩的基本规则,导致：① 已赚保费的计算要扣除未到期责任准备金部分；② 但本来应该扣除的寿险责任准备金、长期健康险责任准备金,却没有扣,导致人身险公司的营业收入"泡沫"很大！

(3) 人身险公司很少分入、分出。分入、分出对寿险公司的收入、支出影响很小。

二、降低人身险公司承保亏损率的办法

显然,同样收入(已赚保费),成本越低,承保亏损率越低。

1. 风险成本方面

从风险成本因素来看,可通过如下两点降低承保亏损：

(1) 多做保障性业务,少做投资性业务。多做保障性业务,可以降低风险成本率(风险成本占已赚保费的比例),进而降低承保亏损。但是,其负面效应是公司业务规模增长会放慢,因为销售保障性业务的难度远高于投资性业务。

当然，并非所有公司都没有这样的能力，有的公司可以通过强有力的个险代理人队伍大力销售长期保障性保险，在保证保费增长速度的前提下实现风险成本率的降低和承保亏损率的降低。但是，多数公司都缺乏这样的核心能力。

（2）对于投资性业务，尽量降低支付给客户的利息率。因为降低支付给客户的利息率，就可以降低赔付支出、红利支出，以及"提取保险责任准备金（主要指寿险责任准备金、长期健康险责任准备金）"支出。但是，其负面效应是产品对客户的吸引力下降，可能造成保费收入增速下滑。

事实上，保险公司支付给客户的利息率是随行就市的，只要高于银行存款利率和银行理财产品的收益率，就具有了强有力的产品竞争力。所以，保险公司应该及时调整保单预定利率和保单保底利率，以便在保证保费增长的前提下降低保单风险成本。

2. 营运成本方面

从营运成本来看，降低承保亏损率的手段就是：一是降低手续费率和佣金率；二是降低业务及管理费；三是降低保单开始几年的现金价值，尽可能将销售等费用从保费中开销。但这三点都很难做到，因为降低手续费率和佣金率会降低中介的销售动力，降低业务及管理费会降低公司员工的工作动力，而降低保单现金价值会降低保单对客户的吸引力。

事实上，直接降低营运成本存在巨大的困难。在前台，现实的做法是增加员工、代理人、保险中介机构的单位销售绩效，如提高人均保费收入等指标，在提高员工、中介人均收入和开支的前提下，通过提高效率、增加工作强度来降低单位保费的营运成本。在中后台，可以通过后援集中等方式，提高工作强度和工作效率，通过提升效率来降低单位营运成本。

三、关于人身险公司承保业务的讨论

（1）有的保险业务，主要是短期健康意外险，与财险经营特点相同，会产生承保盈利；其他保险业务，以储蓄为主，需要为客户的现金价值支付利息，甚至手续费佣金也无法从保费中开销，导致承保亏损。

所谓高现价（高现金价值）产品，就是手续费佣金、业务及管理费无法从保费中开销的产品，必然产生承保亏损。

（2）总体而言，经营人身保险业的寿险公司是无法获得承保利润的，而是会出现承保亏损，即寿险公司的保费收入扣除赔付支出和其他支出后，剩余部分为负值。

（3）什么是优秀人身险公司？就是能销售大量低现价（低现金价值）产品的公司，就是将大量费用从保费中开销的公司，进而降低承保亏损，提升公司盈利水平的公司。

显然，只有主营保障性业务才能做到低现价、低承保亏损，也就是说，能够将保障性业务做成主营业务、而保费增长速度还快于同业的公司就是优秀人身险公司！

（4）人身险公司保费增长策略：保障性业务的发展速度受制于需求增长速度；投资性产品的需求可以认为是无限的。因此，大力发展满足重大保险风险测试的投资性保险产品就成为多数保险公司的增长策略。

但是，投资性产品越多，承保亏损越严重。

（5）与财险公司大不相同，寿险公司承保业务亏损额非常可观，必须要用投资收益进行弥补，或者说，寿险公司对投资收益的依赖程度远高于财险公司。

（6）从经营来看，财险公司像是制造业，寿险公司则更像一个设有资金池的投资公司；财险公司要交很多增值税，但寿险公司交的很少；寿险公司的金融中介功能更加突出，即将资金从盈余方转移至赤字方，并赚取资金价差！

第 二 部 分

保险公司投资收益(率)分析

第四章 保险投资计量：金融资产及其投资收益

保险公司的盈利包含承保利润（或承保亏损）和投资收益两部分，前面的第一部分（第一至三章）讨论了如何核算保险公司的承保利润，第二部分（第四至六章）讨论保险公司的投资收益。

保险公司产生投资收益的逻辑顺序是：第一步，保险公司卖保险、收保费（保险业务收入、保户投资款交费和投连险独立账户交费）；第二步，保费扣除手续费佣金，形成负债（保险负债、保户储金及投资款和独立账户负债）；第三步，保险公司用负债以及部分股东权益去投资，形成投资资产，投资资产产生投资收益。

本章开始讨论，保险公司通过投资形成投资资产后，如何计量投资资产的账面价值和投资资产产生的投资收益，投资资产的账面价值体现在资产（负债）表中，投资收益体现在利润表中，因此，也就是讨论保险投资如何影响保险公司的资产表和利润表。

保险公司的投资资产可分为三大类：金融资产、长期股权投资和投资性房地产，本章讨论金融资产的账面价值及其投资收益，下一章讨论长期股权投资和投资性房地产的账面价值和投资收益。

第一节 保险投资计量概述

一、保险公司资产以投资资产为主

公司的资产可分为经营资产和投资资产，经营资产包括各类应收款、存货、固定资产、在建工程、无形资产等，投资资产包括货币资金、交易性金融资产、可供出售金融资产、持有至到期金融资产、贷款、长期股权投资、投资性房地产等（有的资料将货币资金列为经营资产，不过，保险公司通常将其归类为投资资产）。

保险公司资产的特点是：① 经营资产很少。只有少量应收款、在建工程、固定资产和无形资产，没有存货；② 投资资产占比很大。保险业的投资资产大约占总资产的 90％，寿险公司高一些、财险公司低一些。

截至 2016 年年底，我国保险行业总资产 14.8 万亿元，资金运用余额 13.4 万亿元，投资资产占总资产的比例为 90.5％。

二、投资资产的分类

保险公司投资形成投资资产后，就需要进行资产类别确认。资产有多种分类方法，根据投资交易的目的性和其反映的经济内容，尤其是根据保险公司资产表中的列示科目，保险投资资产可分为三大类：金融资产、长期股权投资和投资性房地产。其中，金融资产占比最大。

按照保险公司对金融资产的持有意图，金融资产又可以分为：① 以公允价值计量且其变动计入当期损益的金融资产；② 持有至到期投资；③ 贷款类投资；④ 可供出售金融资产。

三、投资资产计量的目的

保险投资资产占总资产的 90％左右，投资资产计量的目的就是搞清楚各类投资资产的账面价值及其创造的投资收益，一方面便于搞清保险投资对保险公司资产负债表和利润表的影响，更重要的是便于核算保险公司的投资收益率。

具体而言，保险投资计量就是根据会计准则的规定来确定：① 投资资产账面价值；② 投资资产创造的投资收益。

在保险公司资产表中，不同类别的投资资产的账面价值，可能是买入成本，也可能是公允价值、摊余成本等，本质上同样的资产，按照不同的持有意图计入不同类别的投资资产，将采取不同的计量方式。

投资资产创造的投资收益包括：① 已实现投资收益，包括债的利息、股的股利、房的房租和资产买卖价差；② 未实现投资收益/损失，主要是指资产价值上涨下跌造成的浮盈浮亏和资产减值。这些投资收益会按照会计准则计入保险公司的利润表，形成利润表中的投资收益、公允价值变动损益、资产减值损失、其他综合收益等。

从保险投资管理来看，资产分类和计量方式，如将股权型投资计入交易性、可供出售还是计入长期股权投资，会严重影响资产的账面价值和账面利润，进而影响保险公司的投资行为！

第二节 以公允价值计量且其变动计入
当期损益的金融资产计量

一、以公允价值计量且其变动计入当期损益的金融资产的含义

以公允价值计量且其变动计入当期损益的金融资产,包括交易性金融资产,和在购入时即被直接指定为以公允价值计量且其变动计入当期损益的金融资产。

交易性金融资产,对于保险公司而言,是指"取得该金融资产的目的是为了在短期内出售"的金融资产,包括股票投资、债券投资、基金投资等。

在购入时即被指定为以公允价值计量且其变动计入当期损益的金融资产,按照中国人寿年报的说法,是指投连险业务产生的独立账户资产,以公允价值计量。但是,由于独立账户资产始终等于独立账户负债,所以,其公允价值变动无须计入当期损益。

也就是说,在保险公司资产表中的"以公允价值计量且其变动计入当期损益的金融资产"实际就是交易性金融资产。所以,在下文中,我们将不再区分"以公允价值计量且其变动计入当期损益的金融资产"和"交易性金融资产",而且为了表述简洁,主要采用"交易性金融资产"这一表述。

以中国人寿为例,2016 年 12 月 31 日,其拥有的以公允价值计量且其变动计入当期损益的金融资产或交易性金融资产的账面价值为 2 040.48 亿元,包含债券型投资资产 1 539.43 亿元和股权型投资资产 501.05 亿元,如表 4-1 所示。

表 4-1   2016 年年底中国人寿的交易性金融资产　　　　　单位：百万元

	2016 年 12 月 31 日	2015 年 12 月 31 日
债权型投资		
国债	372	553
政府机构债券	6 575	5 216
企业债券	143 863	86 806
其他	3 133	401
小计	153 943	92 976
股权型投资		
基金	14 116	5 878
股票	35 989	36 871
小计	50 105	42 749
合计	**204 048**	**135 725**

可见,交易性金融资产既可以是债权资产,也可以是股权资产,其共同特点是保险公司对它们是短期持有,随时可以买卖,目的是满足保险公司的流动性需求。

二、交易性金融资产的计量方法

如前所述,这里讨论的是保险公司买入、持有和卖出交易性金融资产时该资产的(资产表)账面价值和(利润表)投资收益。

1. 账面价值

入账价值＝买入时的公允价值;

持有期账面价值＝公允价值;

资产出售后,该被出售资产账面价值归零。

2. 投资收益

在资产负债表日,将交易性金融资产因公允价值变动形成的利得或损失,即浮动盈亏计入利润表中的"公允价值变动损益";

将持有期间获得的(债的)利息、(股的)现金股利计入投资收益;

资产出售时,将其"公允价值－入账价值"计入利润表中的"投资收益",同时将"公允价值变动损益"中该资产的浮动盈亏调出。

三、交易性金融资产计量案例

案例:美能达寿险公司在 2016 年起进行了如下投资:① 2016 年 10 月 4 日,花 100 万元买了绝世科技公司的股票;② 2016 年 12 月 31 日,该股票涨到了 120 万元;③ 2017 年 1 月 27 日,该股票涨到了 130 万元,就卖掉了。由于美能达寿险公司随时准备将该股票卖掉,因此,美能达将其计入了交易性金融资产。

请问,美能达保险公司该如何对该股票资产的账面价值和投资收益进行计量?

分析:

(1) 2016 年 10 月 4 日:100 万元买入股票后,美能达的资产中的"以公允价值计量且变动计入当前损益的金融资产"多了 100 万元(同时,资产中货币资金少了 100 万元);

(2) 2016 年 12 月 31 日(资产负债表日):股票涨到了 120 万元,该股票资产的账面价值变为 120 万元;利润表中的"公允价值变动损益"增加 20 万元;

(3) 2017 年 1 月 27 日:股票涨到了 130 万元,账面价值也涨到了 130 万元。卖掉了,则:① 资产表中,"以公允价值计量且变动计入当前损益的金融资产"少了 130 万元(货币资金多了 130 万元);② 利润表中,"投资收益"增加

30 万元（＝130－100），该资产产生的"公允价值变动损益"归零。（当然，会计处理要比这里复杂得多，这里重在讨论资产买卖和持有对保险公司资产负债表和利润表的影响，或对资产账面价值和利润表中投资收益相关科目的影响。）

需要注意的是，利润表中的"投资收益"通常是指实现了的投资收益，"公允价值变动损益"则是指浮动盈亏，当资产卖掉后，收益或亏损已经实现，该资产的浮动盈亏自然归零。

四、交易性金融资产计量小结

交易性金融资产是指保险公司随时准备卖掉的金融资产，既包括股也包括债。其计量规律是：

（1）无论买入时还是持有期内，交易性金融资产的账面价值＝公允价值。

（2）持有期内，将债的利息、股的股利计入利润表中的"投资收益"，将浮动盈亏计入利润表中的"公允价值变动损益"。

（3）将交易性金融股资产卖掉时，资产表中，该交易性金融资产清零；利润表中，将"卖出价－买入价"确认投资收益，将该资产的浮动盈亏从"公允价值变动损益"中调出。

（4）交易性金融资产计量最大的特点是，无论是已实现投资收益还是浮动盈亏都要计入利润表，均影响公司利润。

第三节　持有至到期投资资产计量

一、持有至到期投资资产的含义

持有至到期投资资产，指除贷款和应收账款外的，其他到期日固定、回收金额固定或可确定的，且管理层有明确意图和能力持有至到期的非衍生金融资产。

持有至到期投资资产主要是债权性投资，如定期债券。

股权投资因为没有固定的到期日，通常不能划分为持有至到期投资。但优先股是个例外，因为，① 优先股虽然无到期期限，但在优先股存续期间，公司有权在优先股发行若干年后赎回；② 优先股股东通常可以按照约定的股息率每年获得股息，但不再同普通股股东一起参加剩余利润分配。因此，优先股也可以被划入持有至到期投资。

以中国人寿为例，中国人寿的持有至到期投资资产全部是债权型投资，2016年 12 月 31 日，中国人寿的持有至到期投资资产账面价值（摊余成本）5 490.54

亿元,包括国债 971.96 亿元、政府机构债券 1 690.01 亿元、企业债券 1 777.68 亿元、次级债券等 1 500.89 亿元。

二、持有至到期投资资产的计量

采用摊余成本法计量。如前所述,这里讨论的是保险公司买入、持有和卖出持有至到期投资资产时该资产的(资产表)账面价值和(利润表)投资收益。

1. 账面价值

假设某定期债券被划入持有至到期投资资产,则其

入账价值＝买入成本,即买入时的"公允价值＋相关费用(税金、手续费等)";

持有期账面价值＝摊余成本;

资产出售后,该被出售资产账面价值归零。

2. 投资收益

持有期间,按实际利率法核算投资收益。即,在资产负债表日,按"期初摊余成本×实际利率"确认利息收入,计入利润表中的"投资收益"。

债券通常会持有至到期。如果特殊情况中期卖掉了,应将"卖出价－账面价值"计入当期损益,即利润表中的"投资收益"。

3. 摊余成本和实际利率的含义

(1) 摊余成本。持有至到期投资资产的账面价值＝摊余成本,那么摊余成本是啥意思呢? 根据《企业会计准则 22 号——金融工具确认与计量》,金融资产或金融负债的摊余成本,是指该金融资产或金融负债的初始确认金额经下列调整后的结果: ① 扣除已偿还的本金;② 加上或减去采用实际利率法将该初始确认金额与到期日金额之间的差额进行摊销形成的累计摊销额;③ 扣除已发生的减值损失(仅适用于金融资产)。即,

摊余成本＝初始确认的金额－已偿还的本金＋/－初期确认的金额与到期
　　　　日金额之间的差额的累积摊销额－已发生的减值损失

每期溢价摊销额＝债券期初账面价值×实际利率－票面价值×债券票面利率

每期折价摊销额＝票面价值×债券票面利率－债券期初账面价值×实际利率

直观而言,在不考虑偿还本金和减值损失的情况下,摊余成本,就是指经过摊销之后的成本,即在债券初始确认金额基础上经过加/减每期摊销额后的金额。

(2) 实际利率。持有至到期投资资产的实际利率法,是指按照金融资产或金融负债的实际利率计算其摊余成本及各期利息收入或利息费用的方法。

实际利率,是指将金融资产或金融负债在预期存续期间或适用的更短期间

内的未来现金流量,折现为该金融资产或金融负债当前账面价值所使用的利率。

如果读者有疑问,等到看完下面的两个案例时,就会豁然开朗了。

三、持有至到期投资资产计量案例：溢价发行债券

美能达保险公司 2012 年 1 月 1 日购买了死磕科技的企业债券,票面利率 6.5%,票面价值总额为 100 万元,5 年到期,每年年底分期付息,实际利率为 5%,该债券属于溢价发行,美能达按债券公允价值支付价款 1 064 942 元,打算持有至到期,于是,美能达保险公司将该债券投资确认为"持有至到期投资资产"。

请问,在持有期内,美能达对该企业债券的资产价值和投资收益如何计量?

分析：

1. 资产账面价值

(1) 入账价值＝买入价＝1 064 942 元。

(2) 持有期账面价值＝摊余成本,摊余成本的计算过程和结果如表 4－2 所示。

表 4－2　死磕科技企业债券的摊余成本计算表　　　　　单位：元

年　　　度	A	B	C	D	E
	期初摊余成本	实际利息收入(A×5%)	收到的利息	溢价摊销(B－C)	摊余成本(A+D)
2012 年 12 月 31 日	1 064 942	53 247	65 000	－11 753	1 053 189
2013 年 12 月 31 日	1 053 189	52 659	65 000	－12 341	1 040 849
2014 年 12 月 31 日	1 040 849	52 042	65 000	－12 958	1 027 891
2015 年 12 月 31 日	1 027 891	51 395	65 000	－13 605	1 014 286
2016 年 12 月 31 日	1 014 286	50 714	65 000	－14 286	1 000 000

注：① 每期溢价摊销额＝债券期初账面价值×实际利率－票面价值×债券票面利率。
② 每期期末摊余成本＝期初账面价值＋当期溢价摊销额＝该债券未来净现金流现值(按实际利率)。
③ 总摊销额 ＝ $\sum$ 每期摊销额 ＝ 初始确认金额－到期日金额＝1 064 942－1 000 000＝64 942(元)。
④ 直观而言,摊余成本就是在债券初始确认金额基础上经过加/减每期摊销额后的金额。

如,2012 年 12 月 31 日,该债券的摊余成本为 1 053 189 元;

2015 年 12 月 31 日,该债券的摊余成本为 1 014 286 元。

可见,持有期内,溢价发行债券的账面价值逐年递减。

(3) 到期账面价值。2016 年 12 月 31 日,该债券到期,美能达收到债券利息 65 000 元和面值 100 万元,债券账面价值归零。

2.投资收益核算

该债券每年贡献的(利润表中的)"投资收益"按实际利率法核算,即,实际利息收入=期初摊余成本×实际利率,计算结果如表4-2的B列所示。

例如,2012年,该债券为美能达保险公司贡献的投资收益=1 064 942×5%=53 247元。

年投资收益的变化规律是:由于实际利率5%保持不变,但债券摊余成本随时间推移逐渐降低,所以,该债券为美能达贡献的投资收益逐年减少。

四、持有至到期投资资产计量案例：折价发行债券

万事达保险公司2012年1月1日购买帅杰科技的企业债券,票面利率6.5%,票面价值总额为100万元,还有5年到期,每年年底付息,实际利率为7%,按债券公允价值支付价款979 498元。万事达保险公司打算将其持有至到期,将该债券投资确认为"持有至到期投资资产"。

请问,在持有期内,万事达保险公司对该企业债券的资产价值和投资收益如何计量?

分析：

1.资产账面价值

(1)入账价值=买入价=979 498元。

(2)持有期账面价值=摊余成本,摊余成本的计算过程和结果如表4-3所示。

表4-3　帅杰科技企业债券的摊余成本计算表　　　　　　　　单位：元

年　　度	A 期初摊余成本	B 实际利息收入(A×7%)	C 收到的利息	D 折价摊销(B−C)	E 摊余成本(A+D)
2012年12月31日	979 498	68 565	65 000	3 565	983 063
2013年12月31日	983 063	68 814	65 000	3 814	986 877
2014年12月31日	986 877	69 081	65 000	4 081	990 958
2015年12月31日	990 958	69 367	65 000	4 367	995 325
2016年12月31日	995 325	69 673	65 000	4 675	1 000 000

注：① 每期溢价摊销额=债券期初账面价值×实际利率−票面价值×债券票面利率。
② 每期期末摊余成本=期初账面价值+当期溢价摊销额=该债券未来净现金流现值(按实际利率)。
③ 总摊销额=$\sum$每期摊销额=到期日金额−初始确认金额=1 000 000−979 498=20 502。
④ 直观而言,摊余成本就是在债券初始确认金额基础上经过加/减每期摊销额后的金额。

如,2012 年 12 月 31 日,该债券的摊余成本为 983 063 元;

2015 年 12 月 31 日,该债券的摊余成本为 995 325 元。

可见,持有期内,折价发行债券的账面价值逐年递增。

（3）到期账面价值。2016 年 12 月 31 日,该债券到期,万事达保险公司收到债券利息 65 000 元和面值 100 万元,债券账面价值归零。

2. 投资收益核算

该债券每年贡献的利润表中的"投资收益"按实际利率法核算,即,实际利息收入＝期初摊余成本×实际利率,计算结果如表 4-3 的 B 列所示。

例如,2012 年,该债券为万事达保险公司贡献的投资收益＝979 498×7%＝68 565（元）。

年投资收益的变化规律是：由于实际利率 7% 保持不变,但债券摊余成本逐年升高,所以,该债券为万事达保险公司贡献的投资收益逐年增加。

五、持有至到期资产计量小结

持有至到期是指保险公司有意图持有至到期的定期债券,采用摊余成本法计量。摊余成本,是指将"期初价值"扣除"溢价摊销额",或加上"折价摊销额"之后的金额,所以称为"摊余成本"。

具体而言：

（1）持有至到期投资资产的账面价值＝摊余成本;入账价值＝公允价值＝初始摊余成本;持有期内资产负债表日账面价值＝摊余成本。

（2）持有至到期投资资产为利润表贡献的投资收益＝期初摊余成本×实际利率。

（3）债券到期时,摊余成本＝入账价值＋/－累积摊销额＝面值,并迅速转化为（面值那么多的）现金,即,该持有至到期资产清零,现金多出面值那么多。

（4）持有至到期投资资产计量最大的特点就是采用摊余成本法,并按期初摊余成本和实际利率计算投资收益,核算的投资收益与收到的利息不同。

第四节　贷款类投资资产计量

一、贷款类投资资产的含义

贷款类投资资产,指在活跃市场中没有报价、回收金额固定或可确定的非衍生金融资产。在保险公司的投资组合中,贷款类资产包括买入返售金融资产、保户质押贷款、债权投资计划、信托投资计划、定期存款及存出资本保证金等。

买入返售金融资产和保户质押贷款属于短期贷款类资产,债权投资计划、信托投资计划、定期存款、存出资本保证金等属于长期贷款类资产。

其中,债权投资计划,是指保险资产管理公司发起设立的投资产品,通过发行投资计划受益凭证,向保险公司等委托人募集资金,投资主要包括交通、通讯、能源、市政、环境保护等国家级重点基础设施或其他不动产项目,并按照约定支付本金和预期收益的金融工具。

本质上来说,贷款类资产与持有至到期的债券都是债权类资产,它们的主要区别是:第一,贷款类资产在活跃市场没有报价,流动性较差,持有至到期的定期债券在活跃市场有报价,流动性较强;第二,持有至到期的债券的设计是标准化的(如每年支付利息,到期还本),但部分贷款类资产的设计比较灵活,是非标准化的。以债权投资计划为例,投资资金可以根据项目进度分批支付给建设项目的,还本付息方式也可根据项目建设、投入运营的时间来灵活设计,例如,建设期可以不支付利息,等到项目投入运营后开始还本付息等。

以中国人寿为例,截至 2016 年 12 月 31 日,中国人寿持有的贷款类资产包括:买入返售金融资产(全部 30 天以内到期)430.93 亿元,定期存款(1 个月至 5 年及 5 年以上)5 353.61 亿元,保户质押贷款 924.42 亿元,其他贷款(1 年至 10 年及 10 年以上)1 290.93 亿元,这里的其他贷款包含债权投资计划、信托投资计划等资产。

二、贷款类资产的计量

总体而言,与持有至到期投资资产类似,贷款类资产也采用实际利率、以摊余成本计量。

1. 账面价值

(1) 标准化贷款资产。对于简单的、标准化的贷款类资产,如定期存款、保单质押贷款、买入返售金融资产等,由于利息和本金回收额固定,且没有溢价、折价发行情况,因此也就没有第三节中讨论的溢价摊销和折价摊销的情况了,只要按成本入账即可,即账面价值=贷款金额。

因为,在没有摊销的情况下,摊余成本=初始确认金额-已偿还的本金-已发生的减值损失;在没有"已偿还本金"和"已发生减值损失"的情况下,摊余成本=初始确认金额=贷款金额。当然,特殊情况时需要考虑资产减值。

(2) 非标准化的贷款资产。对于相对复杂的、非标准化的贷款类资产,如债权投资计划等,由于现金流出和流入较为复杂,按照摊余成本入账,即,账面价值=摊余成本。

2. 投资收益

（1）标准化贷款资产。对于简单的、标准化的贷款类资产，如定期存款、保单质押贷款、买入返售金融资产等，持有期间，按贷款合同利率核算投资收益，计入利润表中的"投资收益"。

（2）非标准化的贷款资产。对于相对复杂的、非标准化的贷款类资产，如债权投资计划等，持有期间，按实际利率法核算投资收益。即，在资产负债表日，按"期初摊余成本×实际利率"确认利息收入，计入利润表中的"投资收益"。

此外，如果将贷款类资产中期转让，应将"卖出价－账面价值"计入当期损益，即利润表中的"投资收益"。

三、贷款类投资资产计量案例

以买入返售金融资产为例，假定美能达保险公司 2017 年 3 月 1 日用 1 000 万元买入证券（或票据、贷款），根据协议约定，1 个月后以 1 010 万元卖出。

请问，该如何确认该资产的账面价值和投资收益？该资产对美能达保险公司的资产表和利润表有何影响？

分析：

（1）2017 年 3 月 1 日：

资产表：入账价值 1 000 万元。入账时，资产的货币资金减少 1 000 万元，买入返售金融资产增加 1 000 万元；

（2）2017 年 4 月 1 日：

利润表：当月确认投资收益 10 万元；

资产表：该资产到期时，1 000 万元买入返售金融资产转化为 1 000 万元货币资金。

非标准贷款类资产的计量比较复杂，这里就不举例了，读者只要记住按照摊余成本和实际利率法计量即可。

四、贷款类资产计量小结

贷款类投资资产，指在活跃市场中没有报价、回收金额固定或可确定的非衍生金融资产。与持有至到期投资资产类似，贷款类资产也采用实际利率、以摊余成本计量。

具体而言：

（1）对于简单的、标准化的贷款类资产，如定期存款、保单质押贷款、买入返售金融资产等，按成本（贷款金额）计入账面价值，按合同利率计算投资收益；

（2）对于相对复杂的、非标准化的贷款类资产，如债权投资计划等，账面价值＝摊余成本，按"期初摊余成本×实际利率"确认利息收入，计入利润表中的"投资收益"。

（3）中期转让时，投资收益按"卖出价－账面价值"确认，计入利润表中的"投资收益"。

第五节　可供出售金融资产计量

一、可供出售金融资产的含义

可供出售金融资产指初始确认时即被指定为可供出售的非衍生金融资产，以及未被划分为其他类的金融资产。包括划分为可供出售的股票投资、债券投资等资产。

以中国人寿为例，截至 2016 年 12 月 31 日，中国人寿持有的可供出售金融资产包括以公允价值计量的可供出售金融资产 7 380.43 亿元，以成本计量的可供出售金融资产 207.59 亿元。其中，以公允价值计量的可供出售金融资产包括债权型投资 3 941.86 亿元（包括国债、政府机构债券、企业债券、次级债券、理财产品等）和股权型投资 3 438.57 亿元（包括基金、股票、优先股、理财产品等），如表 4－4 所示。

表 4－4　中国人寿 2016 年持有的可供出售金融资产　　　单位：百万元

	2016 年 12 月 31 日	2015 年 12 月 31 日
以公允价值计量的可供出售金融资产		
债权型投资		
国债	21 198	25 258
政府机构债券	146 310	145 399
企业债券	187 287	205 149
次级债券/债务	16 708	19 298
理财产品	11 000	——
其他	11 683	4 706
小计	394 186	399 810
股权型投资		
基金	104 432	162 563
股票	100 116	74 592
优先股	27 880	18 712

(续表)

	2016 年 12 月 31 日	2015 年 12 月 31 日
理财产品	81 544	50 053
其他	29 885	40 310
小计	343 857	346 230
以成本计量的可供出售金融资产股权型投资		
其他	20 759	20 759
合计	**758 802**	**766 799**

二、可供出售金融资产的计量

如前所述,可供出售金融资产分为以公允价值计量的可供出售金融资产和以成本计量的可供出售金融资产,但多数都是以公允价值计量的。

1. 以公允价值计量的可供出售金融资产

(1)账面价值。

入账价值＝买入时的公允价值;

持有期账面价值＝公允价值;

资产出售后,该被出售资产账面价值归零。

(2)投资收益。在资产负债表日,将公允价值变动形成的利得或损失(浮动盈亏)计入其他综合收益。其他综合收益的存量反映在资产负债表的股东权益中;其他综合收益的流量反映在利润表的"其他综合收益"中,不影响公司的利润大小。

将持有期间获得的(债的)利息、(股的)股利计入投资收益,其中,债权利息应该采用实际利率法计算。

资产出售时,将其"公允价值－入账价值"计入利润表中的"投资收益",同时将"其他综合收益"中该资产的累积浮动盈亏额调出。(当然,会计处理要比这里复杂得多,这里重在讨论资产买卖和持有对保险公司资产负债表和利润表的影响。)

2. 以成本计量的可供出售金融资产

对于活跃市场中没有报价且其公允价值不能可靠计量的可供出售金融资产,在资产表中以成本扣除减值准备后的净值列示,将其产生的利息或分红计入利润表的投资收益。

三、可供出售金融资产计量案例

幸福保险公司 2015 年 3 月 31 日以 302 万元(含交易费用 0.5 万元和已宣告

未发放现金股利 1.5 万元)买入轮创公司股票,占轮创公司股份比例 3%。幸福保险公司打算长期持有以便实现长期增值和收益。

由于以下三点原因,幸福将其确认为以公允价值计量的可供出售金融资产:① 由于长期持有,不能划入交易性金融资产;② 由于股权比例太小,不足以对轮创公司产生重大影响,不能划入长期股权投资;③ 也不是持有至到期资产和贷款类资产。

请按如下未来情况确认该资产的账面价值和投资收益及其对幸福保险公司资产表和利润表的影响。

分析:

2015 年 3 月 31 日,幸福保险将该股票划入可供出售金融资产。

(1) 资产表:该资产入账价值＝300.5 万元。入账后,资产表中的货币资金减少 302 万元,可供出售金融资产增加 300.5 万元,其他应收款(应收股利在资产表的其他应收款中)增加 1.5 万元。

(2) 利润表:投资收益增加 1.5 万元。

2015 年 4 月 15 日收到轮创公司发放的现金股利 1.5 万元。

(1) 资产表:其他应收款(含应收股利)减少 1.5 万元,货币资金增加 1.5 万元。

(2) 利润表:无影响。

2015 年 12 月 31 日,股票公允价值 295 万元,幸福保险公司判断股价下跌为市场情绪原因,轮创公司财务状况良好,投资没有减值,决定继续持有。

(1) 资产表:该资产账面价值变为 295 万元,幸福保险公司的可供出售金融资产减少 5.5 万元(＝300.5－295)。

(2) 利润表:其他综合收益减少 5.5 万元。

(3) 股东权益:其他综合收益减少 5.5 万元。

2016 年 5 月 15 日,轮创宣布发放股利,幸福公司预计将获得股利 20 万元。

(1) 资产表:其他应收款(含应收股利)增加 20 万元。

(2) 利润表:投资收益增加 20 万元。

2016 年 5 月 30 日,幸福公司收到轮创的现金股利 20 万元。

(1) 资产表:其他应收款(应收股利)减少 20 万元,货币资金增加 20 万元。

(2) 利润表:无影响。

2016 年 12 月 31 日,股票公允价值 270 万元。轮创宣布,由于公司销售额下降,2016 年没有股利发放。

(1) 利润表:幸福判断该股票投资发生了非暂时性损失,需要计提资产减值损失,"资产减值损失"增加 30.5 万元(＝入账价值 300.5－270);其他综合收益增加 5.5 万元(实质是原计入的"—5.5 万元"转出了)。

(2) 股东权益：其他综合收益增加 5.5 万元(实质是原计入的"—5.5 万元"转出了)。

(3) 资产表：该资产账面价值变为 270 万元,公司可供出售金融资产减少 25 万元(＝295－270),不是浮亏,是确认了的实际亏损。

2017 年 1 月 20 日,幸福公司出售该股票,卖出价 280 万元。

(1) 利润表：投资收益增加 10 万元(＝280－270)。

(2) 资产表：该项资产归零,货币资金增加 280 万元。(与年初相比,可供出售金融资产减少 270 万元,现金增加 280 万元,其他综合收益没有变化。)

四、可供出售金融资产计量小结

可供出售金融资产指初始确认时即被指定为可供出售的非衍生金融资产,以及未被划分为其他类的金融资产,包括以公允价值计量的可供出售金融资产和以成本计量的可供出售金融资产,前者占绝大多数。

对于以公允价值计量的可供出售金融资产：在资产表中,账面价值＝公允价值；在利润表中,其投资收益为债的利息和股的股利,债权利息采用实际利率法计算；公允价值变动计入其他综合收益,影响股东权益,但不影响利润。

以成本计量的可供出售金融资产：是指活跃市场中没有报价且其公允价值不能可靠计量的可供出售金融资产,在资产表中以成本扣除减值准备后的净值列示,其产生的利息或分红计入利润表的投资收益。

第六节　金融资产划分、减值与计量总结

一、金融资产划分

本质上来说,金融资产不是股权类资产就是债权类资产。那么,对于债权类资产或股权类资产,保险公司如何按照持有意图进行划分呢？ 这里根据前面的内容作一总结。

1. 债权类资产的划分

对于活跃市场没有报价的固定收益类资产,划入贷款类；

对于活跃市场有报价的债权类金融资产,可以划到以下三类中的任一类：
① 以公允价值计量且其变动计入当期损益的金融资产；② 可供出售金融资产；③ 如果有固定到期日且回收金额可确定,也可划分至持有至到期投资。某项债券类金融资产到底被划到哪一类,主要取决于企业管理层的持有意图,打算快速买进卖出以便保持流动性,就计入"以公允价值计量且其变动计入当期损益的金

融资产"；打算持有时间较长择机出售的就计入"可供出售金融资产"；打算持有至到期的就计入"持有至到期投资"。

2. 股权类资产的划分

对于活跃市场有报价的股权类金融资产（对被投资单位无重大影响），可以划为：① 以公允价值计量且其变动计入当期损益的金融资产；② 可供出售金融资产。与前面债权类资产的归类方法一致，某项股权类资产到底被划到哪一类，主要取决于企业管理层的持有意图。

后面会谈到，对于活跃市场有报价且对被投资单位产生重大影响的股权投资，以及活跃市场没有报价的股权投资，归为长期股权投资。

3. 股权资产与债权资产的划分表

表 4 - 5 金融资产划分确认表

金融资产分类	特点和持有意图		归　　类
债权类	活跃市场没有报价		贷款类资产
	活跃市场有报价	随时卖掉	以公允价值计量变动计入当期损益的金融资产
		持有一段时间后卖掉	可供出售金融资产
		持有至到期	持有至到期投资
股权类（活跃市场有报价且对被投资单位无重大影响）	随时卖掉		以公允价值计量变动计入当期损益的金融资产
	持有一段时间后卖掉		可供出售金融资产

二、金融资产减值

企业应当在资产负债表日对"以公允价值计量且其变动计入当期损益的金融资产（该资产的减值已经通过"公允价值变动损益"计入了损益表）"以外的金融资产的账面价值进行检查，有客观证据表明该金融资产发生减值的（如股价大跌不可能再涨回的，债券很可能违约的），应当计提资产减值准备，并将其计入利润表中的"资产减值损失"。

在判断金融资产是否发生减值时，保险公司主要基于两点：一是公允价值下降的幅度和持续时间；二是发行机构的财务状况和近期发展前景。例如，对于可供出售的权益类资产，若该权益类资产在资产负债表日的公允价值低于初始成本的幅度超过 50%，或低于初始投资成本持续超过 1 年，或持续 6 个月低于初始投资成本的幅度超过 20%，则表明发生减值。

1. 可供出售金融资产减值处理

可供出售金融资产发生减值，原直接计入股东权益的因公允价值下降形成的累计损失予以转出并计入减值损失。

对已确认减值损失的可供出售债务工具投资，在期后公允价值上升且客观上与确认原减值损失后发生的事项有关的，原确认的减值损失予以转回，计入当期损益。

对已确认减值损失的可供出售权益工具投资，已确认的减值损失不得通过损益转回，后期公允价值的上升直接计入股东权益。

2. 在活跃市场中没有报价且其公允价值不能可靠计量的权益工具减值处理

在活跃市场中没有报价且其公允价值不能可靠计量的权益工具投资发生减值时，按其账面价值超过按类似金融资产当时市场收益率对未来现金流量折现确定的现值之间的差额，确认减值损失，减值损失一经确认，以后期间即便价值部分恢复也不予转回。

3. 以摊余成本计量的金融资产减值处理

以摊余成本计量的金融资产发生减值时，按预计未来现金流量（不包括尚未发生的未来信用损失）现值低于账面价值的差额，计提减值准备。如果有客观证据表明该金融资产价值已恢复，且客观上与确认该损失后发生的事项有关，原确认的减值损失予以转回，计入当期损益。

三、金融资产计量小结

这里将四类金融资产的计量方法及其对资产负债表和利润表的影响总结在表 4-6 中，供读者参考和查阅。

表 4-6　金融资产计量总结

类　　别	具体资产	计量方法（资产负债表）	投资收益（利润表）	资产减值（利润表）
以公允价值计量且其变动计入当期损益的金融资产	股、债	公允价值浮动盈亏进入损益	现金股利、利息、买卖价差；公允价值变动损益	不考虑
持有至到期投资	债	摊余成本	期初摊余成本×实际利率	考虑
贷款类	债	简单贷款：成本复杂贷款：摊余成本	合约利息期初摊余成本×实际利率	考虑
可供出售金融资产	股、债	公允价值浮动盈亏进入其他综合收益	现金股利、利息、买卖价差	考虑

四、本章学习思路

这部分内容有些复杂，读者可能会感到学习负担比较重。不过，从理解保险公司经营来看，只要记住大类资产的计量方式就可以了，例如，

对于交易性金融资产、可供出售金融资产：公允价值计量，前者浮盈浮亏计入公允价值变动损益，后者浮动盈亏计入其他综合收益；

对于持有至到期资产、贷款类金融资产：摊余成本计量，投资收益＝期初摊余成本×实际利率，等等。

从保险公司经营看，更重要的是需要考虑，哪些因素的变动会影响保险公司的金融资产的账面价值和投资收益，进而影响公司的利润和偿付能力。比如，市场利率上行或下行对保险公司金融资产的账面价值和投资收益有何影响，进而如何影响保险公司的资产负债表和利润表，进而如何影响保险公司的偿付能力。这些知识在本书的第三部分将会进行讨论。

第五章 保险投资计量：长期股权、房地产及其投资收益

如第四章开头所述,保险公司的投资资产包括三大类:金融资产、长期股权投资和投资性房地产。第四章介绍金融资产计量,第五章介绍长期股权投资和投资性房资产的计量。

保险公司的股权型投资分为三部分,第一部分是放在交易性金融资产中的股票投资,第二部分是放在可供出售金融资产中的股票投资,第三部分是长期股权投资,直观而言,就是持有期限越来越长。从规模来看,我国保险业持有的股权型投资资产占总投资资产的比例大致在 20% 左右,而且大部分都属于金融资产(放在了交易性金融资产和可供出售金融资产中),长期股权投资占比较低。个别保险公司的长期股权投资占比很高,如安邦集团旗下的各家保险公司。在世界保险业内,伯克希尔·哈撒韦旗下的几家保险公司是特例,巴菲特用这些保险公司的浮存金(即准备金)进行了大量的长期股权投资。

就投资性房地产而言,目前我国保险业持有的投资性房地产占总投资资产的比例很低,多数公司的投资性房地产几乎可以忽略不计。

本章讨论,保险投资形成长期股权投资和投资性房地产后,如何计量投资资产的账面价值和投资资产产生的投资收益,即这些投资如何影响保险公司的资产表和利润表。进一步地,讨论这些投资如何影响保险公司的偿付能力和盈利水平。

第一节　长期股权投资的分类

长期股权投资是指投资方对被投资单位实施控制、重大影响的权益性投资,以及对其合营企业的权益性投资,这里的被投资单位可以是上市公司,也可以是非上市公司。此外,长期股权投资还包括对非上市企业的不属于控制、重大影响和合营性质的股权投资。

上述这些投资资产要么很大、要么流动性较差,保险公司通常不会轻易抛售,主要是为了获取利益而长期持有,故称长期股权投资。

一、长期股权投资的分类

基于长期股权投资的含义，长期股权投资可分为控制性投资、重大影响性投资、合营企业投资，以及对非上市企业的不属于控制、重大影响和合营性质的股权投资。

1. 控制性投资——子公司

所谓控制，是指投资方拥有对被投资方的权力，通过参与被投资方的重要经营活动而享有可变回报，并且有能力运用"对被投资方的权力"影响其回报金额。这里所说的重要经营活动，是指对被投资方的回报产生重大影响的活动，通常包括商品或劳务的销售和购买、金融资产的管理、资产的购买和处置、研究与开发活动以及融资活动等。

通常，当投资单位对被投资单位的表决权不小于 50%，或表决权虽不足 50% 但确实属于实质性控制时，就将这笔投资称为控制性投资。

投资方能够对被投资单位实施控制的，投资方称为母公司，被投资单位称为其子公司，此时，母公司应当编制合并报表。

2. 重大影响性投资——联营企业

所谓重大影响，是指投资方对被投资单位的财务和经营政策有参与决策的权力，但并不能够控制或者与其他方一起共同控制这些政策的制定。

通常，当投资方对被投资单位的表决权≥20% 但没有实施控制时，就可以确认为对被投资单位有重大影响。

投资方能够对被投资单位施加重大影响的，被投资单位为其联营企业。

3. 合营企业投资——合营企业

所谓对合营企业投资，是指通过权益性投资与其他合营方对被投资单位实施共同控制。

合营企业是合营安排的一种。合营安排分为共同经营和合营企业。合营安排是一项由两个或两个以上的参与方共同控制的安排，共同控制是指该安排的重要经营活动（即对该安排的回报产生重大影响的活动）必须经过分享控制权的各方一致同意后才能决策。其中，共同经营是指合营方享有该安排相关资产、并承担该安排相关负债的合营安排；合营企业是指合营方仅对该安排的净资产享有权利的合营安排。

4. 非上市企业股权投资

指企业对被投资单位不具有控制、共同控制或重大影响，且在活跃市场中没有报价、公允价值不能可靠计量的权益性投资。通常就是指对非上市公司的小比例股权投资，由于卖掉并不容易等原因，也被归类为长期股权投资。

二、保险公司进行长期股权投资的方式——现金投资

长期股权投资的方式包括企业合并方式和非企业合并方式。非企业合并方式又包括：① 以支付现金取得的长期股权投资；② 以发行权益性证券取得的长期股权投资；③ 通过非货币性资产交换取得的长期股权投资；④ 通过债务重组取得的长期股权投资。

由于保险公司本身是通过保险负债进行大规模投资的金融机构，现金充足，因此，保险公司通常采用支付现金方式进行长期股权投资。

三、案例：中国人寿的长期股权投资

以中国人寿为例，截至 2016 年 12 月 31 日，其长期股权投资资产账面价值合计 1 255.87 亿元，包括：对子公司的股权投资 202.7 亿元，对合营企业的股权投资 171.02 亿元，对联营企业的投资 1 026.24 亿元等。其中最大的一项股权投资是对广发银行的股权投资，账面价值达 502.29 亿元。如表 5 - 1、表 5 - 2 所示。

表 5 - 1　中国人寿 2016 年的长期股权投资结构（上）　　　单位：百万元

					2016 年 12 月 31 日
子公司（i）					20 270
联营企业和合营企业（ii）					98 234
纳入合并范围的结构化主体					7 083
合计					**125 587**

i）子公司

子　公　司	核算方法	投资成本	2016 年1 月 1 日	本年增减变动	2016 年12 月 31 日	持股比例
资产管理子公司	成本法	1 680	1 680	—	1 680	60.00％
养老保险子公司	成本法	2 626	2 626	—	2 626	70.74％
苏州养生子公司	成本法	1 326	800	526	1 326	100.00％
金梧桐子公司	成本法					100.00％
瑞崇子公司	成本法	6 199	6 199	—	6 199	100.00％
New Aldgate Limited	成本法	1 167	—	1 167	1 167	100.00％
恒悦富子公司	成本法					100.00％
CL Hotel Investor，L.P.	成本法					100.00％
Golden Bamboo Limited	成本法	1 734	—	1 734	1 734	100.00％
Sunny Bamboo Limited	成本法	1 632	—	1 632	1 632	100.00％
Fortune Bamboo Limited	成本法	2 176	—	2 176	2 176	100.00％
国寿健康子公司	成本法	1 730	—	1 730	1 730	100.00％
合计		**20 270**	**11 305**	**8 965**	**20 270**	

表 5 - 2 中国人寿 2016 年的长期股权投资结构(下) 单位：百万元

	2016 年 12 月 31 日	2015 年 12 月 31 日
合营企业		
国寿(三亚)健康投资有限公司(以下简称"国寿三亚公司")	301	306
其他[注1]	16 801	2 464
小计	17 102	2 770
联营企业		
广发银行[注2]	50 229	22 553
远洋集团控股有限公司(以下简称"远洋集团")	12 680	12 397
中国人寿财产保险股份有限公司(以下简称"财产险公司")	7 929	7 812
中粮期货有限公司(以下简称"中粮期货")	1 419	1 397
中石化川气东送天然气管道有限公司(以下简称"川气东送管道公司")[注3]	20 000	—
其他[注1]	10 407	246
小计	102 664	44 405
合计	**119 766**	**47 175**

注：其他主要是中国人寿投资的境外企业，中国人寿通过该等境外企业投资于不动产、工业物流资产等。

第二节 长期股权投资的计量

如前所述，保险公司通常以支付现金方式进行长期股权投资，此时，应当以实际支付的购买价款作为初始投资成本入账，实际支付价款包括为取得长期股权投资直接相关的费用、税金及其他必要支出。

长期股权投资入账后的后续计量有两种方法：成本法或权益法。保险公司的控制性投资和对非上市企业的小比例权益性投资适用成本法核算，保险公司对联营企业和合营企业的长期股权投资适用权益法核算。

下面分别讨论保险公司采用成本法和权益法核算时，买入、持有和卖出长期股权投资资产时如何影响保险公司的资产表和利润表。

一、成本法

适用于控制性投资和对非上市公司的投资。成本法的潜在意思就是"账面价值＝初始投资成本"。

1. 计量方法

（1）账面价值。

入账价值＝初始投资成本＝实际支付价款（含手续费、交易税等）。

持有期账面价值＝入账价值，所以称为"成本法"。只有在追加投资、收回投资、资产减值时调整账面价值。

（2）投资收益。将被投资单位宣告分派的现金股利或利润，计入利润表中的投资收益（不分配的不计入）。

该项资产处置时，将"卖出价－账面价值"计入当期损益，即计入利润表中的投资收益。

2. 成本法计量案例

美能达保险公司在 2015 年 1 月 3 日支付现金 1 000 万元购入致命科技 60% 的股份，另外支付交易税费 3 万元，准备长期持有。美能达保险公司将其计入了长期股权投资，按成本法计量。

请问，当发生如下事件时，该资产如何影响美能达保险公司的资产表和利润表？

分析：

（1）2015 年 1 月 3 日，对致命科技进行控制性投资后，美能达保险公司：

资产表：该资产入账价值＝1 003 万元。资产表中长期股权投资增加 1 003 万元，货币资金减少 1 003 万元。

（2）2015 年 4 月 2 日，致命科技宣布发放 2014 年现金股利，美能达保险公司将收到 100 万元现金股利，则：

资产表：应收股利增加 100 万元，应收股利通常包含在资产表的其他应收款中。

利润表：投资收益增加 100 万元。

（3）2015 年 5 月 2 日，美能达保险公司实际收到现金股利 100 万元，则：

资产表：应收股利减少 100 万元，货币资金增加 100 万元。

（4）2015 年致命科技发生亏损 200 万元，美能达保险公司：

资产表：该资产账面价值不变，仍为 1 003 万元。

利润表：该资产产生的投资收益＝0。

（5）2016 年致命科技巨额亏损，美能达保险公司评估后认定，对致命科技的投资减值 403 万元，则：

利润表：资产减值损失增加 403 万元。

资产表：该资产账面价值变为 600 万元（＝原账面价值 1 003 万元－资产减

值 403 万元）。

二、权益法

适用于对合营企业投资（共同控制）和对联营企业投资（施加重大影响）。

1. 计量方法

（1）账面价值。

入账价值＝买入价与市场价的较大者，即

① 若"初始投资成本＞投资时应享有被投资单位可辨认净资产公允价值份额"，以初始投资成本入账（被购买方可辨认净资产公允价值，指被购买方可辨认资产的公允价值减去负债及或有负债公允价值后的余额。）。② 若"初始投资成本＜投资时应享有被投资单位可辨认净资产公允价值份额"，以后者入账。此时，由于买入价较低，投资方已经赚钱了，因此要将差额计入当期损益（计入营业外收入）。

后续账面价值＝期初价值＋投资收益/亏损，即，账面价值按投资收益或亏损（指投资单位应享有或应分担的被投资单位实现的净损益，无论被投资单位是否现金分配）调整。账面减值应该考虑减值损失。

（2）投资收益。

计入利润表中的投资收益＝应享有或应分担的被投资单位实现的净损益；

计入利润表中的其他综合收益＝应享有或分担的被投资单位实现的其他综合收益。

资产处置时，将"卖出价－账面价值"计入当期损益，即利润表中的投资收益。

2. 权益法计量案例

案例 1：幸福保险公司用 300 亿元取得巨辉煌银行 30％的股权，进而能对巨辉煌银行施加重大影响。如果取得投资时，巨辉煌银行的"可辨认净资产的公允价值"分别为 900 亿元和 1 200 亿元。

那么，这笔投资分别如何影响幸福公司的资产表和利润表？

分析：

（1）若巨辉煌的"可辨认净资产的公允价值"为 900 亿元，则幸福保险公司投资时应享有被投资单位可辨认资产公允价值份额为 270（＝900×30％）亿元，低于初始投资成本 300 亿元。

按照规定，当"初始投资成本＞投资时应享有被投资单位可辨认资产公允价值份额"时，入账价值＝初始投资成本。

因此，幸福保险公司的资产表中，长期股权投资增加 300 亿元（入账价值

300 亿元），货币资金减少 300 亿元。

（2）若巨辉煌的"可辨认净资产的公允价值"为 1 200 亿元，则幸福保险公司投资时应享有被投资单位可辨认资产公允价值份额为 360（＝1 200×30%）亿元，高于初始投资成本 300 亿元。

按照规定，当"初始投资成本＜投资时应享有被投资单位可辨认资产公允价值份额"的，以后者入账，其差额计入当期损益，同时调整长期股权投资的成本。

因此，幸福保险保险公司资产表中，长期股权投资增加 360 亿元（入账价值360 亿元），货币资金减少 300 亿元；利润表中，营业外收入增加 60（＝360－300）亿元。

案例 2： 幸福保险公司于 2014 年 4 月 1 日花费 48 亿元投资美能达保险公司的普通股，占美能达保险公司普通股的 40%，但尚未对美能达保险公司进行控制，其初始投资成本与"享有美能达保险公司可辨认净资产公允价值份额"相等。

那么，按权益法，在下列情形下，该项投资如何影响幸福保险公司的资产表和利润表？

分析：

（1）2014 年 4 月 1 日，投资交割后，幸福保险公司：

资产表：长期股权投资增加 48 亿元，货币资金减少 48 亿元。

（2）2014 年年底，美能达预告实现净利润 55 亿元，则 2014 年 12 月 31 日：

资产表：长期股权投资增加 22（＝55×40%）亿元，因为账面价值要按投资收益进行调整。

利润表：投资收益增加 22 亿元（不管是否分配）。

（3）2015 年 3 月美能达宣告分派现金股利 35 亿元，则幸福保险公司：

资产表：应收股利增加 14 亿元（35×40%），长期股权投资减少 14 亿元，该项长期股权投资的余额变为：48＋22－14＝56 亿元（按损益调整）。

（4）2015 年年底，美能达预告净亏损 160 亿元，则 2015 年 12 月 31 日：

资产表：长期股权投资应减少 64（＝160×40%）亿元，但原来的余额只有56 亿元（超额亏损 8 亿元），于是，按照会计准则，幸福保险公司将该项长期股权投资减少 56 亿元，该项资产的账面价值变为 0。

利润表：投资收益减少 56 亿元（有限责任，无须承担股权投入之外的债务）。

（5）2016 年美能达实现净利润 65 亿元，则 2016 年 12 月 31 日，幸福保险公司：

资产表：长期股权投资增加 18（＝65×40%－8）亿元。计算中需要扣除2015 年度的超额亏损 8 亿元。

利润表：投资收益增加 18(＝26－8)亿元。

三、长期股权投资计量小结

1. 计量方法

长期股权投资有两种核算方法：成本法和权益法。成本法适用于对子公司、对不属于控制、合营和联营性质的非上市公司投资的核算；权益法适用于对合营企业、联营企业投资的核算。

（1）入账价值：

成本法：入账价值＝初始投资成本；

权益法：入账价值＝"买入价与市场价"的较大者。

（2）后续计量：

成本法：

◆ 账面价值＝历史成本；

◆ 投资收益＝分配的现金股利和利润；

◆ 资产减值：在资产负债表日考虑是否发生减值。

权益法：

◆ 后续账面价值＝期初价值＋投资收益/亏损（无论是否分配）；

◆ 投资收益＝对被投资单位应享有的投资损益（无论是否分配）；

◆ 资产减值：在资产负债表日考虑是否发生减值。

（3）处置：将"卖出价－账面价值"计入当期损益。

2. 长期股权投资计量的优势

（1）与以公允价值计量的（交易性金融资产和可供出售金融资产中的）股权投资相比，长期股权投资的账面价值不随市场价值而波动，或者说被投资单位股票的浮动盈亏不影响保险公司的账面价值，进而不太影响保险公司的认可资产价值和偿付能力。

（2）交易性金融资产、可供出售金融资产中的股权性投资的投资收益是指实际收到的股利，但对合营企业和联营企业的长期股权投资，保险公司是将应享有的投资收益全部计入投资收益，有助于提高保险公司的投资收益和公司利润。

第三节　从可供出售金融资产到
长期股权投资

在现实世界中，保险公司进行长期股权投资往往不是一蹴而就的，尤其是对于上市公司的投资,通常是逐渐买入被投资单位的股票,达到被投资单位股份的5％时就称为"举牌",然后再继续买入直至对被投资单位产生重大影响,然后再继续买入就可能形成控制性投资。

在上述过程中,该投资资产在保险公司的资产表中的位置和计量方法也在逐渐变化:① 从开始买入到产生重大影响之前,保险公司通常将其计入可供出售金融资产,以公允价值计量;② 持股占比高到对被投资单位产生重大影响后就计入长期股权投资,属于长期股权投资中的联营企业,按权益法计量;③ 持股比例再高,如果与其他大股东达成一致意见,就会对被投资单位形成共同控制,该投资属于长期股权投资中的合营企业,仍然按权益法计量;当然,如果未能达到共同控制,就还属于重大影响类投资;④ 持股比例提高到一定程度,如果达到了可以独自控制被投资单位重要经营活动的地步,如表决权超过了50％,该项投资就属于长期股权投资中的对子公司的投资,按成本法计量。

一、从可供出售金融资产变为长期股权投资对报表的影响

保险公司对某家上市公司进行股权型投资过程中,随着股权占比增加,在其资产表中,该项投资资产就会从可供出售金融资产转为长期股权投资,就会从公允价值计量转为权益法计量或成本法计量。此时,有两个重要的问题需要处理,一是账面价值确定,二是累积浮动盈亏的处理。

1. 账面价值变化

可供出售金融资产的账面价值为公允价值。

转变为长期股权投资中的联营企业投资和合营企业投资后,按权益法计量,权益法核算的初始投资成本为"原持有的股权投资的公允价值＋新增投资成本",并按此确定初始账面价值。后续账面按照对被投资单位应享有的投资收益或损失进行调整。

转变为长期股权投资中的控制性投资后,应当按照"原持有的股权投资账面价值＋新增投资成本"确定初始投资成本和新的账面价值。后续账面价值通常保持不变,除非发生追加投资、收回投资或资产减值等情况。

2. 浮动盈亏的处理

可供出售金融资产的浮动盈亏本来已经计入了其他综合收益,转变为长期股权投资后,原计入其他综合收益的累积公允价值变动转入保险公司的当期损益。

也就是说,如果原来该项投资有累积浮赢,就可确认当期损益,进而提高保险公司利润;反之,如果原来该项投资有累积浮亏,确认当期损益后,就降低了保险公司的利润。

在中国资本市场上，2015 年、2016 年曾出现过"保险概念股"现象，即保险公司重仓哪些股票，哪些股票就大涨。在这种情况下，如果保险公司逐渐追加投资，将可供出售金融资产中的一些股权型投资转变为长期股权投资，就可将大量的累积浮盈转化为当期损益，提高公司当期利润。

二、案例

1. 前海人寿购买万科地产

前海人寿和钜盛华公司都是姚振华先生旗下的公司，2016 年 4 月，前海人寿持有 7.36 亿股，占万科股份 6.66%；钜盛华持有 19.46 亿股，占万科股份 17.6%。2016 年 4 月 8 日，钜盛华将手中 14.73 亿股万科股份对应的表决权，无偿让渡给前海人寿。由此，前海人寿拥有了万科 20.01% 股份的表决权。

请问，姚振华先生为何要做出这样的安排呢？

分析：

股权占比和表决权都是 6.66%，意味着前海人寿只能将万科资产计入"可供出售金融资产"，采用公允价值计量，股票浮盈计入"其他综合收益"，投资收益为"现金股利"。

如果股权占比 6.66%，但表决权达到了现在的 20.01%，意味着前海人寿可以将万科资产计入"长期股权投资"，采用权益法计量。这样，所有的浮盈将从其他综合收益中转出，计入当期损益；此外，投资收益为"净利润×占股比例"。

更详细的分析详见专栏 5-1"宝能系为何将万科表决权集中于前海人寿？"

专栏 5-1：　　宝能系为何将万科表决权集中于前海人寿？

据万科 2016 年 4 月 8 日晚间公告，姚振华旗下钜盛华公司将手中 14.73 亿股万科股份对应的表决权，不可撤销地无偿让渡给姚振华旗下的前海人寿保险公司。此次表决权让渡后，前海人寿仍持有 7.36 亿股，占万科股份 6.66%，但拥有 22.09 亿股股份对应的表决权，即万科 20.01% 股份的表决权；钜盛华持有 19.46 亿股，拥有 4.72 亿股股份对应的表决权。

宝能系让前海人寿获得万科 20% 的表决权，目的何在呢？这里从经营前海人寿的角度进行分析。

前海人寿实际持有万科 7.36 亿股，占万科股份 6.66%。成本约 15 元，买入总价约 110 亿元。事实上，这部分资产及其投资收益的会计计量方式对前海人寿的经营有很大影响。

如果股权占比和表决权都是原来的6.66%，意味着前海人寿只能将这110亿元的资产计入"可供出售金融资产"。如果股权占比6.66%，但表决权达到了现在的20.01%，意味着前海人寿可以将这110亿元的资产计入"长期股权投资"。而可供出售金融资产和长期股权投资的资产价值和投资收益计量方式有显著差异，如表5-3所示。

表5-3　计入可供出售和计入长期股权的异同

异　　同	计入可供出售金融资产	计入长期股权投资
计量方式	公允价值计量	权益法计量
资产账面价值	公允价值	购买成本±投资收益(损失)
投资收益	现金股利 (浮动盈亏计入其他综合收益)	应分股利＝净利润×占股比例
股价不可逆转地降低	计提资产减值	计提资产减值

由于会计计量方式的不同，对于前海人寿来说，在万科股价下跌的情况下，将持有的万科股票计入长期股权投资要比计入可供出售金融资产有三大好处：

(1) 可提高公司的偿付能力，对公司发展能提供支持。原因是，在资产负债表中，可供出售金融资产以公允价值计量，而长期股权投资以"购买成本±投资收益(损失)"计量。也就是说，在计入长期股权投资的情况下，万科股价下跌不影响前海人寿持有的万科股份的账面价值；而计入可供出售金融资产，则会造成前海人寿的资产价值下降。

根据保险业"偿二代"规定，保险的实际资本＝认可资产－认可负债，可供出售金融资产和按权益法计量的长期股权投资均以账面价值确认认可资产数额。所以，前海人寿将万科股票计入长期股权投资，在万科股价下跌的情况下，相对于计入可供出售金融资产，可以显著提高其实际资本数额，强化其资产负债表和偿付能力，进而对公司业务发展提供资本支持！

(2) 可提高公司业绩。如果计入可供出售金融资产，万科带给前海人寿利润表中的投资收益就只有现金股利那么多；若计入长期股权投资，则无论万科是否以及分配多少现金股利，前海人寿都是以自己应享有的万科净利润份额来计算投资收益。而万科是不会将净利润全部分掉的，所以，计入长期股权投资将会提高前海人寿的经营业绩。

实际上，万科年报中确定的公司 2015 年度分红派息方案为每 10 股派送人民币 7.2 元(含税)现金股息。按照万科 2016 年 2 月末总股份数 110 亿股计算，万科 2015 年度现金股利计人民币 79.5 亿元，占到公司 2015 年度合并归属母公司股东净利润的比例为 43.87％。由此可以看出，前海人寿将其万科股票计入长期股权投资，相对于计入可供出售金融资产，投资收益提升 1 倍以上！

（3）在万科仅向股东分配了部分利润且万科股价下跌的情况下，前海人寿还可获得额外的好处，可进一步提高前海人寿的偿付能力。即，在计入长期股权投资的情况下，前海人寿可将当年自己享有万科的新增未分配利润份额计入账面价值，即万科股票的账面价值＝购买成本＋万科新增未分配利润份额；但若计入可供出售金融资产，其账面价值将随股价下跌而下降。

总之，计入长期股权投资可以大幅减少股价波动对保险公司偿付能力的影响，而且可以在利润表享受被投资对象未分配利润份额，在股价下跌的情况下，强化保险公司的资产负债表和利润表！

当然，如果万科股价上升，前海人寿将其计入长期股权投资也就享受不到万科股价上升所带来的好处，不过，当下经济低迷，情况复杂，计入长期股权投资还是稳妥很多啊！

由此可见，宝能系将万科表决权集中于前海人寿，对前海人寿的经营有重要意义！

资料来源：微信公众号"保险神潭"2016 年 4 月 18 日发文。

2. 安邦保险购买中国建筑

截至 2016 年 11 月 24 日，安邦保险集团累计耗费约 240 亿元，累计持有中国建筑 30 亿股，以 10％的持股比例位列公司第二大股东。2016 年 11 月 25 日，安邦公布拟在未来 12 个月内增持 35 亿股中国建筑，占中建 21.67％的股份。

安邦保险为何要计划增持中国建筑达到 21.67％呢？（当然，由于后来监管环境发生重大变化，安邦的计划未能真正实施。）

分析：

持股比例低于 20％，将所购股票计入"可供出售金融资产"，公允价值计量：股票浮盈计入"其他综合收益"，投资收益为"现金股利"。

持股比例超过 20％，中建可算作安邦的联营企业，财务上会将其从"可供出售金融资产"转到"长期股权投资"，权益法计量，这样，所有的浮盈将从其他综合收益中转出，计入当期损益(截至 2016 年 11 月 25 日，浮赢已达 160 亿元)；此外，投资收益为"净利润×占股比例"。

更详细的分析详见专栏 5-2"安邦为何意欲增持中国建筑达到 21.67%?"

专栏 5-2：　　安邦为何意欲增持中国建筑达到 21.67%?

安邦保险集团股份有限公司是中国保险行业大型集团公司之一，2016年年底总资产规模超过 19 000 亿元，业务领域涵盖寿险、财产险和意外险、健康险、养老险、银行和资产管理。近年来，安邦保险在国际国内市场的收购和举牌不断，包括收购纽约华尔道夫酒店、比利时 FIDEA 保险公司、举牌招商银行、民生银行、金地集团等，这一现象引起了国内外投资者和学者的关注。以下就安邦保险收购中国建筑一案为例进行分析。

根据中国建筑发布的"关于股东权益变动的提示公告"中列示：

2016 年 10 月，安邦保险通过"安邦资产-共赢 3 号集合资产管理产品"持有公司普通股 1 106 181 309 股，占公司普通股总股本的 3.69%。

2016 年 11 月 17 日，安邦资产通过"安邦资产-共赢 3 号集合资产管理产品"共持有公司普通股 1 500 000 015 股，占公司普通股总股本的 5.00%，首次达到公司普通股总股本的 5%。

2016 年 11 月 18 日至 21 日，安邦资产通过二级市场买入方式增持公司普通股 3.63 亿股，截至 2016 年 11 月 21 日，安邦资产持有公司普通股 1 862 707 908 股，占公司普通股总股本的 6.21%。

截至 2016 年 11 月 24 日，安邦资产通过"安邦资产-共赢 3 号集合资产管理产品"持有公司普通股 3 000 000 009 股，占公司普通股总股本的 10.00%。

在此之后，安邦又通过中国建筑披露：信息披露义务人(安邦)在未来 12 个月内将根据证券市场整体状况并结合中国建筑的发展和市场情况等因素，在合适的市场情况下拟继续增持中国建筑不低于 1 亿股、不超过 35 亿股的股份。若发生相关权益变动事项，将严格按照法律法规的规定履行信息披露及其他相关义务。对比中国建筑股本数据，这意味着，安邦保险将对中国建筑最低增持 0.33%股权、最高增持 11.67%股权，增持完成后的最高股权比例将达到 21.67%。

我们根据各信息公告日的当日中国建筑收盘价进行估算，得出安邦投资中国建筑持股进展表，以预测其行为的意图及可能对安邦造成的影响(见表 5-4)。

表 5-4 安邦投资中国建筑持股进展表

单位：百万股、百万元、元/股

时间	新增持股	购买平均单价	新增成本	当日收盘价	核算时累计公允价	总持股	总持股比例	累计其他综合收益
2016.10	1 106	7.08	7 831.76	7.18	7 942.38	1 106	3.69%	1 10.62
2016.11.17	394	7.67	3 020.59	8.08	12 120.00	1 500	5.00%	1 267.65
2016.11.21	363	8.35	3 028.61	8.50	15 833.02	1 863	6.21%	1 952.07
2016.11.24	1 137	9.10	10 349.36	9.06	27 180.00	3 000	10.00%	2 949.68
2017.3.31	0	0	0	9.00	27 000.00	3 000	10.00%	2 769.68
2017.4.20	0	0	0	10.03	30 090.00	3 000	10.00%	5 859.68

数据来源：上交所、中国建筑公告。

万能险是近年来保险公司扩大经营规模的最主要途径，2017 年之前，安邦的保费收入中万能险产品占比很大，其年化收益基本在 5% 左右，有的甚至超过了 6%，再加上高昂的银行渠道成本，对安邦的资产端形成了巨大的压力。如果安邦采用传统大型寿险公司的资产配置策略，即将绝大部资金配置到高等级债券类资产、少部分配置股权类资产和非标资产，是很难覆盖其资金成本的。于是，安邦选择了相对激进的投资办法，在符合监管规定的条件下进行了大量的长期股权投资，这就造成了近年来安邦保险在国际国内市场的收购和举牌不断。

对于为何要举牌中国建筑，安邦保险自己的表述是，"增持中国建筑股份是坚定看好中国经济、看好中国建筑，支持优秀蓝筹公司又好又快发展"，同时又表示投资中国建筑的目的"是为了获得稳定的财务回报"。

我们注意到，如果安邦实现其在披露中预期的加持最多 35 亿股中国建筑股份，安邦将会拥有中国建筑超过 20% 的股份，就意味着安邦保险对中国建筑的企业经营具有实质影响力，可以将原来的可供出售金融资产转为按权益法计量的长期股权投资，这对安邦来说就有至少以下两点好处：

第一，当安邦加大投资，用流动性来换取对中国建筑的股权，则在持股比例超过 20% 的当日，可将之前的可供出售金融资产全部转为按权益法进行后续计量的长期股权投资，同时累计产生的其他综合收益在当日一并转入当期投资收益，我们从上述的"安邦投资中国建筑持股进展表"中的估计可以看出，如果按照 2017 年 4 月 20 日的中国建筑的收盘价进行核算，届时将会产生超过 50 亿的投资收益，这对于安邦当年的利润来说十分可观！

第二,如果按照权益法进行后续计量,其账面价值的变动不再随二级市场上的股价波动而变化,而是按照购买日的可辨认净资产公允价值进行核算,并按投资收益或亏损进行后续调整。从投资收益计量来说,按照权益法,安邦保险将按照持股比例将每年中国建筑的经营成果(即净利润)计入安邦当年的投资收益中,近3年中国建筑的资本回报率如表5-5所示。

表5-5　中国建筑近三年资本回报率统计

中国建筑	2014 年	2015 年	2016 年
资本回报率	6.42%	6.23%	5.88%

数据来源: wind。

我们再来看一下安邦近年来的举牌和收购企业,包括农商银行、金融街、金地集团、世纪证券、民生银行、山东高速、中国建筑等。这些标的几乎都具备两大显著特征:一是股权分散、高分红、中等市值,二是现金流充沛、高 ROE、低估值。

从上述分析可见,安邦投资这类投资标的并想超出 20% 持股比例,目的可能都是为了实现上述两点好处:一是原先累积在其他综合收益中的浮盈可以转入当年的投资收益,强化当年报表;二是这些企业的持续盈利能力良好,每年被投资企业的净利润可以按控股比例确认为安邦当年的投资收益,这就满足了安邦的高资金成本所需更高且持续的投资收益需求。

资料来源:商义军,上海对外经贸大学保险学专业研究生"保险公司经营管理"课程作业。

第四节　投资性房地产的计量

保险公司的最后一类投资资产是投资性房地产,房地产包括土地使用权和建筑物,保险公司的投资性房地产通常以建筑物居多,鉴于保监会不允许保险公司投资住宅,所以保险公司持有的投资性房地产主要是商业地产,如写字楼、酒店等。

按照会计准则,当该资产同时满足以下两个条件时,就可确认为投资性房地产:一是保险公司能够取得该项房地产资产的租金收入或增值收益;二是该项房地产资产的成本能够可靠地计量。

鉴于保险公司主要投资商业地产,这里仅讨论作为投资性房地产的建筑物的计量。

一、投资性房地产的计量方法

1. 入账价值

入账价值＝历史成本，具体而言，

对于外购房地产：入账价值＝买价＋相关税费等；

对于自建房地产：入账价值＝造价（设备购置、建筑安装、土地使用权、建设期利息等）。

2. 后续计量

计量模式有两种：成本模式和公允价值模式。保险公司一经确定不得随意变更，以免有操纵利润嫌疑。

（1）优先选择成本模式。

账面价值＝历史成本－折旧。

投资收益：房租计入"其他业务收入"；折旧计入"其他业务成本"。

（2）其次选择公允价值模式。只有在有确凿证据表明投资性房地产的公允价值能够持续可靠获得，即有活跃交易市场且同类房地产价格信息易获取时，才可以采用公允价值模式。

账面价值＝公允价值。

投资收益：房租计入"其他业务收入"；公允价值变动计入"公允价值变动损益"。

3. 处置

利润表：将"处置收入－账面价值－相关税费"计入损益。

资产表：该投资性房地产销账，货币资金增加。

二、成本法计量案例

美能达保险公司 2015 年 1 月 1 日购入一幢写字楼，当即对外出租。该写字楼的买入价为 3.02 亿元（含相关税费），预计使用寿命 40 年，预计残值 200 万元，采用直线法提取折旧。该楼的年租金为 3 600 万元，每月支付租金 300 万元。2016 年 12 月 31 日，美能达以 2.9 亿元的价格对外转让（忽略税收影响）。

请问从 2015 年 1 月 1 日起，该房产如何影响美能达保险公司的资产负债表和利润表？

分析：

（1）2015 年 1 月 1 日。

资产表：投资性房地产增加 30 200 万元，货币资金减少 30 200 万元。

(2) 2015 年 12 月 31 日。

资产表：该投资性房地产账面价值变为 30 200−750＝29 450 万元。750 万元为折旧额，折旧额＝(30 200−200)÷40×1＝750 万元。

利润表：750 万元折旧计入"其他业务成本"；3 600 万元租金计入"其他业务收入"。

(3) 2016 年 12 月 31 日转让。

资产表：转让前账面价值 29 450−750＝28 700 万元(折旧 750 万元)；转让后，该投资性房地产销账，货币资金增加 29 000 万元。

利润表：将"卖出价−账面价值＝29 000−28 700＝300 万元"、3 600 万元租金计入"其他业务收入"；将折旧 750 万元计入"其他业务成本"。

三、公允价值法计量案例

幸福保险公司 2015 年 1 月 1 日购买一栋写字楼，买价和相关税费共计 3 亿元，买入后即与幻美公司签订了租赁协议将此楼出租：租期 10 年，年租金 1 200 万元，租金每年年末结清。按照当地房地产交易市场的价格情况，该房产 2015 年年末的公允价值为 3.2 亿元，2016 年年末的公允价值为 3.12 亿元。

请问：如果采用公允价值计量模式，从买入起，该写字楼如何影响幸福保险的资产表和利润表？

分析：

(1) 2015 年 1 月 1 日入账。

资产表：投资性房地产增加 3 亿元，货币资金减少 3 亿元。

(2) 2015 年 12 月 31 日。

资产表：该资产价值变为 3.2 亿元(投资性房地产增加 0.2 亿元)。

利润表：0.2 亿元计入"公允价值变动损益"；0.12 亿元租金计入"其他业务收入"。

(3) 2016 年 12 月 31 日。

资产表：该资产价值变为 3.12 亿元(或投资性房地产减少 0.08 亿元)。

利润表：−0.08 亿元计入"公允价值变动损益"；0.12 亿元租金计入"其他业务收入"。

第五节　投资资产计量总结

到这里，我们就将保险公司的所有投资资产类别及其计量方法都学习完了，为了保证学习效果,便于大家复习和查阅,这里将所有相关知识点总结成了两张表,表5-6是投资资产划分总结,表5-7是投资资产计量方法总结。

表5-6 保险公司投资资产划分总结

投资资产分类	特 点	归 类	
债权类	活跃市场没有报价	贷款类（摊余成本法）	归类主要取决于管理层的意图
	活跃市场有报价	以公允价值计量变动计入当期损益	
		可供出售（公允价值,变动进其他综合收益）	
		持有至到期（摊余成本法）	
股权类	活跃市场有报价、对被投资单位无重大影响	短期卖掉	以公允价值计量变动计入当期损益
		中长期卖掉	可供出售（公允价值、变动进其他综合收益）
	活跃市场有报价、共同控制或施加重大影响对被投资单位	合营公司联营公司	长期股权投资（权益法）
	活跃市场有报价、控制被投资单位；活跃市场没有报价	子公司非上市公司	长期股权投资（成本法）

表5-7 保险公司投资资产计量总结

类 别	具体资产	计量方法（资产负债表）	投资收益（利润表）	资产减值（利润表）
交易性金融资产	股、债	公允价值（浮动盈亏进变动损益）	现金股利、利息；公允价值变动损益、处置价差	不考虑（减值已在损益表反映）
持有至到期投资	债	摊余成本	期初摊余成本×实际利率	债务人违约
贷款	债	短期债：按成本计量长期债：按摊余成本	利息（期初摊余成本×实际利率）	债务人违约

(续表)

类　　别	具体资产	计量方法 (资产负债表)	投资收益 (利润表)	资产减值 (利润表)
可供出售 金融资产	股、债	公允价值 (浮动盈亏进入其他 综合收益)	现金股利、利息 处置时的"卖出价—买 入价"，卖出时其他综 合收益中的累积浮动 盈亏清零	债务人违约、股 权投资企业出 现大的财务 问题
长期股权 投资	子公司 非上市 公司	成本法 (历史成本)	分到的现金股利和利 润、卖价—账面价值	考虑减值
	合营公司 联营公司	权益法： 成本±投资收益(损 失)	应分股利(无论是否实 现)； 卖价—账面价值	考虑减值
投资性房 地产	建筑物	成本模式：买入价— 折旧	房租是其他业务收入、 折旧是其他业务成本	考虑减值
		公允价值模式：公允 价值	房租是其他业务收入、 公允价值变动计入变 动损益	

第六章　保险投资：投资收益率

保险公司的经营逻辑是收保费形成保险负债,用保险负债投资形成投资资产,投资资产产生投资收益。财险公司希望有好的投资收益以便支持其保险产品的竞争性定价,寿险公司要依赖投资收益覆盖资金成本并创造利润。而度量投资绩效最主要的指标就是投资收益率。

第四、五章我们讨论了各类保险投资资产账面价值和投资收益的计量,在此基础上,我们可以比较容易地计算保险公司投资资产的投资收益率了。

这一章,我们先讨论如何核算一家保险公司的投资资产和投资收益;然后计算保险公司的资产投资收益率,也就是保险业所称的资金运用收益率;最后,我们对保险公司投资管理以及影响投资收益率的因素进行一些讨论。

第一节　投资资产的配置和核算

一、投资资产的配置

1. 保险投资资产分类

我们在讨论保险公司投资资产的计量时,主要是按照保险公司的持有意图对投资资产进行分类的,分为以公允价值计量且变动计入当期损益的金融资产、可供出售金融资产、持有至到期资产、贷款类资产、长期股权投资和投资性房地产。

保险投资资产还可以按照投资对象本身的特性进行分类,可分为固定收益类投资、权益类投资、投资性房地产、现金及现金等价物等。

2. 保险投资资产配置

虽然说资金或者钱虽然看起来都一样,但他们的基因其实是不一样的,所谓基因其实就是指来源不同,这个资金的源头决定了资金本质属性,进而决定了投资时的风险偏好、投资期限、投资对象等。

就以保险公司的资产为例,其中的独立账户资产的来源是投连险产生的独立账户负债,而投连险的特征是由客户承担所有投资风险,而且要求流动性很强,所以,独立账户资产的配置通常以股票为主、债权类资产为辅。

但其他投资资产主要是由保险负债和保户储金负债产生的,保险公司向客户承诺了预定利率或保底利率,保险客户和储金客户基本不承担投资风险,但要求投资收益必须兑现。这样的资金来源造就了保险投资资产的风险厌恶特征,投资比较保守,以高等级债券和低风险债权投资为主,以权益类投资为辅。

3. 案例：中国平安的保险投资资产配置

表 6-1 给出了平安保险集团旗下各保险子公司的所有保险投资资产的总体配置情况。表 6-1 中,理财产品投资包括信托公司发行的信托计划、商业银行理财产品等;其他固定收益类投资包括买入返售金融资产、保单质押贷款、存出资本保证金等;其他权益类投资包括股权类基金投资和非上市股权投资等。

表 6-1 2016 年年底中国平安的保险投资资产配置情况

2016 年 12 月 31 日

人民币/百万元	账面值	占总额比例/%
按投资对象分		
固定收益类投资		
定期存款	206 548	10.5
债券投资	910 968	46.2
债权计划投资	135 781	6.9
理财产品投资[1]	124 004	6.3
其他固定收益类投资[2]	93 497	4.7
权益投资		
股票	136 350	6.9
权益型基金	30 096	1.5
债券型基金	12 544	0.7
优先股	74 721	3.8
理财产品投资[1]	42 114	2.1
其他权益投资[3]	38 069	1.9
投资性物业	43 442	2.2
现金、现金等价物及其他	123 664	6.3
投资资产合计	1 971 798	100.0
按投资目的分		
以公允价值计量且其变动计入当期损益的		
金融资产	64 461	3.3
可供出售金融资产	471 914	23.9
持有至到期投资	721 527	36.6
贷款和应收款项	662 058	33.6
其他	51 838	2.6
投资资产合计	1 971 798	100.0

可以看出,平安的保险资产以固定收益类投资为主,占比 74.6%；权益类投资(占比 16.9%)和投资性房地产(占比 2.2%)为辅,还有 6.3% 的现金及现金等价物。

二、投资资产的核算

1. 核算方法

核算投资资产,就是从保险公司的资产表中,将所有的投资资产全部加总,即

总投资资产=所有投资资产之和

　　　　　　=货币资金+以公允价值计量且其变动计入当期损益的金融资产+买入返售金融资产+定期存款+贷款+可供出售金融资产+持有至到期投资+存出资本保证金+长期股权投资+投资性房地产等

或者,根据保险公司的资产表,用总资产扣除非投资资产,即

总投资资产=总资产-非投资资产

　　　　　　=总资产-应收利息-应收保费-应收分保未到期责任准备金-应收分保未决赔款准备金-应收分保寿险责任准备金-应收分保长期健康险责任准备金-其他应收款-在建工程-固定资产-无形资产-其他资产-独立账户资产等

2. 核算案例

计算中需要注意的是,当期资产表中通常有两列数据,第一列是期末资产额,第二列是期初资产额,核算某一期间的投资资产,要算期末值和期初值的均值。例如,

2016 年度中国人寿总投资资产=(期末总投资资产+期初总投资资产)/2
　　　　　　　　　　　　　　=(25 520+23 297)/2≈24 409 亿元

2016 年度平安财险总投资资产=(期末总投资资产+期初总投资资产)/2
　　　　　　　　　　　　　　=(2 082+1 840)/2=1 961 亿元

第二节　投资收益和投资收益率核算

一、企业收入分类

在会计核算中,根据获得现金或现金要求权的可靠程度不同,企业的收入可分为：

（1）已实现（Realized）收益：指交易已经发生，现金已经收到。

（2）可实现（Realizable）收益：指交易已经发生，收款金额和时间已经在合同中规定，但尚未收到款项。

（3）未实现（Unrealized）收益：通常指由于价格上涨而引起的资产升值，即资产利得。因为资产升值带来的经济利益需要等到资产处置后才能实现，所以，如果按照现行市价对资产进行计价，就会产生未实现收益。

二、保险公司资金运用收入分类

资金运用收入一定是某一会计期间的收入，从保险公司投资资产创造的收入来看，当期投资收入都会反映在利润表中，分别有三种，其获得性越来越弱：

1. 利润表中的投资收益

绝大部分都是已实现收益（如债券利息）和可实现收益（如已宣告分配股利）。

一个例外是利润表中的包含在投资收益中的"对联营企业和合营企业的投资收益"。对这部分投资收益，按照权益法，无论保险公司是否真的拿到真金白银，都要计入投资收益。所以，一些保险公司在利润表中将"对联营企业和合营企业的投资收益"圈了起来，应该就是为了表达可能尚未实现的意思。

2. 利润表中的公允价值变动损益

指"交易性金融资产"和"按公允价值计量的投资性房地产"的浮盈浮亏，显然属于未实现收益或损失。

3. 其他综合收益

包括可供出售金融资产产生的浮盈浮亏，以及应享有或分担的合营和联营企业的其他综合收益。

显然，上述三种投资收入也是从已实现、可实现到未实现这样的趋势来分类的。

三、保险公司投资收益核算方式

从保险公司年报公布的投资收益来看，保险公司的投资收益核算方式主要有两种，分别为：净投资收益和总投资收益。

1. 净投资收益

净投资收益是指保险公司从投资资产中得到的实实在在的收益，包括当期的已实现投资收益和可实现投资收益，但不包括投资资产买卖价差。

按投资对象的不同，净投资收益主要包括债权型资产的利息、股权型资产股

利和投资性房地产的净收益。即，

净投资收益＝债权型资产的利息＋股权型资产的股利＋投资性房地产净收益
＝银行存款利息收入＋债权型投资利息收入＋贷款类资产利息
收入＋回购的收益＋股权型投资股息分红收入＋投资性房地
产的房租－投资性房地产折旧

但上述计算方法仅适合于保险公司内部进行，外部人士无法得到上述详细信息。对于公司外部人士而言，可以考虑根据利润表中的相关数据进行核算。计算公式为：

净投资收益＝[(利润表中的)投资收益－(利润表中的)对联营企业和合营
企业的投资收益－ 投资资产买卖价差收益]＋[(其他业务收
入中的)房租－(其他业务支出中的)投资性房地产折旧]

但由于投资资产买卖价差收益往往无法从公开数据中获得，所以，对于公司外部人士而言，净投资收益还是无法准确计算。不过读者不必灰心，请往下看。

2. 总投资收益

总投资收益是一个比净投资收益更广的概念，包括当期的已实现投资收益、可实现投资收益和部分未实现收益。具体而言，总投资收益包括：

（1）投资资产创造的当期已实现收益和可实现收益，包括投资资产买卖价差收益。

（2）对于未实现部分，仅包含利润表中的公允价值变动损益，原因可能是交易性金融资产持有期限非常短，其公允价值变动可实现性非常强。对于"对联营企业和合营企业的投资收益"，属于部分实现部分未实现，如何计入可以视情况而定；对于可供出售金融资产和合营企业、联营企业产生的其他综合收益，不计算在内。

（3）此外，总投资收益还会从中扣除投资资产减值损失。

由此，从核算来看，总投资收益可以在净投资收益基础上，增加投资资产买卖价差收益、公允价值变动损益，扣除投资资产减值损失得到。保险公司年报中通常将"投资资产买卖价差收益＋公允价值变动损益"称为"净已实现和未实现的投资收益"，投资资产买卖价差收益是已实现的收益，公允价值变动损益是未实现的收益。即

总投资收益＝净投资收益＋净已实现和未实现的投资收益－投资资产减值
损失＝净投资收益＋投资资产买卖价差收益＋公允价值变动
损益－投资资产减值损失

同样，公司外部人士无法获得投资资产买卖价差收益，但可以直接用保险公

司利润表中的相关数据大致计算总投资收益,计算公式为:

总投资收益＝(利润表中的)投资收益＋[(其他业务收入中的)房租－(其他
业务支出中的)投资性房地产折旧]＋(利润表中的)公允价值
变动损益－投资资产减值损失

需要说明的是,上述公式"(利润表中的)投资收益"可能包含了"对联营企业和合营企业的投资收益"。但现实中,对于"对联营企业和合营企业的投资收益",不同的公司有不同的核算方式。

四、投资收益率计算

知道投资资产和投资收益之后,计算投资收益率就易如反掌了。

与两类投资收益相对应,保险公司的投资收益率也分两种:净投资收益率和总投资收益率,上市保险公司在其年报中通常都会披露这两个投资收益率,用以反映其资金运用绩效。

净投资收益率＝净投资收益/投资资产
　　　　　　＝净投资收益/(期初投资资产＋期末投资资产)/2

总投资收益率＝总投资收益/投资资产
　　　　　　＝总投资收益/(期初投资资产＋期末投资资产)/2

五、案例：上市公司公布的投资收益和投资收益率

根据中国平安年报和中国人寿年报,平安人寿和中国人寿2015年、2016年的投资收益、投资收益率如表6-2、表6-3所示。

表6-2　平安人寿2015年、2016年投资收益情况

总投资收益 (人民币百万元)	2016年	2015年
净投资收益[1]	**91 866**	73.587
净已实现及未实现的收益[2]	**(9 144)**	33.200
减值损失	**(617)**	(3.542)
总投资收益	**82 105**	103.245
净投资收益率(%)[3]	**6.0**	5.7
总投资收益率(%)[3]	**5.3**	8.0

资料来源:中国平安2016年年报。

表 6 - 3　中国人寿 2015 年、2016 年投资收益情况

截至 12 月 31 日止年度　　　　　　　　　　　　　　　　　　单位：百万元

	2016 年	2015 年
净投资收益[2]	109 207	97 654
＋投资资产买卖价差收益	5 829	44 977
＋公允价值变动损益	(4 229)	(2 150)
－投资资产资产减值损失	2 656	321
总投资收益[3]	108 151	140 160
＋对联营企业和合营企业的收益净额	5 855	1 974
包含联营企业和合营企业收益净额在内的总投资收益[4]	114 006	142 134
净投资收益率[5]	4.61%	4.45%
总投资收益率[6]	4.56%	6.39%
包含联营企业和合营企业收益净额在内的总投资收益率[7]	4.65%	6.34%

资料来源：中国人寿 2016 年年报。

六、公司外部人士如何核算投资收益率？

如前所述，由于公司外部人士无法得知保险公司当期的投资资产买卖价差收益，所以，无法准确核算净投资收益和净投资收益率，但可以比较准确地核算总投资收益和总投资收益率。

按照公式："总投资收益＝（利润表中的）投资收益＋〔（其他业务收入中的）房租－（其他业务支出中的）投资性房地产折旧〕＋（利润表中的）公允价值变动损益－投资资产减值损失"，根据中国人寿利润表中的相关数据，中国人寿的总投资收益为：

中国人寿总投资收益＝1 204.5＋0－40.3－26.8＝1 137.4 亿元

需要说明的是，中国人寿投资性房地产只有 12.5 亿元，采用公允价值计量，因此无须折旧，变动损益已经计入"公允价值变动损益"，且报表附注中未列出房租收入，因此，房租－折旧＝0。

前面已经计算出 2016 年度中国人寿的投资资产为 24 409 亿元，由此，

中国人寿总投资收益率＝总投资收益/投资资产＝1 137.4/24 409＝4.66%

计算结果虽然与中国人寿根据内部数据的计算结果略有差异，但基本准确。对于从外部分析公司经营的人士来说，已经足够用了。

第三节 关于保险投资的几点讨论

前面两节讨论的是投资收益率的核算,这里从保险公司投资管理的角度来讨论一下保险投资,主要从投资管理目标、投资管理理论、投资管理风格、投资监管政策、投资管理需要考虑的因素、投资风险等角度做些简单讨论。

一、保险投资管理目标和理论

1. 目标

保险投资管理的首要目标是维持资金流动性,满足保险赔付和退保的资金需求。因为没有流动性,公司就要破产了!

其次是获得尽可能高的投资回报。对于财险公司来说,可以支持其产品的竞争性定价,即投资收益率越高,承保利润可以越低,或承保亏损可以越高;对于寿险公司而言,可以为客户的现金价值或账户价值提供有吸引力的投资回报,可以养活大量公司员工,还可以为股东贡献利润。在负债成本一定的情况下,投资收益率越高,股东回报率越高。

2. 理论

首先是投资组合理论。即通过考虑各项资产的风险、预期回报、相关性等,通过分散投资,找到有效投资组合,在确定风险下获得最大预期回报。

其次是资产负债管理理论。即保险公司的投资组合要以确保满足赔付要求为前提,实现资产现金流入与负债现金流出的匹配。当然,资产负债匹配是有成本的,在满足流动性要求的前提下,为获得尽可能多的投资收益,很多公司会有意识地不完全匹配。

此外,在我国保险投资资产市场上,资产与负债完全匹配也是不现实的,以一些传统的大型寿险公司为例,负债久期往往显著高于资产久期,原因是资产市场上缺乏能与年金保险等长期负债相匹配的长期投资资产,给寿险公司带来了极高的再投资风险。

二、保险投资风格

1. 不同资金有不同的"基因"

如前所述,资金虽然看起来都一样,但其实"基因"往往不一样,"基因"就是指资金的来源或资金获取合同的约定。

从资金使用期限来说,有的资金获取合同约定客户可以无成本地随时赎回,如活期存款;有的资金获取合同约定客户可以随时赎回但有一定的成本,如定期存款、长期保险等；有的资金永无赎回期限，如永续债、股东投入等。

从资金回报来说，有的资金获取合同承诺了固定利率，如定期存款、普通寿险合同；有的资金获取合同承诺了保底利率，如万能险和分红险合同；有的资金获取合同不承诺回报率但给客户一个预期收益率，如大多数理财产品、信托计划等。

由此，从资产负债匹配角度，不同的资金来源特性就决定了不同的资金投资风格。

2. 保险合同特性决定了保险投资的保守风格

就保险投资而言，绝大多数人身保险产品都有保底利率或预定利率，而且按照《保险法》，客户可以随时退保；对于财险产品而言，保单没有现金价值也不承诺保证利率，但是，客户缴纳保费形成的保险准备金主要就是为了满足未来赔付和费用开支的，基本不能亏本。这样的资金来源属性就决定了整个保险业保守的保险投资风格。

因此，保险公司一直是"低调"的投资者，偶尔高调一把通常也是暂时的。在瑞士再保险《Sigma》杂志 2010 年第 5 期《极具挑战的全球投资》一文中，对保险投资给出了一个形象的描述："保险一直被称为金融服务业中的罗德尼·丹泽菲尔德（美国喜剧演员），没有得到应有的尊重。与近年来吸引大量关注的对冲基金和主权财富基金相比，保险公司作为长期机构投资者，一直保持低调。市场往往没有意识到保险投资的规模。……，但事实上，保险公司是世界上最大的投资者之一，保险业资产约占全球金融资产的 12%，与全球养老金规模和共同基金规模相当。对冲基金和主权财富基金规模比保险资金规模要小得多得多。"

基于保守风格，寿险公司和非寿险公司的大部分投资资产是银行存款、政府债券、高评级公司债券和低风险非标准债权资产，权益类资产和房地产投资相对较少。

截至 2016 年年底，我国保险行业总资产 14.8 万亿元，资金运用余额 13.4 万亿元，其中银行存款 24 844.21 亿元，占比 18.55%；债券 43 050.33 亿元，占比 32.15%；股票和证券投资基金 17 788.05 亿元，占比 13.28%；其他投资 48 228.08 亿元，占比 36.02%。

三、监管政策

保险资金来源特性，也决定了各国政府对保险投资的严格监管。如表 6-4 所示，绝大多数国家的政府都对保险公司从事权益类投资、贷款、不动产和境外投资做出了限制性规定，一方面是为了控制风险，另一方面是为了保证资产的流动性。我国保监会也是如此。

2013 年之前,我国政府对保险投资监管极其严格,保险公司只能投资银行存款、国债和高等级债券,以及少量股票,而中国债券收益率一直较低,导致保险投资收益率较低,人身保险产品缺乏吸引力;2013 年开始,保监会大幅扩大了保险投资范围,包括非标债权、长期股权投资、私募、不动产等,保险投资收益率有所上升。

表 6-4 保险资金运用比例监管政策的国际比较

国家/地区	债券	现金及银行存款	权益类	贷 款	不动产	境外投资
英国	无限制	无限制	无限制	—	无限制	无限制
美国	无限制	无限制	15%（部分州）	寿险:45% 非寿险:25%	寿险:20% 非寿险:10%	10%
法国	无限制	无限制	65%	5%	10%	无限制
德国	无限制	无限制	30%	10%	25%	—
日本	无限制	无限制	30%	50%	20%	30%
中国台湾	无限制	单一银行不超过10%	35%	35%	19%	45%
中国大陆	无限制	无限制	30%	禁投	30%	15%

资料来源:人保资产保险与投资研究所。

由于债权投资计划、信托投资计划等非标资产流动性较差,保险公司可以获得流动性溢价,因此,伴随着我国经济增长率的持续减速和持续多年的货币宽松政策,保险业将越来越多地面对低利率环境,保险投资的压力越来越大,近几年,我国的保险公司一直在增加非标债权资产的持有比例,以此来提升保险公司资产的投资收益率。

对于权益类投资,虽然监管比例上限是 30%,但保险行业从未达到如此之高的比例,截至目前一直在 20% 以内。原因是,第一,中国股票市场牛短熊长且波动巨大;第二,监管机构要求保险业主要做财务投资者,而不是主要做并购和控制性投资。

四、保险公司投资管理考虑因素

在保险公司投资管理中,会考虑以下因素:

（1）资产负债匹配,即考虑投资资产到期流入与保单负债到期流出相匹配。

（2）税收问题,例如,投资国债可以免交增值税和所得税。

（3）考虑通过承担更多的风险来获得更高的投资回报。债权性资产预期回报率＝无风险利率＋风险溢价（违约风险、收益波动性风险、非流动性风险等），只有承担一定的风险，才能获得较高的收益率。

（4）考虑资产配置对最低资本要求的影响。通常，资产配置的风险越大，预期回报率越高，但资产风险升高会消耗更多的资本，因此，保险公司会寻求投资回报与消耗资本之间的平衡。

五、如何理解和预测保险投资收益率？

保险公司的投资收益等于"股的股利＋债的利息＋（房租－折旧）＋投资资产买卖价差＋（浮盈－浮亏）－资产减值"，主要就是包括债的利息、股的股利以及股和债的买卖价差，因此，理解保险资产投资收益率的高低的关键是要理解股市和债市的变化规律。

股市的走势受政治因素、经济增长、货币供给、股票发行速度等的影响。对债券、贷款类资产，保险公司主要是持有至到期，主要关心的是到期收益率或实际收益率，实际收益率的高低取决于发行时的市场利率水平，市场利率由资金供求决定，资金供给由中央政府、央行和商业银行共同决定，资金需求则相对复杂地多。

总之，理解保险投资，需要理解金融市场和宏观经济，这需要我们一起不断修炼。

第 三 部 分

非保险业务的盈利贡献

第七章　非保险业务的盈利贡献

如第一章所述,保险公司有三种保费收入:原保险费收入、保户投资款新增交费、投连险独立账户新增交费;分别对应三种负债:保险合同准备金、保户储金及投资款、独立账户负债。我们将原保险费(流量)及其对应的保险合同准备金(存量)视为保险业务,将其他两种视为非保险业务。

在第四、五、六章讨论了保险公司投资收益的条件下,结合投资收益,本章讨论保险公司的非保险业务,本文称为"保户投资款业务"和"独立账户业务"的盈利贡献。

读者可以看得出来,"保户投资款业务"和"独立账户业务"是基于负债(存量)而不是基于保费(流量)起名的,之所以基于负债起名而不是基于保费起名,是因为保费收入是经过分拆后才进入"保户储金及投资款"和"独立账户"的,本章讨论的是分拆后进入"保户储金及投资款"和"独立账户负债"的业务。

从表7-1可以清晰地看到三类业务的保费收入、保险负债及其盈利贡献,保险业务的盈利贡献(承保利润和投资收益)已经在前面几章进行了讨论,本章将分别讨论保户投资款业务和独立账户业务对保险公司的盈利贡献。

表 7-1　保费收入、保险负债及盈利贡献

业务种类	保费收入	负　债	盈利贡献
保险业务	原保险保费收入	保险合同准备金	承保利润＋投资收益(投资收益－承保亏损)
保户投资款业务	保户投资款新增交费	保户储金及投资款	投资收益－资金成本
独立账户业务	投连险独立账户新增交费	独立账户负债	独立账户业务收入－独立账户业务支出

第一节　独立账户业务的利润贡献

我们知道,对于投资连结保险的保费收入,保险公司会对其保险风险部分和其他风险部分进行分拆。分拆后的保险风险部分,按照保险合同进行会计处理,计入原保险费,形成保险合同准备金;对于其他风险部分,收到的保费不确认为保费收入,而是作为负债在独立账户负债中列示,以公允价值进行初始确认和后续计量。

对于独立账户负债,其中不包含保险风险,保险公司也不分享其对应资产"独立账户资产"的投资收益,因此,独立账户业务贡献的利润仅来源于保险公司对独立账户经营过程中的收费,将独立账户业务收费扣除独立账户业务支出,就可以得到独立账户的利润。

一、独立账户业务收费

按照保监会的产品精算规定,独立账户运作过程中,保险公司可收取以下费用:

(1)初始费用:即保险费进入投资账户之前扣除的费用,用于弥补保险公司的保单获取成本。

(2)买入卖出差价:即投保人买入和卖出投资单位的价格之间的差价。即,在同一时刻,投保人买入投资单位时的买入价高于卖出投资单位时的卖出价,这个差价就成为保险公司的收入。

(3)保单管理费:即为日常维护保险合同而向投保人或被保险人收取的管理费用。

(4)资产管理费:对于独立账户资产,保险公司不分享投资收益,而像是资产管理公司一样按账户资产净值的一定比例收取投资管理费或资产管理费。

(5)手续费:保险公司在提供账户转换、部分领取等服务时收取的手续费,用以支付相关的管理费用。

(6)退保费用:即保单退保或部分领取时保险公司收取的费用,用以弥补保险公司尚未摊销的保单获取成本。

有的读者看到如此多的收费科目,可能觉得保险公司收费太多了,其实这只是按照规定可以收费的科目,收不收、收多少完全取决于市场竞争状况和保险公司的决策。

对于独立账户收费,保险公司通常将其计入利润表中的"其他业务收入",具体应该包括上述六项收费,即初始费用、买入卖出价差、保单管理费、资产管理费、手续费和退保费用。

由于中国人寿几乎没有独立账户业务,这里以光大永明人寿(2016 年,其独立账户资产占总资产的 50%,是中国投连险业务占比最多的公司之一)为例来说明其收费情况,光大永明年报中披露:"对于投资连结保险独立账户,本公司收取的初始费用、账户管理费及退保费用等费用,按固定金额或投资账户余额的一定比例收取,于本集团提供服务的期间确认为其他业务收入。"表 7-2 展示了光大永明人寿 2015 年、2016 年的其他业务收入结构。

表 7-2 光大永明人寿的其他业务收入 单位:元

本公司	2016 年度	2015 年度
委托资产管理费	13 369 979.06	20 664 774.79
万能险/投连险初始费用	9 198 977.35	13 249 566.91
投资连结保险管理费收入	224 876 798.39	174 516 679.20
退保及部分领取手续费	12 353 076.29	25 861 770.31
活期存款利息收入	9 442 356.70	8 013 765.24
账户管理费	1 393 271.27	2 312 202.17
投连账户转换费及买卖价差	111 296.39	170 699.95
其他	693 584.23	109 058.72
合计	271 439 339.68	244 898 517.29

如表 7-2 所示,在其他业务收入中,与投连险或独立账户有关的收入包括:投连险初始费用、投资连结保险管理费收入、退保及部分领取手续费收入、账户管理费和投连账户转换费及买卖价差。但遗憾的是,在其他业务收入报表中,并未仔细区分万能险和投资连结保险的费用支出。所以,我们只能估算,但无法准确核算得出光大永明人寿在独立账户业务上的收费金额。

二、独立账户业务支出

与保险业务类似,独立账户业务支出也包括手续费及佣金支出、业务及管理费两项。

1. 独立账户业务手续费及佣金支出

独立账户业务的手续费及佣金支出通常体现在利润表中的"其他业务成本"中。同样以光大永明人寿为例,表 7-3 展示了光大永明人寿集团(合并报表)2016 年度的其他业务成本(其年报未给出光大永明人寿公司(公司报表)的其他业务成本)。

表 7-3　光大永明人寿集团的其他业务成本　　　　　　　　　单位：元

	本集团	
	2016 年	2015 年
万能险结算利息支出	255 521 792.62	414 411 455.68
投连、万能险佣金及手续费支出	19 508 560.38	59 768 295.05
卖出回购金融资产利息支出	45 167 518.47	83 854 519.66
应付债券利息支出	49 500 000.01	49 500 000.00
第三方管理业务支出	1 666 666.68	5 000 000.04
其他	202 299 573.83	127 404 598.40
合计	573 664 111.99	739 938 868.83

从表 7-3 中，可以看到投连险业务的手续费及佣金支出，但遗憾的是，光大永明人寿将投连业务和万能业务放到一起报告，我们无法准确区分出投连险业务的手续费及佣金支出，更无法从中细分出独立账户业务的手续费及佣金支出。

但是，也有的公司将所有业务的手续费及佣金均统一列在了利润中的"手续费及佣金支出"中，此时就需要从中分拆出独立账户业务的手续费及佣金支出。

手续费及佣金的分拆方法详见第三章"人身险业务：收入、成本与承保亏损"第四节"承保业务支出：风险成本与营运费用"。假定在同等保费收入条件下，保险业务的手续费及佣金支出是保户投资款业务或独立账户业务的 3 倍（事实上，不同的公司应该根据其业务结构做出不同的假设），则，

独立账户业务的手续费及佣金支出
　＝手续费及佣金支出
$$\times \frac{独立账户新增交费}{3 倍保险业务收入＋保户投资款新增交费＋独立账户新增交费}$$

2. 独立账户的业务及管理费支出

独立账户的业务及管理费体现在利润表中的"业务及管理费"中。但是，利润表中的"业务及管理费"包括了保险公司所有业务的业务及管理费，在核算独立账户业务的业务及管理费时，需要将利润表中的业务及管理费进行分拆。

业务及管理费的分拆方法详见第三章"人身险业务：收入、成本与承保亏损"第四节"承保业务支出：风险成本与营运费用"。假定单位负债的业务及管理费消耗规律为，保险业务是保户投资款业务的 2 倍，是独立账户业务的 4 倍，则计算公式为：

独立账户业务的业务及管理费
　＝业务及管理费
$$\times \frac{独立账户负债}{4 倍保险准备金＋2 倍保户储金及投资款＋独立账户负债}$$

三、独立账户业务的利润贡献

独立账户利润贡献＝独立账户业务收费－独立账户业务支出。

第二节　保户投资款的盈利贡献

一、计算思路和公式

保户投资款主要来源于万能险业务分拆后的投资部分，以及其他未通过重大保险风险测试的合同的保费流入。在我国当下，保险公司的保户储金及投资款主要来源于万能险业务的投资账户部分，因为，如第一章所述，通过重大保险风险测试是相当容易的。

这些资金，无论来源于万能险、分红险还是普通寿险，都对客户承诺了保底收益率或预定利率，也就是说，这些资金的资金成本一定为正。因此，

保户投资款业务的利润贡献

　　＝保户储金及投资款×（投资收益率－资金成本率）

　　　　－保户投资款业务的手续费佣金支出－保户投资款业务的业务及管理费

只要获得上述公式各项参数的具体数值，就可以计算得到保户投资款业务的利润贡献。

补充说明一点，保户投资款主要来源于万能险的投资部分，按照产品精算规定，与投连险类似，万能险也有初始费用等一系列收费项目，但由于市场竞争激烈，大量的可收费项目被大量保险公司砍掉了，或者只收取很低的费用，因此，收费对于保户投资款业务的利润贡献在这里忽略不计。

二、公式各项参数的计算

1. 投资收益率

假设，除独立账户负债外，所有负债均进入一个大资金池，形成资产的收益率均相同，那么，保户储金和投资款的投资收益率就等于我们在第六章已经核算过的保险公司投资资产的总投资收益率。

2. 资金成本率

这里的资金成本率，是指保险公司为持有这些资金而支付给客户的利息成本率，计算公式为：

资金成本率＝支付给客户的利息/（期初保户储金及投资款＋期末保户储金
　　　　　及投资款）/2

其中,利息支付金额可以从利润表中的"其他业务成本"中获得,保户储金及投资款金额可以从负债表中的获得。

仍以中国人寿为例,表7-4展示了中国人寿的"其他业务成本"构成情况,其中的"非保险合同账户利息支出"就是指保户储金及投资款的利息支出,2016年度为53.16亿元。

表7-4　中国人寿的其他业务成本构成　　　　　　单位:百万元

	2016 年度	2015 年度
非保险合同账户利息支出	5 316	2 264
债券利息支出	3 126	3 430
红利生息	2 271	1 905
卖出回购金融资产款利息支出	1 460	784
其他	2 304	1 452
合计	14 477	9 835

从中国人寿的资产负债表中,可以得到其2016年度期初和期末的保户储金及投资款分别为841亿元和1 957亿元,均值为1 399亿元。

因此,中国人寿2016年度保户投资款的资金成本率大致=53.16/1 399=3.8%。

3. 保户投资款业务的手续费及佣金支出

关于保户投资款业务的手续费及佣金支出,不同公司在财务报告中采取了不同的报告方式,有的公司将其放在利润表中的"其他业务成本"中报告,如光大永明人寿,见表7-3;有的公司将其放在利润表中的"手续费及佣金支出"中,这样的话,利润表中的"手续费及佣金支出"包含了所有业务的手续费及佣金支出,需要分拆才能得到保户投资款的对应部分。

手续费及佣金的分拆方法详见第三章"人身险业务:收入、成本与承保亏损"第四节"承保业务支出:风险成本与营运费用"。假定在同等保费收入条件下,保险业务的手续费及佣金支出是保户投资款业务或独立账户业务的3倍(事实上,不同的公司应该根据其业务结构做出不同的假设),则计算公式为:

保户投资款业务的手续及佣金支出

=手续费及佣金支出

$$\times \frac{保户投资款新增交费}{3 倍保险业务收入 + 保户投资款新增交费 + 独立账户新增交费}$$

4. 保户投资款业务的业务及管理费

与独立账户业务的业务及管理费计算方法类似,详见第三章"人身险业务:

收入、成本与承保亏损"第四节"承保业务支出：风险成本与营运费用"，考虑业务复杂性的不同，计算公式为：

保户投资款业务的业务及管理费

＝业务及管理费

$$\times \frac{2\text{倍保户储金及投资款}}{4\text{倍保险准备金}+2\text{倍保户储金及投资款}+\text{独立账户负债}}$$

非保险业务利润贡献的具体案例计算将在下一章"保险公司利源分析"中集中展示。

第 四 部 分

保险公司盈利水平分析

第八章　保险公司利源分析

要想了解一家保险公司的利润水平,我们直接看其利润表就可以了。但是,即便看到了该公司的利润水平,我们还是无法知道这家公司是如何赚钱的? 到底哪些业务各自贡献了多少利润? 该公司在什么业务上具有竞争优势?

因此,我们需要对保险公司进行利源分析,只有进行深入的利润来源分析,才能知道其到底哪些业务利润高? 哪些业务利润低? 才能知道哪些业务消耗了太多的成本? 哪些业务成本较低? 我们才能够理解各家公司的竞争优势到底在哪里,由此可进一步预测其未来利润或经营走势。

本章首先讨论保险公司的利润来源有哪些,然后分别讨论财险公司的利润来源和寿险公司的利润来源,并分别以平安财险和中国人寿为例来进行利源分析计算,最后对产、寿险公司利润来源做简单的对比分析。

第一节　保险公司的利润来源

一、利源分析基本思路——从资产负债表出发

如第七章所述,我们将保险公司的主要业务分为三种:保险业务、保户投资款业务和独立账户业务,保险业务的利润＝承保利润＋投资收益;保户投资款的利润＝投资收益－资金成本;独立账户业务的利润＝独立账户业务收费－独立账户业务支出。

这样的分析思路是从资产负债表出发的,实际上,我们是把资产负债表的右边按照业务进行了分类,然后把左边对应资产的投资收益减去右边相应负债的资金成本,就得到了各类业务对保险公司的利润贡献。

之所以从资产负债表(存量表)出发,而不是直接从利润表(流量表)出发,是因为保险公司的业务基本都是跨会计年度的,尤其是寿险公司,保单期限很长,跨越很多会计年度,进而形成了大量的负债和投资资产,本质上,保险公司的年度利润是用存量负债和存量资产创造的,而非当年的流量创造的。

二、利润来源

1. 保险公司业务分类

为了详细分析利润来源,我们把资产负债表右边细分为三类主营业务(保险业务、保户投资款业务和独立账户业务)、其他负债和股东权益,左边则细分为投资资产和非投资资产,核心思想是要用左边对应资产的投资收益减去右边相应负债或股东权益的资金成本,得到各类业务的利润贡献。

其中,比较特殊的是独立账户业务,由于独立账户资产始终等于独立账户负债,保险公司无法分享其投资收益,只是通过收取资产管理费、保单管理费等方式获得利润,因此,独立账户资产不属于投资资产,独立账户业务也不适用于上面的分析模式,保险公司的投资资产是由保险业务、保户投资款业务、其他负债和股东权益共同形成的。

因此,我们可以将保险公司的业务这样分类:

(1)从资产负债表内来看,通过"投资收益减去资金成本"模式创造利润的业务包括:保险业务、保户投资款业务、其他负债业务和股东投入。

(2)从资产负债表外来看,首先是独立账户业务;其次是中间业务和营业外收支,中间业务是指保险公司利用自己的经营资源或生产要素为其他机构提供资产管理、保单销售、金融产品销售等而获得手续费、管理费等收入。

2. 各类业务的利润来源

保险业务、保户投资款业务、独立账户业务的利润贡献我们已经讨论过了,下面着重讨论其他负债业务、股东投入和表外业务的利润贡献。

(1)其他负债贡献的利润。从保险公司负债表来看,除去上述三类主营业务对应的三类负债外,保险公司还有少量其他负债,包括卖出回购金融资产款、预收保费、各种应付款、应付债券、其他负债等。这些负债有的是由于日常经营形成的,如预收应付款;有的是为了解决短期流动性问题而做出的短期借款,如卖出回购金融资产款;有的是为了补充公司偿付能力而发行的次级债券,如应付债券。

从利润贡献来看,上述其他负债同样会形成保险公司的投资资产,进而可能为公司贡献利润,其利润同样等于资产投资收益减去负债资金成本。

(2)股东投入的利润贡献。除去上述所有负债,保险公司的股东权益也可能形成部分投资资产,之所以说是可能,是因为股东的投入也会形成一些非投资资产,如固定资产等,只有当股东投入超出非投资资产进而形成投资资产时,才会创造投资收益,进而创造利润。

当然,我们这里考虑的是会计利润,并不考虑股东权益的资金成本。因此,股东投入所创造的利润＝对应投资资产的投资收益。

（3）表外业务的盈利贡献。除独立账户业务外,表外业务包括中间业务收入和很少量的营业外收支,中间业务如平安集团内部各子公司的交叉销售,使得平安人寿、平安财险等都会有一些销售手续费收入。中间业务收入可以从保险公司利润表中的其他业务收入中得到,营业外收支也可以从利润表直接得到。

三、保险公司利润来源总结

这里将保险公司的利润来源按照业务种类和资产负债表综合展示在表8-1中。

表8-1　保险公司的利润来源

业务种类	资产负债表的 左边/右边	盈 利 贡 献
保险业务	保险准备金/相应投资资产	承保利润＋投资收益 (投资收益－承保亏损)
保户投资款业务	保户储金及投资款/相应投资资产	投资收益－资金成本
独立账户业务	独立账户负债/独立账户资产	独立账户收费－独立账户支出
其他负债业务	卖出回购、应付债券等/相应投资资产	投资收益－资金成本
股东投入	股东权益/相应投资资产	投资收益
表外业务	表外(代销保险产品、营业外收支等)	其他业务收入

第二节　财险公司的利润来源和计算

一、财险公司利源分类和计算假设

1. 利源分类

财险公司通常主要经营保障性保险业务,部分公司也有少量储蓄性业务,其利润来源包括:

（1）保险业务的利润贡献＝承保利润＋保险负债形成资产的投资收益。

（2）保户投资款的利润贡献＝保户投资款的投资收益－保户投资款的资金成本。

（3）其他负债资金的利润贡献＝其他负债资金的投资收益－其他负债的资金成本。

（4）股东权益的利润贡献＝对应资产的投资收益。

（5）其他业务的利润贡献＝（其他业务收入－房租－万能险投连险收费）＋（营业外收入－营业外支出）。

2. 计算假设

假设1：除独立账户资金外,所有负债和股东投入形成的投资资产均进入一个大的资金池,投资收益率相同。即保险负债、保户投资款、其他负债、股东投入形成的投资资产的投资收益率相同,均为总投资资产的总投资收益率。

假设2：从其他负债和股东投入来看,其他负债资金全部形成了投资资产,而股东权益则部分形成非投资资产、部分形成投资资产。若非投资资产超过股东权益,则股东权益无法形成投资资产,其他负债部分形成投资资产。

二、案例：2016年度平安财险利润来源分析

1. 费用分拆

2016年,从平安财险负债结构（如表8-2所示）来看,没有独立账户业务,保户储金及投资款只有0.7亿元,可以忽略不计。因此,我们可以将平安财险2016年度利润表中的"手续费及佣金支出"和"业务及管理费"全部视为保险业务的支出,无须分拆。

表8-2　平安财险2016年负债表　　　　　　　单位：元

负债	2016年12月31日	2015年12月31日
衍生金融负债	2 577 868	—
存入保证金	456 051	442 811
卖出回购金融资产款	2 224 699 435	5 341 785 116
预收保费	13 552 589 020	10 802 301 797
应付手续费及佣金	3 660 400 395	2 851 437 489
应付分保账款	12 210 240 948	6 891 908 272
应付职工薪酬	4 943 500 982	3 696 046 019
应交税费	4 689 545 244	4 943 831 922
应付利息	105 587 396	105 629 987
保户储金及投资款	70 047 229	132 499 576
未到期责任准备金	90 496 191 193	82 480 930 163
未决赔款准备金	62 667 025 005	55 861 539 693
农业保费准备金	133 498 270	92 090 359
应付债券	8 129 396 438	8 073 486 132
其他负债	8 524 635 138	5 201 713 918
负债合计	211 410 390 612	186 475 643 254

2. 承保利润

基本计算公式为,承保利润＝承保收入－承保支出＝(已赚保费＋汇兑损益)－(保险业务风险成本－保险业务营运成本),具体计算过程如表8-3所示。

需要说明的是：① 对于承保收入,第二章只考虑了已赚保费,这里则将汇兑损益也考虑在内。为了简化,这里假定利润表中的汇兑损益0.9亿元主要是由于承保业务形成的,因此将汇兑损益算作承保收入的一部分,即承保收入＝已赚保费＋汇兑损益；② 摊回保险责任准备金为负,即不是摊回而是补给了分入公司；③ 资产减值共计5.5亿元,根据平安财险年报附注,其中,投资资产减值1亿元,其他资产减值4.5亿元。

表8-3　平安财险2016年度承保利润计算表

科　　　目			金额/亿元	
承保收入		已赚保费	1 533.5	1 534.4
		汇兑损益	0.9	
承保支出	保险业务风险成本	赔付支出－摊回赔付支出	843.6－88.6	834.4
		提取保险责任准备金－摊回保险责任准备金	68－(－11)	
		提取农险准备金	0.4	
	保险业务营运成本	税金及附加	40	635.8
		手续费及佣金支出	255.2	
		业务及管理费	396.6	
		分保费用－摊回分保费用	0.1－60.6	
		非投资资产减值损失	4.5	
承保利润		承保收入－承保支出	64.2	

可以看出,2016年度,平安财险承保收入为1 534.4亿元,扣除风险成本834.4亿元和营运成本635.8亿元后,获得承保利润64.2亿元。

3. 总投资收益

总投资收益＝投资收益(利润表)＋(房租－投资性房地产折旧)＋公允价值变动损益(利润表)－投资资产资产减值损失

＝83.7＋0－0.4－1＝82.3亿元

需要解释的是：① 平安财险投资性房地产只有16亿元,年报中的附注未列出房租收入,房地产折旧是0.7亿元,因此这里假设：房租－投资性房地产折旧及摊销＝0；② 资产减值共计 5.5 亿元，根据年报附注，其中，投资资产减值 1 亿元。

$$总投资资产＝（期末总投资资产＋期初总投资资产）/2$$
$$＝（2\ 082＋1\ 840）/2＝1\ 961\ 亿元$$

总投资收益率＝82.3/1 961＝4.2%

4. 总投资收益的分拆

保险业务、保户投资款业务、其他负债业务、股东投入各自形成投资资产，进而产生的投资收益，可以在假定投资收益率均为总投资收益率的情况下，从总投资收益中拆分出来。

拆分的基础是该业务形成的投资资产在总投资资产中的占比，例如，保险业务创造的投资收益＝总投资收益×（保险业务形成的投资资产/总投资资产），其他业务的计算方法类同。

各类业务形成的投资资产规模的计算方法如下：

保险业务形成的投资资产＝保险准备金－应收分保准备金

保户投资款业务形成的投资资产＝保户储金及投资款

其他负债业务形成的投资资产＝总负债－保险准备金－保户储金及投资款

股东投入形成的投资资产＝总投资资产－保险业务形成的投资资产－保户投资款业务形成的投资资产－其他负债业务形成的投资资产＝总投资资产－（总负债－应收分保准备金）

根据上面的计算方法，这里将各类业务创造的投资收益的计算过程和结果展示在表 8-4 中。其中，根据前面的计算结果，平安财险 2016 年度的总投资资产为 1 961 亿元，总投资收益为 82.3 亿元。根据平安产险 2016 年年底的资产负债表，2016 年度，平安产险的保险准备金＝1 458 亿元，应收分保准备金＝143 亿元，保户储金及投资款＝1 亿元，总负债＝1 990 亿元。

表 8-4　各类业务创造的投资收益

业务种类	形成的投资资产 /亿元	在总投资资产中的占比/%	创造的投资收益 /亿元
保险业务	1 315	67	55.2
保户投资款业务	1	0（忽略不计）	0（忽略不计）
其他负债业务	531	27	22.3
股东投入	114	6	4.8
合　计	总投资资产＝1 961	100	总投资收益＝82.3

注：由于四舍五入的原因，合计结果与分项之和可能有微小差异。

5. 2016 年度平安财险利源分析

根据上面的计算结果和资产负债表、利润表相关数据，可以对平安财险各类业务的盈利贡献进行计算，计算结果如表 8-5 所示。

表 8-5　2016 年度平安财险利源分析

业务种类	形成的投资资产/亿元	盈利贡献/亿元	
		计算公式	计算结果
保险业务	1 315	承保利润＋投资收益＝64.2＋55.2	119.4
保户投资款业务	1	忽略不计	0
独立账户业务	0	0	0
其他负债业务	531	投资收益－资金成本＝22.3－4.3	18
股东投入	114	投资收益	4.8
表外业务	0	其他业务收入－其他业务成本＋营业外收支＝8.5－3＋2.6－1.3	6.8
合　计	1 961		149

注：其他负债的资金成本在平安财险利润表中反映为财务费用，但没有详细附注；营业外收支直接来源于利润表。

第三节　寿险公司的利润来源和计算

一、寿险公司利源分类和计算假设

1. 利源分类

寿险公司通常经营保险业务、保户投资款业务和独立账户业务，其利润来源包括：

（1）保险业务的利润贡献＝承保利润＋保险负债形成资产的投资收益。

（2）保户投资款的利润贡献＝保户投资款的投资收益－保户投资款的资金成本。

（3）独立账户的利润贡献＝独立账户业务收费－独立账户业务支出。

（4）其他负债资金的利润贡献＝其他负债资金的投资收益－其他负债的资金成本。

（5）股东投入的利润贡献＝对应资产的投资收益。

（6）其他业务的利润贡献＝（其他业务收入－房租－万能险投连险收费）＋

（营业外收入－营业外支出）。

2. 计算假设

假设1：除独立账户资金外，所有负债和股东权益形成的投资资产均进入一个大的资金池，投资收益率相同。即保险负债、保户投资款、其他负债、股东权益形成的投资资产的投资收益率相同，均为总投资资产的总投资收益率。

假设2：从其他负债和股东权益来看，其他负债资金全部形成了投资资产，而股东权益则部分形成非投资资产、部分形成投资资产。

二、案例：2016 年度中国人寿股份公司利润来源分析

1. 手续费及佣金的分拆

中国人寿股份公司 2016 年度的手续费及佣金支出为 520.2 亿元，分拆方法详见第三章第四节。假定在同等保费收入条件下，保险业务的手续费及佣金支出是保户投资款业务或独立账户业务的 3 倍（事实上，不同的公司应该根据其业务结构做出不同的假设），则手续费及佣金支出分拆结果如表 8-6 所示。

表 8-6　中国人寿 2016 年度手续费及佣金的分拆

业务种类	业务收入/亿元	手续费及佣金支出/亿元
保险业务	保险业务收入＝4 305	461
保户投资款业务	保户投资款新增交费＝1 656	59.2
独立账户业务	独立账户新增交费＝0	0
合　计	5 961	520.2

2. 业务及管理费的分拆

中国人寿 2016 年度的业务及管理费支出为 315.6 亿元，分拆方法详见第三章第四节。假定单位负债的业务及管理费消耗规律为：保险业务是保户投资款业务的 2 倍，是独立账户业务的 4 倍，则业务及管理费分拆计算结果如表 8-7 所示。

表 8-7　中国人寿 2016 年度业务及管理费的分拆

业务种类	相应负债规模/亿元	业务及管理费/亿元
保险业务	保险准备金＝17 819.8	303.6
保户投资款业务	保户储金及投资款＝1 399	12
独立账户业务	独立账户负债＝0.1	0
合　计	19 218.9	315.6

3. 承保利润

如第三章所述,寿险公司的大多数业务属于储蓄业务,需要向客户支付利息,因此,绝大多数寿险公司会发生承保亏损,即承保利润为负值。

与第三章算法略有不同的是,第三章未考虑汇兑损益,这里将汇兑损益算入承保收入中(其实是假定汇兑损益主要来自承保业务),由此,

寿险公司承保利润＝承保收入－承保支出＝已赚保费＋汇兑损益－保险业务风险成本－保险业务营运成本。

根据利润表相关数据和上述公式,将中国人寿2016年度的承保利润计算过程展示在表8－8中。

表8－8　中国人寿 2016 年度承保利润计算表

科 目			金额/亿元	
承保收入	已赚保费		4 262.3	4 268.8
	汇兑损益		6.5	
承保支出	保险业务风险成本	退保金	739.2	4 229.2
		赔付支出－摊回赔付支出	2 051.4－8.6	
		提取保险责任准备金－摊回保险责任准备金	1 294.3－5.9	
		保单红利支出	158.8	
	保险业务营运成本	税金及附加	6.5	770
		保险业务的手续费及佣金支出	461	
		保险业务的业务及管理费	303.6	
		分保费用－摊回分保费用	0－1.1	
	承保收入－保险业务风险成本			39.6
承保利润	承保收入－承保支出			－730.4

计算结果说明：

(1) 2016 年度,在不考虑保险业务营运成本的情况下,中国人寿获得了 39.6 亿元的承保利润,类似于财险公司赔付率低于 100% 的状况,说明中国人寿的经营特点：一是保障业务占比肯定较高；二是支付给客户的利息或分红可能比较低,否则很难实现这样的经营绩效。

(2) 考虑中国人寿 2016 年度在保险业务上的 770 亿元(主要就是手续费及

佣金支出和业务及管理费)开销后,中国人寿在保险业务上发生承保亏损 730.4 亿元。

4. 总投资收益

总投资收益=投资收益(利润表)+(房租-投资性房地产折旧及摊销)+公允价值变动损益(利润表)-资产减值损失

$$=1\,204.5+0-40.3-26.8=1\,137.4\,亿元$$

需要解释的是,中国人寿的投资性房地产为 12.5 亿元,数量很少,附注未列出房租收入。房地产采用公允价值计量,变动损益已经计入公允价值变动损益,无须折旧。

中国人寿总投资资产=(期末总投资资产+期初总投资资产)/2

$$=(25\,520+23\,297)/2≈24\,409\,亿元$$

中国人寿总投资收益率=1 137.4/24 409=4.66%

5. 总投资收益的分拆

保险业务、保户投资款业务、其他负债业务、股东投入各自形成投资资产,进而产生的投资收益,可以在假定投资收益率均为总投资收益率的情况下,从总投资收益中拆分出来。

拆分的基础是该业务形成的投资资产在总投资资产中的占比,例如,保险业务创造的投资收益=总投资收益×保险业务形成的投资资产/总投资资产,其他业务的计算方法类同。

各类业务形成的投资资产规模的计算方法为:

保险业务形成的投资资产=保险准备金-应收分保准备金

保户投资款业务形成的投资资产=保户储金及投资款

其他负债业务形成的投资资产=总负债-保险准备金-保户储金及投资款-独立账户负债

股东投入形成的投资资产=总投资资产-保险业务形成的投资资产-保户投资款业务形成的投资资产-其他负债业务形成的投资资产=总投资资产-(总负债-应收分保准备金-独立账户负债)

根据上面的计算方法,这里将各类业务创造的投资收益的计算过程和结果展示在表 8-9 中。其中,根据前面的计算结果,中国人寿股份公司 2016 年度的总投资资产为 24 409 亿元,总投资收益为 1 137.4 亿元。根据中国人寿股份公司 2016 年年底资产负债表,2016 年度,中国人寿的保险准备金=17 819.8 亿元,应收分保准备金=16.5 亿元,保户储金及投资款=1 399 亿元,总负债=22 395 亿元,独立账户负债=0.1 亿元。

表 8 - 9　各类业务创造的投资收益

业务种类	形成的投资资产 /亿元	在总投资资产中 的占比/%	创造的投资收益 /亿元
保险业务	17 803.3	73	829.6
保户投资款业务	1 399	6	65.2
其他负债业务	3 176	13	148
股东投入	2 030.6	8	94.6
合　计	总投资资产=24 409	100	总投资收益=1 137.4

注：由于四舍五入的原因,合计结果与分项之和可能有微小差异。

6. 保户投资款的资金成本

保户投资款的资金成本包含两部分,一部分是支付给客户的利息,可以通过中国人寿年报附注"其他业务成本"中查到,如表 8 - 10 所示,其他业务成本中的"非保险合同账户利息支出"就是指保户投资款业务支付给客户的利息,2016 年度为 53.2 亿元；二是保险公司在经营保户投资款业务上支出,包括该业务的"手续费及佣金支出"和"业务及管理费支出",已经在前面的"费用分拆"中计算出来了,分别为 59.2 亿元和 12 亿元。

表 8 - 10　2016 年度中国人寿集团的其他业务成本　　　　　　单位：百万元

	2016 年度
非保险合同账户利息支出	5 316
债券利息支出	3 126
红利生息	2 271
卖出回购金融资产款利息支出	1 460
其他	2 304
合计	**14 477**

由此,保户投资款的资金成本=支付给客户的利息＋保户投资款业务的手续费及佣金支出＋保户投资款业务的业务及管理费支出＝53.2＋59.2＋12＝124.4 亿元。

需要解释的是,中国人寿合并报表的其他业务成本为 144.77 亿元,中国人寿公司报表的其他业务成本为 151.2 亿元,但我们只有集团合并报表的其他业务成本附注,鉴于差距不大,我们就采用集团合并报表中的"非保险合同账户利息支出"作为中国人寿股份公司支付给保户投资款客户的利息。

7. 其他负债的资金成本

其他负债的资金成本包括应付债券、卖出回购金融资产款的利息支出等。同样参照中国人寿股份公司的其他业务成本，鉴于其他业务成本包括保户投资款利息支出和其他负债的利息等支出，因此，

其他负债的资金成本＝中国人寿股份公司的其他业务成本－保户投资款利息支出＝151.2－53.2＝98亿元。

8. 其他业务收入

2016年度，中国人寿股份公司的其他业务收入为49.5亿元，但年报没有提供其详细构成。但年报还是提供了合并报表的其他业务收入63.6亿元的详细构成，我们可以从中推测中国人寿股份公司的其他业务收入来源，应该包括非保险合同的各种管理费收入、中国人寿股份代销中国人寿财险的代理费收入、中国人寿股份管理中国人寿集团保单的代理费收入等。

表8-11 2016年度中国人寿集团的其他业务收入 单位：百万元

	2016年度
保单销售代理费—财产险公司（附注68(e)(1))	2 337
保单代理费—集团公司（附注68(e)(1))	869
投资管理服务费	770
非保险合同账户管理费收入	826
其他	1 555
合计	**6 357**

9. 2016年度中国人寿股份公司利源分析

综合以上1～8的计算结果，可以得到中国人寿2016年度利源分析的最终结果，如表8-12所示。

表8-12 2016年度中国人寿利源分析

业务种类	形成的投资资产/亿元	盈利贡献/亿元	
		计算公式	计算结果
保险业务	17 803.3	承保利润＋投资收益＝－730.4＋829.6	99.2
保户投资款业务	1 399	投资收益－资金成本＝65.2－124.4	－59.2
独立账户业务	0.1	0（忽略不计）	0

业务种类	形成的投资资产/亿元	盈利贡献/亿元	
		计算公式	计算结果
其他负债业务	3 176	投资收益－资金成本＝148－98	50
股东投入	2 030.7	投资收益	94.6
其他业务	无	其他业务收入＋营业外收支＝49.5＋0.9－3.2	47.2
合　计	24 409	税前利润合计：231.8	

可以看到：

（1）尽管中国人寿的保险业务发生了 730.4 亿元的亏损，但对应投资资产创造了 829.6 亿元投资收益，合计使得中国人寿的保险业务实现税前盈利 99.2 亿元。

（2）保户投资款业务亏损了 59.2 亿元，原因是，投资收益（65.2 亿元）可以覆盖客户的利息（53.2 亿元）但无法覆盖相关的经营支出（71.2 亿元）。

（3）其他负债业务也可以贡献一部分利润。

（4）中国人寿 2016 年度的股东权益＝（3 026＋3 209）/2＝3 117.5 亿元，形成了 2 030.7 亿元的投资资产，按照 4.66% 的投资收益率，创造税前利润 94.6 亿元。但这只是会计利润，因为股东对中国人寿的投资资金是有资金成本的。

（5）从其他业务收入来看，保险公司其实也有一些类似于银行中间业务的收入，如交叉销售获得的保单销售代理费等。

第四节　产、寿险公司利源对比分析

这里直接将平安财险公司和中国人寿股份公司的利润来源做一对比，如表8－13 所示，看看产、寿险公司利润来源有何不同。

表 8－13　2016 年度平安财险、中国人寿利源对比

业务种类	平安产险利源/亿元		中国人寿利源/亿元	
	计算公式	计算结果	计算公式	计算结果
保险业务	承保利润＋投资收益＝64.2＋55.2	119.4	承保利润＋投资收益＝－730.4＋829.6	99.2
保户投资款业务	忽略不计	0	投资收益－资金成本＝65.2－124.4	－59.2

(续表)

业务种类	平安产险利源/亿元		中国人寿利源/亿元	
	计算公式	计算结果	计算公式	计算结果
独立账户业务	0	0	0(忽略不计)	0
其他负债业务	投资收益－资金成本 ＝22.3－4.3	18	投资收益－资金成本 ＝148－98	50
股东投入	投资收益	4.8	投资收益	94.6
表外业务	其他业务收入－其他 业务成本＋营业外收支 ＝8.5－3＋2.6－1.3	6.8	其他业务收入＋营业外 收支＝49.5＋0.9－3.2	47.2
税前利润合计		149		231.8

主要区别是：

（1）平安财险的承保利润为正，但中国人寿的承保利润为负。根本原因是财险公司的业务以保障性为主，而寿险公司的业务以储蓄性为主。

（2）财险公司很少经营保户投资款业务，而寿险公司的保户投资款业务经常是亏损的。现实中确实如此，大型公司的保户投资款业务主要用于冲规模，而不是为了赚取利润。

第九章　保险公司盈利：利差分析模式

第八章的保险公司利源分析采取了绝对数额分析方式,通过计算各类业务的投资收益和投资金成本核算了各类业务的利润金额各自有多少,对总利润的贡献谁大谁小。

熟悉商业银行财务报告的读者,一定知道商业银行会报告自己的净利息差是多少,例如中国工商银行 2016 年度的净利息差是 2.02%,净利息差＝生息资产平均收益率－计息负债平均付息率。

本章将保险公司视为与商业银行类似的金融中介,在上一章的基础上,进一步计算各类业务的投资收益率、资金成本率和利差,进而更直观地分析保险公司各类业务的盈利水平和利润贡献。显然,利差越大,说明这类业务越优质,可为保险公司贡献更多利润。

第一节　寿险公司利差分析：以中国人寿为例

一、寿险公司资产负债表

不考虑中间业务和营业外收支,寿险公司资产负债表的左端代表负债和权益融资,右端代表资产投资。如第八章的所述,首先,独立账户负债不形成投资资产;其次,我们假定"保险合同准备金－应收分保准备金"、"保户储金及投资款"和"其他负债"均形成了投资资产,"股东权益"则部分形成投资资产、部分形成了非投资资产。如表 9-1 所示。

表 9-1　寿险公司的负债和权益融资与资产投资

资产投资	负债和权益融资
投资资产	保险合同准备金－应收分保准备金
	保户储金及投资款
	其他负债
非投资资产	股东权益
	独立账户负债

　　显然,在计算得到寿险公司资产的总投资收益率和各类负债的资金成本率的情况下,就可以计算出各类业务对应的资产和负债的利差。

二、利差分析：以中国人寿 2016 年度为例

　　1. 保险准备金的资金成本率

　　其一,保险公司获取和经营保险准备金,需要支付两项成本,一是支付给客户的成本,称为客户成本率;二是公司经营开支的成本,称为公司成本率,合计称为资金成本率。

　　其二,寿险公司获取保险准备金后,由于分保原因,并未全部形成投资资产,即保险业务形成的投资资产＝保险准备金－应收分保准备金。同时,我们在核算客户成本(＝承保收入－保险业务风险成本)和公司成本(＝保险业务营运成本)的时候,其实计算的都是净保费或者扣除分出保费之后的客户成本和公司成本。

　　因此,为了保证分子分母计算口径的统一(均剔除分出保费因素),计算保险准备金资金成本的分母应该使用保险业务形成的投资资产,或"保险准备金－应收分保准备金"。

　　则,根据上一章的计算数据,可计算客户成本率、公司成本率和资金成本率。

　　客户成本率＝－(承保收入－保险业务风险成本)/(保险准备金－应收分保准备金)

　　　　　　　＝－39.6/17 803.3

　　　　　　　＝－0.2％

　　公司成本率＝保险业务营运成本/(保险准备金－应收分保准备金)

　　　　　　　＝770/17 803.3

　　　　　　　＝4.3％

　　资金成本率＝客户成本率＋公司成本率＝－0.2％＋4.3％＝4.1％。

　　计算结果说明：

　　(1) 2016 年度,为了持有 17 803.3 亿元的保险合同准备金,中国人寿支付给客户的资金成本率是－0.2％。客户资金成本率为负,表明中国人寿整体存量业务的保障性较强,也可能说明,中国人寿支付给客户的账户利息率、分红险分红水平比较低。

　　(2) 从公司成本率来看,直觉上,我们会觉得中国人寿的公司开销实在是太大了,居然产生了 4.3％ 的资金成本率,远超过银行、基金等金融机构。核心原因是保险销售成本太高了,770 亿元的营运成本中,461 亿元的手续费和佣金支出是支付给中介的,占比高达 60％(参见表 8－8)。销售成本高是保险行业运作的

一大特点,基础原因是人们对保险的购买意愿较低,需要花费很高的成本才能说服客户购买。

(3) 4.1%的资金成本率则说明,只有当中国人寿2016年度的资产投资收益率超过4.1%时,保险业务才可以为中国人寿创造利润。显然,资金成本率越低,保险业务的利润水平就越高。

2. 保户投资款的资金成本率

保险公司获取和经营保户投资款,同样需要支付两项成本,一是支付给客户的成本,称为客户成本率;二是公司经营开支的成本,称为公司成本率,合计称为资金成本率。则根据上一章的计算数据,

客户成本率＝支付给客户的利息/保户储金及投资款

　　　　　＝非保险合同账户利息支出/保户储金及投资款

　　　　　＝53.2/1 399

　　　　　＝3.8%

公司成本率＝保户投资款业务营运成本/保户储金及投资款

　　　　　＝(保户投资款业务的手续及佣金支出＋保户投资款业务的业务

　　　　　　及管理费)/保户储金及投资款

　　　　　＝(59.2＋12)/1 399

　　　　　＝5.1%

资金成本率＝客户成本率＋公司成本率＝3.8%＋5.1%＝8.9%。

计算结果说明:

(1) 2016年度,为了持有1 399亿元的保户储金及投资款,支付给客户的资金成本是3.8%,公司经营开销的资金成本率是5.1%。

(2) 8.9%的资金成本率则说明,只有中国人寿2016年度的资产投资收益率超过8.9%,保户投资款业务才可以为中国人寿创造利润,这几乎是一个不可能完成的任务。

(3) 更深入来看,由于保户投资款的资金成本过高,保户投资款业务往往是赔本赚吆喝,很难为寿险公司贡献利润。

3. 其他负债业务的资金成本率

其他负债的资金成本是指保险公司为这些负债资金所支付的利息,由于这些负债都是日常经营或直接借款形成的,这里忽略其营运成本。则根据上一章的计算数据,

资金成本率＝支付的利息/其他负债

　　　　　＝98/3 176

　　　　　＝3.1%

4. 中国人寿 2016 年度利差分析

综合上述计算结果,中国人寿 2016 年度的利差分析结果如表 9 - 2 所示。

表 9 - 2　中国人寿 2016 年度的利差分析

资产投资		负债和权益融资			利差
资产额	资产收益率	融资额	资金成本率		
投资资产 24 409 亿元	4.66%	保险准备金－应收分保准备金 17 803.3 亿元	客户成本率－0.2% 公司成本率 4.3%	4.1%	0.56%
		保户储金及投资款 1 399 亿元	客户成本率 3.8% 公司成本率 5.1%	8.9%	−4.24%
		其他负债 3 176 亿元	3.1%		1.56%
		股东权益中的投资部分 2 030.7 亿元	0%		4.66%
非投资资产 1 103 亿元	0%	股东权益中的非投资部分：1 086.8 亿元	0%		0%
		独立账户负债：0.12 亿元	0%		0%
		应收分保准备金 16.5 亿元	0%		0%

分析结果说明:

（1）就利差高低而言,保险业务的利差为正,保户投资款业务的利差为负,说明保险业务是中国人寿利润的主要来源。但是,保险业务的利差不大,只有 0.56%。

（2）股东投入虽然看起来利差最大,但我们是忽略了股东投入的资金成本的,事实上,股东投入的资金成本非常大,例如,假定寿险行业的 ROE 平均为 8%,则考虑公司所得税后,股东投入的资金成本率大致为 10.7%。

（3）当然,经营寿险公司,股东看重的就是通过财务杠杆,而非仅靠股东投入来获取利润。2016 年度,中国人寿股东投入资金创造的投资收益约为 94.6 亿元,通过杠杆创造的盈利约为 137.2 亿元,合计税前利润 231.8 亿元。

第二节　财险公司利差分析：以平安财险为例

一、财险公司资产负债表

财险公司的负债融资和资产投资与寿险公司基本相同,唯一不同的是财险公司没有独立账户负债,保户储金及投资款多数财险公司也没有或很少。财险公司的负债和权益融资与资产投资如表 9-3 所示。

表 9-3　财险公司的负债和权益融资与资产投资

资产投资	负债和权益融资
投资资产	保险准备金-应收分保准备金
	保户储金及投资款
	其他负债
非投资资产	股东权益

通过计算保险公司资产的总投资收益率和各类负债的资金成本率,就可以计算出各类业务对应的资产和负债的利差。

二、利差分析：以平安财险 2016 年度为例

1. 保险准备金的资金成本率

其一,与寿险公司类似,财险公司的保险准备金也需要扣除应收分保准备金后,才会形成投资资产。而且,财险公司的承保利润也是剔除分保因素之后得到的。

其二,财险公司主营纯保障型保险,经营好就可以获得承保利润,承保利润为正则资金成本率为负,反之,承保利润为负则资金成本率为正。2016 年,平安财险有正的承保利润,因此,

保险准备金的资金成本率＝－承保利润/(保险准备金－应收分保准备金)

$$＝－64.2/1\ 315$$
$$＝－4.9\%$$

计算结果说明：2016 年度,为了持有 1 315 亿元的"保险准备金－应收分保准备金",平安财险的资金成本率为－4.9%,说明平安财险的承保业务运营良好。

2. 其他负债的资金成本率

其他负债的资金成本是指保险公司为这些负债资金所支付的利息,由于这些负债都是日常经营或直接借款形成的,这里忽略其营运成本。

资金成本率＝支付的利息/其他负债＝财务费用/其他负债

$$＝4.3/531$$
$$＝0.8\%$$

平安财险其他负债的资金成本率如此之低,原因是其他负债中,无成本的

"预收和应付"388 亿元,占比高达 73%(参见表 8－2)。

3. 平安财险 2016 年度利差分析

综合上述计算结果,平安财险 2016 年度的利差分析结果如表 9－4 所示。

表 9－4 平安财险 2016 年度的利差分析

资产投资		负债和权益融资		利差
资产	资产收益率	负债和权益融资	资金成本率	
投资资产 1 961 亿元	4.2%	保险准备金－应收分保准备金 1 315 亿元	－4.9%	9.1%
		忽略不计(保户储金及投资款仅有 1 亿元)		
		其他负债 531 亿元	0.8%	3.4%
		可投资股东权益 114 亿元	0%	4.2%
非投资资产 638 亿元	0%	股东权益中的非投资部分：495 亿元	0%	0%
		应收分保准备金 143 亿元	0%	0%

分析结果说明:

(1) 由于既有承保利润又有投资收益,平安财险保险业务的利差高达 9.1%,这归功于平安财险质地优良的保险业务。

(2) 由于无成本的预收和应付款占比很大,规模较大的其他负债资金成本率只有 0.8%,也为平安财险贡献了不少利润。

(3) 同样,股东投入虽然看起来利差最大,但我们是忽略了股东投入的资金成本的,事实上,股东投入的资金成本非常大,例如,假定财险行业的 ROE 平均为 8%,则考虑公司所得税后,股东投入的资金成本率大致为 10.7%。

(4) 当然,经营财险公司,股东看重的就是通过杠杆,而非仅靠股东投入来获取利润。平安财险正是通过杠杆,而且是质地优良的杠杆(保险业务负债)获得了比较高的利润水平。

第三节 利差分析：寿险公司 与财险公司的区别

这里直接将平安财险公司和中国人寿股份公司的利差分析结果做一对比,如表 9－5 所示,看看产、寿险公司利润来源有何不同。

表 9 - 5   2016 年度平安财险、中国人寿利差对比

业　务　种　类	利差(＝总投资收益率－资金成本率)	
	中国人寿	平安财险
保险业务	0.56％	9.1％
保户投资款业务	－4.24％	忽略
其他负债业务	1.56％	3.4％
股东投入	4.66％	4.2％

从利差分析来看,产、寿险公司主要存在如下区别：

第一,保险业务与保险准备金负债：寿险公司承保业务不可能盈利,资金成本率一定为正；财险公司承保可能盈利,资金成本率可能为负。

第二,保户投资款业务与保户储金及投资款负债：寿险公司多,财险公司极少。保户储金及投资款的资金成本率很高,往往形成亏损,除非遇到资产投资收益率特别高的好年景。

第三,其他负债：财险公司的其他负债占比大幅高于寿险公司,而且在其他负债中,财险公司的无成本负债(预收和应付)占比远高于寿险公司,导致财险公司其他负债资金成本率远低于寿险公司,成为财险公司的重要利源之一。

例如,2016 年 12 月 31 日,

无成本负债(预收和应付)/总负债：中国人寿＝872/23 647＝3.7％；平安财险＝388/2 114＝18.4％；

无成本负债(预收和应付)/其他负债,中国人寿＝872/3 176＝27.5％；平安财险＝388/531.5＝73％。

第四,股东投入：从"总投资资产/总资产"看,寿险公司远高于财险公司(2016 年度,中国人寿 24 409/25 512＝95.7％；平安财险 1 961.5/2 598.5＝75.5％),导致寿险公司股东权益的大部分可用于投资(形成投资资产),而财险公司的股东权益大部分用于经营(形成非投资资产或经营资产)。

第十章 保险公司盈利指标分析

第八、九章分析了保险公司的利润来源,本章在此基础上分析保险公司的盈利指标,先讨论保险公司的净资产收益率 ROE 的构成及其影响因素,然后讨论产险特有的盈利指标"综合成本率"和寿险公司特有的盈利指标"内含价值""新业务价值""新业务价值增长率"和"内含价值营运回报率"。

第一节 保险公司 ROE 的分解及其影响因素

ROE＝净利润/股东权益＝[税前利润×(1－25%)]÷股东权益,其中 25%为保险公司所得税税率。通过查阅保险公司财务报表,可以很轻松地计算出一家保险公司的 ROE,但是,看到计算结果,我们还是很难理解,为何有的公司 ROE 高,有的公司 ROE 低?为何有些年份保险公司的 ROE 普遍较高,有些年份保险公司的 ROE 普遍较低?从影响因素来看,寿险公司 ROE 与财险公司 ROE 有何区别?

所以,在前面两章讨论保险公司利源分析的基础上,这里对 ROE 进行分解,然后详细讨论影响保险公司的 ROE 的因素,即这些因素到底是如何影响保险公司的 ROE 的。

一、保险公司 ROE 的分解

我们先建立一个极端简化的保险公司盈利分析框架:假定保险公司资产规模为 A 且全部为投资资产,资产投资收益率为 R_A;负债规模为 L,负债资金成本率为 R_L;股东权益规模为 E,企业所得税率为 25%。则该公司的

$$\text{ROE} = \frac{(1-25\%)(A \cdot R_A - L \cdot R_L)}{E} = \frac{75\%(E \cdot R_A + L \cdot R_A - L \cdot R_L)}{E}$$

$$= 75\%\left(R_A + \frac{L}{E}(R_A - R_L)\right)$$

我们看一个数字化的例子：假定一家保险公司资产规模 1 000 亿元，全部资产均为投资资产，投资收益率为 6%；通过保险业务负债 800 亿元，总负债的资金成本率为 3%；股东权益为 200 亿元。则该公司的

$$\text{ROE} = 75\% \left[6\% + \frac{800}{200}(6\% - 3\%) \right] = 75\% \times 18\% = 13.5\%$$

即，该公司股东投入 200 亿元，通过保险业务负债 800 亿元，负债成本率为 3%，然后利用股东投入和负债资金共 1 000 亿元去投资，投资收益率为 6%。最终，该公司股东获得的税前回报率为 18%（＝股东投入本身的收益率 6%＋通过保险业务 4 倍杠杆实现的收益率 12%）；缴纳 25% 的所得税后，该公司股东获得的税后回报率为 13.5%。

显然，资产投资收益率 R_A 越高，负债资金成本率 R_L 越低，杠杆率 L/E 越大，保险公司的 ROE 越高。

所以，影响保险公司 ROE 的主要因素有三个：总投资收益率、资金成本率和杠杆率，下面分别分析这三个因素自身的影响因素及其变化规律，知道这三个因素的变化规律，自然就可以理解保险公司 ROE 的变化规律了。

二、资产投资收益率的影响因素及变化规律

保险公司的资产配置，除少量投资性房地产外，不是债权类资产就是股权类资产，并且以债权类资产为主，股权类资产虽然占比较小但价格波动性较大，因此，保险公司资产的投资收益率主要与债市和股市有关。

就债市而言，无论是短期投资还是长期投资，债权资产收益率主要取决于市场利率，市场利率由资金供求决定。短期而言，资金需求和供给都受政策面影响很大，例如，政府既可以通过扩大政府投资来提升资金需求，也可以通过央行的宽松货币政策和对商业银行的直接指导来扩大货币供给；长期而言，资金需求由科技发展和长期经济增长率决定，资金供给则主要受资金需求的影响。鉴于经济体通常会从高速增长逐渐步入中速增长和低速增长，而政府往往有超发货币的冲动，长期来看，市场利率呈下行走势的概率更大。

就股市而言，股市涨跌取决于股票发行供给和股票投资需求，中国股票发行供给速度主要取决于证监会的股票发行政策，股票投资需求取决于股市资金供给和人们对未来经济发展潜力和上市公司发展潜力的预期，未来趋势不容易判断。

保险公司的投资收益率分为净投资收益率和总投资收益率，净投资收益主要包括债权型资产的利息、股权型资产股利和投资性房地产的净收益，总投资收益＝净投资收益＋投资资产买卖价差收益＋公允价值变动损益－投资资产减值

损失,也就是说,总投资收益率包含了已实现浮动盈亏和部分未实现浮动盈亏,而这里最大的一块"投资资产买卖价差"主要是由股票买卖贡献的。

从净投资收益率来看,由于保险公司以债权投资为主,股权类投资仅占20%左右,因此,保险公司的净投资收益率主要取决于债市。由于保险公司会将多数债权类资产持有至到期,而不是短期炒作债券,因此,市场利率越高,债权类资产利息率就越高,保险公司的净投资收益率就越高。同样因为保险公司投资债券以持有至到期为主,那些经常被媒体报道的、针对短期加杠杆炒作债券而言的所谓债市的熊市和牛市,其实对保险公司投资收益率的影响比行业外人士预计的要小得多。

从总投资收益率来看,总投资收益与净投资收益最大的区别是多了"投资资产买卖价差",这个买卖价差主要是由股票买卖贡献的,因此,保险公司总投资收益率的波动主要来自股市,股市向上的年份,保险公司的总投资收益率大于净投资收益率;股市向下的年份,保险公司的总投资收益率小于净投资收益率。

总体而言,保险公司资产投资收益率的变化规律为:

(1)债市决定净投资收益率,股市决定总投资收益率,因此,股市好时总投资收益率高,股市不好时总投资收益率低。由于中国股市波动巨大,牛短熊长,所以,保险资产的总投资收益率也是牛短熊长。

(2)长期来看,市场利率呈下行走势的概率更大,因此,保险公司的投资收益率长期呈下行趋势的概率更大。不少发达国家的保险业已经经历了利率逐渐下降的过程。

(3)投资收益率更多地受到经济环境、金融市场环境的约束,是保险公司自身所难以把控的。虽然个别公司在个别时间段可在投资收益率上取得一些竞争优势,但我们很难确信这种优势会长期持续,因为,人类在对未来的判断上几乎没有绝对把握。

三、负债资金成本率的影响因素及变化规律

如第八章所述,保险公司的负债资金成本率包括客户成本率和公司成本率两部分,客户成本率主要与产品结构和市场利率有关,公司成本率主要与产品结构和保险公司运营效率有关。即,资金成本率主要受产品结构、公司效率和市场利率的影响。

1. 产品结构

就产品结构而言,如第八、九章利源分析所示,对寿险公司而言,保障性产品占比越高,客户资金成本率越低;对财险公司而言,产品竞争力越强、核保越严格、公司品牌形象越好,则费率越高,资金成本率越低。

此外，保障性产品占比实际上会对寿险公司造成双重影响，保障型产品占比越高，一方面会使客户资金成本率越低，另一方面往往会使公司单位保费的手续费及佣金支出增加，因为相对于长期储蓄类产品，保障型产品的销售难度更高且单均保费较低。但总体而言，保障型产品占比升高，通常会使寿险公司的总资金成本率降低。

2. 运营效率

就运营效率而言，公司运营效率越高，资金成本率越低。

度量运营效率的指标是"（手续费佣金＋业务及管理费）/规模保费收入"或"（手续费佣金＋业务及管理费）/（保险合同准备金＋保户储金及投资款＋独立账户负债）"，即，单位保费或单位负债的营运成本越低，公司营运效率越高。

但事实上，不同公司之间的产品结构不同，进而导致销售难度和管理复杂度不同，导致不同公司之间的营运效率很难直接比较。

比如，我在计算中就发现，无论是"（手续费佣金＋业务及管理费）/规模保费收入"还是"（手续费佣金＋业务及管理费）/（保险准备金＋保户储金及投资款＋独立账户负债）"，平安人寿均高于中国人寿，但我们无法就此认定平安人寿的运营效率低于中国人寿，因为平安人寿的产品结构与中国人寿不同，平安人寿的产品更偏长期保障，销售难度和管理复杂度均高于中国人寿。

也就是说不同公司之间比较运营效率，理论上需要将其产品结构先调整到相同的状态。

3. 市场利率

（1）市场利率变动对增量负债成本率的影响。利率升高，新保费资金成本升高，反映为普通寿险预定利率升高、分红险分红增加、万能险结算利率升高等；反之，利率下降，新保费资金成本下降。

（2）市场利率变动对存量负债成本率的影响。对普通寿险负债而言，市场利率水平下降，保单准备金的合理估计负债的折现率下降，营业支出的中"提取保险责任准备金"增加，资金成本率上升；反之，市场利率上升，资金成本率下降。

现实中确实如此，普通寿险负债成本与利率反向运动，对保险公司盈利影响很大。例如，2016 年，由于 750 日移动平均国债到期收益率下降，导致普通寿险负债的折现率下降，中国人寿发布公告称："2016 年度，因折现率假设变化导致公司增加准备金 142.62 亿元，由此减少税前利润 142.62 亿元。"

对非普通寿险负债而言，市场利率水平下降，分红险分红减少、万能险结算利率下降，资金成本率下降；反之，市场利率水平上升，资金成本率上升。

对这部分内容不太熟悉的读者可以重新阅读第一章关于保险负债的内容。

四、杠杆是把双刃剑

从 ROE 计算公式可以看出,杠杆是把双刃剑:如果资产投资收益率大于负债资金成本率,即利差为正,此时杠杆是有利的。而且,杠杆率 L/E 越高,ROE 越高;反之,如果利差为负,此时杠杆是不利的。而且杠杆率 L/E 越高,ROE 越低,甚至为负,即发生亏损。

当然,保险公司杠杆率的大小受到保监会的控制,事实上,杠杆率与偿付能力反向变化,保监会控制了偿付能力,也就控制了杠杆率。例如,2016 年年底,中国人寿 $L/E = 7.8$,综合偿付能力充足率＝297％;平安财险 $L/E = 3.3$,综合偿付能力充足率＝267％。显然,保险公司提高杠杆率,将会降低偿付能力充足率。

此外,由于寿险公司杠杆率通常大于财险公司,所以,寿险公司更容易受到宏观经济和市场利率变动的影响,也就是说,在同样的宏观经济和市场利率变动下,寿险公司业绩波动远大于财险公司。

五、市场利率对保险公司盈利的影响:以利率下降为例

显然,市场利率变动既会影响资产投资收益率,也会影响负债资金成本率,前面已经讨论了市场利率变动对资产投资收益率和负债资金成本率的影响,但讨论相对简单,在讨论资产投资收益率时未区分存量资产与新增资产。

这里,我们从时间轴的角度,讨论当利率逐渐下降时,对保险公司总投资收益率和资金成本率的综合影响,同时考虑存量资产(负债)和增量资产(负债)。之所以选择利率下降情形,是因为无论当前还是未来,保险业主要面临的就是利率走低的经济环境。

1. 利率下降对总投资收益率的影响

利率下降,债权性资产的投资收益率在存量固定利率资产的作用下缓慢下降,股市的利率效应抬升股价,总投资收益率上升(寿险产品与短期银行理财产品相比形成竞争优势,大量获取保费)。

如果利率持续下降或多年处于低位,则债权资产收益率下降,股市的低利率效应消失,寿险公司总投资收益率向下(寿险公司与其他金融机构争夺客户的竞争优势丧失)。

2. 利率下降对资金成本率的影响

非固定利率负债的资金成本可随市场利率变动,但也受市场竞争和保底收益率的约束,有一定的刚性。即市场利率下降时,寿险公司的分红险、万能险资金成本率有一定的刚性(因为面临银行存款利率、银行理财产品预期收益率的激烈竞争),下降速度低于市场利率降速。

对于固定利率负债而言，利率下降，增量负债的资金成本率可随市场利率变动，但存量负债的资金成本率则是刚性的，无法下降。

3. 综合影响

市场利率下降，总投资收益率和资金成本率并非同步同向变动，市场利率的持续下降会使寿险公司出现利差损。

4. 结论

（1）市场利率持续走低对寿险公司不利：总投资收益率下降，普通寿险负债的资金成本率刚性，会造成普通寿险负债的利差损，存量普通寿险负债越多，利差损越严重。

（2）利率下降对财险公司也不利：尽管对承保利润或者资金成本率影响不大，但降低了总投资收益率，利差收益缩小。

（3）总体而言，利率下降对寿险公司的影响大于财险公司。原因是，寿险公司资金成本率主要受利率的影响，但财险公司的资金成本主要与企业经营有关，受利率影响很小。此外，寿险公司杠杠远大于财险公司，大约是 1.5～2 倍，杠杆会放大上述影响。

第二节　财险公司盈利指标：综合成本率

一、财险公司特色与综合成本率

由于财险公司主营短期保障性保险，这就使得财险公司的赔付成本或风险成本只占保费收入的一部分，大概比例在 50％～60％，经营好的话，"风险成本＋营运成本"也低于保费收入，进而创造承保利润。

而寿险公司的产品以长期储蓄性保险为主，其赔付成本或风险成本占保费的比例在 100％左右，几乎所有寿险公司的"风险成本＋营运成本"都会超出保费收入，无法创造承保利润。

财险公司这一经营特色，使其看起来更像是实体经济企业而非金融机构，在不需要考虑资产的投资收益的情况下，通过保费收入扣除各项支出就可以获得利润。于是，产险行业通行的做法就是直接对承保业务进行业绩核算，指标是综合赔付率和综合成本率。计算公式为：

$$综合赔付率＝风险成本/承保收入$$
$$综合成本率＝（风险成本＋营运成本）/承保收入$$

二、案例：平安财险 2016 年度的综合成本率

在第八章的利源分析中，我们已经详细计算了平安财险 2016 年度的承保利

润,如表 10 - 1 所示(原表 8 - 3)。

表 10 - 1　平安财险 2016 年度承保利润计算表

科目			金额/亿元	
承保收入		已赚保费	1 533.5	1 534.4
		汇兑损益	0.9	
承保支出	保险业务风险成本	赔付支出－摊回赔付支出	843.6－88.6	834.4
		提取保险责任准备金－摊回保险责任准备金	68－(－11)	
		提取农险准备金	0.4	
	保险业务营运成本	税金及附加	40	635.8
		手续费及佣金支出	255.2	
		业务及管理费	396.6	
		分保费用－摊回分保费用	0.1－60.6	
		非投资资产减值损失	4.5	
承保利润		承保收入－承保支出		64.2

注:如第八章所述,我们假定汇兑损益都是由承保业务引发的,所以将汇兑损益计入了承保收入。

根据上表数据,可以计算出:

综合赔付率＝保险业务风险成本/承保收入

$$=834.4/1\ 534.4$$

$$=54.4\%$$

综合成本率＝(风险成本＋营运成本)/承保收入

$$=(834.4+635.8)/1\ 534.4$$

$$=95.8\%$$

上述计算结果表示,2016 年度,平安财险公司每 100 元承保收入中,赔付成本为 54.4 元,综合成本为 95.8 元,承保利润为 4.2 元。

需要说明的是,这里的计算结果与第二章第四节略有不同,唯一区别如第八章第二节中所述,这里的承保收入＝已赚保费＋汇兑损益,而第二章第四节中的承保收入＝已赚保费。对于平安财险而言,2016 年度的汇兑损益为 0.9 亿元,导致结算结果与第二章略有差异,综合成本率相差了 0.1%。

可以看出,对财险公司的承保业务,通过观察其综合成本率、综合赔付率,其经营绩效就一目了然了。所以,上市的财险公司在年报中披露其主要经营指标时,就会披露其综合成本率和赔付率(或综合赔付率)。

表 10 - 2 是中国平安保险集团在其 2016 年报中披露的平安产险的主要业务数据,看了这些数据,平安财险的经营情况就非常清晰了:已赚保费、赔付支出反映的是保费收入和主要支出的规模;未到期责任准备金、未决赔款准备金反映的是存量债务(或主要投资资产)的规模;净投资收益率、总投资收益率反映的投资资产的投资绩效;综合成本率和赔付率反映的是承保业务的绩效或盈利状况;综合偿付能力充足率反映公司是否满足偿付能力监管要求。

表 10 - 2　2016 年平安产险主要业务数据和监管指标

(人民币百万元)	2016 年	2015 年	2014 年
产险业务			
已赚保费	153 556	134.219	109.610
已赚保费增长率/%	14.4	22.5	20.1
净投资收益率/%	6.8	6.3	5.3
总投资收益率/%	4.8	6.5	5.6
未到期责任准备金	90 614	82.610	72.154
未决赔款准备金	63 053	56.254	43.629
赔付支出	84 522	74.474	65.132
综合成本率/%	95.9	95.6	95.3
赔付率/%	54.4	56.7	57.7
平安产险综合偿付能力充足率/%	267.3	269.5	164.5

三、本书计算公式与上市公司的区别

细心的读者应该看过上市保险公司的年报,年报中会披露赔付率和综合成本率的计算公式,例如,中国平安年报里就披露了这两个公式,分别为:

赔付率＝(赔付支出－摊回赔付支出＋提取保险责任准备金－摊回保险责任准备金)/已赚保费

综合成本率＝(赔付支出－摊回赔付支出＋提取保险责任准备金－摊回保险责任准备金＋分保费用＋非投资相关的税金及附加＋保险业务手续费及佣金支出＋非投资相关的业务及管理费－摊回分保费用＋非投资资产减值损失)/已赚保费

上述公式与我提供的公式略有不同,主要区别是:

(1) 平安保险公司将手续费及佣金支出、业务及管理费、税金及附加分拆为投资活动相关部分和非投资相关部分,实际上是将平安财险的开销分为保险业务开销和投资业务开销。考虑到投资业务的开销与保险业务开销相比极低,甚至可以忽略不计,而且外部人士不容易获得其投资业务的开销数据,这里没有分拆。

（2）本文计算公式的分母中考虑了汇兑损益，上述公式计算时没有考虑。理论上应该将汇兑损益区分为承保业务汇兑损益、投资相关汇兑损益，然后在分母中计入承保业务的汇兑损益，本文其实是假设所有汇兑损益都来自承保业务来计算的。不过，由于平安财险的汇兑损益很小，对计算结果几乎没有什么影响。

四、财险公司综合成本率的影响因素

综合成本率是财险公司承保业务的核心盈利指标，主要受产品定价（费率）、风险成本率（或综合赔付率）和营运成本率的影响。

就产品定价而言，显然，保险产品定价越高，综合成本率越低！定价能力取决于公司的品牌实力，品牌实力与公众认知和心智有关，让大家觉得你很牛且非常可靠，你占据了消费者在保险品类上的心智，你就有了定价能力，可获得品牌溢价！例如，中国平安的保险业务就通过综合金融等手段提高了公众认知，占领了人们的心智，品牌实力很强。经常听到有人说："很多客户，比来比去，最后还是选择了平安的产品。"品牌价值的简单度量公式是：品牌价值＝价值×人数×频次，即单位产品的内含价值越高，认可人数越多、购买频率越大，品牌价值就越高。

就风险成本率而言，显然，核保越严格，理赔管理越到位，越能够控制逆选择和道德风险，单位保费的风险成本越低，赔付率或风险成本率越低，综合成本率就越低。

就营运成本率而言，显然，运营效率越高，即单位保费或单位负债的营运成本越低，营运成本率越低。保险公司通常会采用后台集中，加强考核管理、企业文化建设等手段来提高公司运营效率。此外，好品牌也可以降低交易成本，降低手续费佣金比率，进而提高运营效率。

第三节　寿险公司盈利度量：内含
价值与新业务价值

一、度量寿险公司盈利：年度利润的缺陷

与财产保险产品和一般商品相比，寿险产品最大的特点是"期限长"，而且，很多长期寿险保单采取期交保费方式收取保费。

由此，寿险公司长期保单一旦卖出去，一是会产生续期保费，二是会有很长的保险期限，在整个保险期限内，这些长期保单会持续为寿险公司增加保费流入、保险准备金和投资资产，每年都会为寿险公司创造利润。

读者可以回忆一下我们在第一章中讨论过的"剩余边际"概念,剩余边际其实就是藏在保险准备金中的保单利润,将在未来保险现期限内逐年释放为会计利润。中国平安在其 2016 年报中就披露,截至 2016 年 12 月 31 日,平安寿险的剩余边际余额为 4 546.77 亿元,2016 年剩余边际摊销为 381.98 亿元,即 2016 年平安寿险从累计的剩余边际中释放利润 381.98 亿元。

　　也就是说,寿险公司其实与财险公司以及其他公司的经营大不相同:① 财险公司的产品期限通常是 1 年,产品销售之后会给财险公司贡献 1 年(但会跨越两个会计年度)的利润;② 其他公司的产品(比如手机)没有产品期限这一问题,产品销售那一刻就为公司贡献了自己所有的利润;③ 寿险产品则期限特别长,一批寿险产品销售之后会给寿险公司贡献保险期限那么长时间的利润(当然,保单前几年贡献的可能是亏损)。

　　尽管寿险经营具有上述特点,即寿险公司已经握在手里的长期保单不但会给当年创造利润,还隐含着大量的未来逐渐释放的利润,但是,在度量寿险公司盈利时,常规的年度会计利润仅仅反映了前者,即公司累积业务创造的当年盈利,忽略了后者,即未来逐渐释放的利润。

二、内含价值的思路和优势

　　于是,寿险行业逐渐采用内含价值来度量寿险公司的盈利。这里声明:这部分只是要说明内含价值的思路,并非内含价值的准确构成。

　　内含价值的思路,是要反映截至评估日的、寿险公司所有未到期保单在未来保险期限内为公司股东创造的价值。内含价值弥补了年度利润的不足之处,反映了寿险业主营长期业务的特点。

　　为了进一步理解内含价值的思路,请你设想一家"红杰寿险公司",该公司 2010 年成立,保险业务均为 10 年交费、保险期限为 30 年的重大疾病保险保单,假设从 2010 年开始每年都有保费收入,没有断交保费和退保的情况。

　　截至 2016 年 12 月 31 日,该公司手里握有的保单绝大多数都未到期(少量发生重疾或死亡事故的保单赔付后保单就终止了),包括 2010 年、2011 年、2012 年、2013 年、2014 年、2015 年和 2016 年销售的保单,这些保单未来仍会产生续期保费。

　　假设 2016 年 12 月 31 日时,红杰寿险公司经过核算,当年产生了 2 亿元的会计利润,这 2 亿元利润,实际是指该公司所有未到期保单在 2016 年为公司创造的利润。而所有这些保单都是未到期的,在未来 30 年内会逐渐到期。也就是说,在未来 30 年内,这些保单还会源源不断地为红杰寿险公司贡献利润。

所谓内含价值思路,是指 2016 年 12 月 31 日红杰寿险公司的盈利,应该包括截至 2016 年 12 月 31 日,所有未到期保单在未来 30 年内为公司贡献的利润的现值之和。

显然,内含价值反映了红杰寿险公司长期业务的特点,克服了年度利润的缺陷。

需要注意的是,细心的读者可能已经看出来了,内含价值的思路是去度量某一时点寿险公司的未来利润,而会计利润度量的是某一年或某一季度寿险公司的利润。前者是时间点的值,后者是时间段上的值。

三、内含价值的构成

上面只是介绍了内含价值的思路以及与利润的区别,下面详细介绍内含价值的构成与核算。

寿险公司均按照中国精算师协会 2016 年发布的《精算实践标准:人身保险内含价值评估标准》(中精协会 2016 年 36 号文)进行内含价值的界定和核算。因此,这里就按照这份文件的规定来介绍内含价值的构成。

按照《精算实践标准:人身保险内含价值评估标准》,内含价值,是指在充分考虑总体风险的情况下,适用业务及其对应资产产生的现金流中股东权益的现值。适用业务是指可采用本方法评估内含价值的业务,主要指保险公司的保险业务和保户投资款业务。

内含价值由三部分组成:要求资本、自由盈余和"有效业务价值扣除要求资本成本"。

1. 要求资本

按照《精算实践标准:人身保险内含价值评估标准》,要求资本,是指适用业务对应的所有资产价值中,扣除适用业务对应的所有负债,在评估日受到相关法律法规和公司内部管理的限制,不能分配给股东的金额。

解释:适用业务对应的资产－对应的负债＝适用业务对应的净资产,要求资本指的是适用业务对应的净资产中,按照监管规定或公司内部规定不能分配给股东的部分,其实就是指适用业务的法定最低偿付能力额度或最低要求资本金额,当然也可能会更高,以满足内部资本管理要求。

2. 自由盈余

按照《精算实践标准:人身保险内含价值评估标准》,自由盈余,是指适用业务对应的资产价值中,扣除适用业务对应的所有负债,超过该适用业务要求资本的金额。

解释:自由盈余＝适用业务的对应资产－对应负债－要求资本。显然,自由盈余＋要求资本＝适用业务的对应资产－对应负债。

3. 有效业务价值－要求资本成本

按照《精算实践标准：人身保险内含价值评估标准》，有效业务价值，是指有效适用业务及其对应资产未来产生的现金流中股东利益在评估时点的现值，产生现金流的资产基础为支持有效适用业务的相应负债的资产。

解释： 有效业务价值＝有效适用业务的未来利润的现值，这正是本节第二部分所说的内含价值思路。

按照《精算实践标准：人身保险内含价值评估标准》，要求资本成本，是指在评估时点适用业务的要求资本与其未来每期变化额（期末－期初）的现值之和，计算中需要考虑要求资本产生的未来税后收益。

解释： 这是《精算实践标准：人身保险内含价值评估标准》中的原话，但我怀疑是写错了，因为这里要计算的是"要求资本的成本"，而不是"要求资本"。而公司持有要求资本的成本，基本含义是机会成本，计算方法比较复杂（可看周国端所著的《保险财务管理：理论／实务／案例》第357页），大致意思是：要求资本成本＝资本要求的投资收益－实际税后投资收益，即持有要求资本所损失的机会成本。

总之，内含价值＝要求资本＋自由盈余＋有效业务价值扣除要求资本成本。

四、人身险公司对其内含价值的实际核算

人身险公司在核算自身的内含价值时，通常将上述第一、二项合并，即将要求资本和自由盈余合并，称为"经调整的净资产价值"，于是，

内含价值＝经调整的净资产价值＋扣除要求资本成本后的有效业务价值。

1. 经调整的净资产价值

直观来看，要求资本是最低要求资本，加上自由盈余，就是人身险公司的净资产，这里所说的调整，按照上市公司年报的说法，是指"对于资产的市场价值和账面价值之间税后差异所做的相关调整，以及对某些负债的相关税后调整"。

2. 扣除要求资本成本的有效业务价值

如前所述，有效业务价值是指在评估日现有的有效业务预期产生的未来现金流中股东权益贴现的计算价值。

在计算有效业务价值时应注意如下两点：

（1）有效业务价值包括有效业务的续保产生的价值，但不包括评估日后未来新业务贡献的价值。

（2）计算未来现金流中股东利益的现值时使用的折现率，等于无风险利率加上一定的风险溢价，称为"风险调整后的折现率"或"风险折现率"。保险公司应当根据十年期国债收益率或其他合理的利率确定采用的无风险利率。风险溢

价应当反映未来现金流的风险情况，人身险公司通常会使用"风险调整后的折现率"或"风险折现率"对投资保证成本、保单持有人选择权成本、资产负债不匹配风险、信用风险、运营经验波动的风险和资本的经济成本做隐含的反映。显然，风险折现率越高，有效业务价值越低。

如前所述，要求资本成本是指要求资本的成本，计算方法可参看周国端所著的《保险财务管理：理论/实务/案例》第 357 页。

3. 内含价值的计算假设

从精算角度来看，内含价值是基于一组关于未来经验的假设，以精算方法估算的一家保险公司的经济价值。

这些假设包括风险折现率、投资回报率、企业所得税税率、死亡率、发病率、意外发生率、保单失效率、保单获取费用、保单维持费用、分红率等。

例如，中国平安在计算其 2016 年 12 月 31 日的寿险业务的内含价值时，假设：所得税率为 25％；投资回报率从 4.75％开始，每年增加至 5％后保持不变；风险调整后的折现率为 11％；男性和女性的经验死亡率分别按《中国人寿保险业经验生命表（2000—2003）》非年金男性表和女性表的 65％和 65％为基准计算。就年金产品而言，进入领取期后的经验死亡率分别以《中国人寿保险业经验生命表（2000—2003）》年金男性表和女性表的 60％和 50％为基准计算；等等。

五、新业务价值

同样依据《精算实践标准：人身保险内含价值评估标准》，新业务价值，是指在报告期间销售的新保单在签单时的价值，新业务价值应包括新业务预期续保和预期合同变动的价值。计算新业务价值时，应当考虑要求资本成本。

新业务价值的理念其实与有效业务价值完全相同：① 有效业务价值，是某一评估时点所有未到期保单未来利润的现值之和，扣除要求资本的成本；② 新业务价值，是指某一报告期间，如某个季度、某一年内销售的所有新保单在签单时的价值之和，这个价值同样是签单时该保单未来利润的现值，扣除要求资本成本。

显然，根据报告期间的不同，新业务价值会体现为：一年新业务价值、一季度新业务价值、单月新业务价值、单天新业务价值等等。例如，一年新业务价值，就是指截至评估日前一年的所有新业务各自签单时预期产生的未来现金流中股东利益折现的计算价值之和，再扣除资本成本后余值。

在计算新业务价值时，保险公司会采取与计算内含价值一致的各种假设。

六、内含价值和新业务价值报告示例

我国的上市保险公司会公布其内含价值和新业务价值，但非上市保险公司几乎不公布内含价值和新业务价值。表 10 - 3 为中国人寿 2016 年年报中披露的截至 2016 年 12 月 31 日的内含价值、2016 年一年新业务价值以及 2015 年的对应结果。

中国人寿在计算其 2016 年 12 月 31 日的内含价值时，假设：所得税率为 25％；投资回报率从 4.6％开始，每年增加 0.2％至 5％后保持不变；风险调整后的折现率为 10％；死亡率、发病率、退保率、费用率等运营假设综合考虑该公司最新运营经验和未来预期确定。

表 10 - 3 显示，截至 2016 年 12 月 31 日，中国人寿的内含价值估计值为 6 520.57 亿元，其中，经调整的净资产价值为 3 495.28 亿元（为要求资本与自由盈余之和，略高于其账面净资产价值 3 025.86 亿元），扣除要求资本成本后的有效业务价值为 3 025.3 亿元（＝有效业务价值 3 323.17 亿元－要求资本成本 297.87 亿元）。

表 10 - 3　中国人寿的内含价值新业务价值

内含价值和一年新业务价值的构成		人民币百万元
项　　目	2016 年 12 月 31 日	2015 年 12 月 31 日
A　经调整的净资产价值	349 528	268 729
B　扣除要求资本成本之前的有效业务价值	332 317	335 500
C　要求资本成本	(29 787)	(43 951)
D　扣除要求资本成本之后的有效业务价值(B+C)	302 530	291 549
E　内含价值(A+D)	**652 057**	560 277
F　扣除要求资本成本之前的一年新业务价值	53 952	35 684
G　要求资本成本	(4 641)	(4 155)
H　扣除要求资本成本之后的一年新业务价值(F+G)	**49 311**	31 528

表 10 - 3 显示，2016 年中国人寿的新业务价值为 493.11 亿元，等于"扣除要求资本成本之前的一年新业务价值 539.52 亿元"减去"要求资本成本 46.41 亿元"。

七、内含价值和新业务价值的缺陷

内含价值和新业务价值的优势是考虑了寿险业务长期性的特点，缺陷是估计成分极大，不可能准确。

寿险公司的年度利润其实也是一个估计值，计算利润中最不准确的变量就是提取保险责任准备金，因为在估计准备金时做了一系列的假设，但其他变量还算实在。

但在内含价值计算中，又考虑了未来续期保费，还考虑了未来所有的经营风险,然后通过折现率来体现,所以,估计的成分更大。

第四节　寿险公司盈利指标:新业务价值增长率和内含价值营运回报率

我国寿险公司越来越多地用新业务价值增长率来描述自身的经营业绩,内含价值营运回报率则是一个新鲜的指标,2017 年半年报中,中国平安首次披露了寿险和健康险业务的内含价值营运回报率。

表 10 - 4 是中国平安 2017 年半年报的财务摘要中对寿险及健康险业务、财产保险业务披露的主要数据。可以看出,对财产保险业务,中国平安主要用净资产收益率、综合成本率这两个比率指标来反映其经营绩效;对寿险及健康险业务,则首次主要用内含价值营运回报率反映其经营绩效,取代了以往使用的已赚保费增长率、净投资收益率和总投资收益率。

表 10 - 4　2017 上半年平安保险业务财务摘要数据

(人民币百万元)	截至 2017 年 6 月 30 日 止 6 个月 / 2017 年 6 月 30 日	截至 2016 年 6 月 30 日 止 6 个月 / 2016 年 12 月 31 日	变动(%)
寿险及健康险业务			
内含价值营运回报率(非年化,%)	21.8	17.6	上升 4.2 个百分点
上半年新业务价值	38 551	26.370	46.2
内含价值	446 600	360.312	23.9
净利润	23 806	17.470	36.3
净资产	148 615	114.566	29.7
退保率(%)(2)	1.1	1.0	上升 0.1 个百分点
平安寿险剩余边际	545 329	454.677	19.9
平安寿险综合偿付能力充足率(%)	232.6	225.9	上升 6.7 个百分点
财产保险业务			
净资产收益率(非年化,%)	10.5	11.3	下降 0.8 个百分点
净利润	6 895	6.868	0.4
净资产	67 191	63.649	5.6
未到期责任准备金	99 208	90.496	9.6
未决赔款准备金	75 057	62.667	19.8
综合成本率(%)	96.1	95.3	上升 0.8 个百分点
综合偿付能力充足率(%)	245.4	267.3	下降 21.9 个百分点

因此,下面讨论新业务价值增长率和内含价值营运回报率这两个寿险业特有的盈利指标。

一、新业务价值增长率

新业务价值增长率就是指保险公司的新业务价值同比增长多少。例如,平安的寿险与健康险业务 2016 年、2017 年上半年的新业务价值分别为 263.7 亿元、385.5 亿元,则其新业务价值增长率为 46.2%[＝(385.5－263.7)/263.7]。

新业务价值,是指某一报告期间所有新保单在签单时的归属于股东的价值之和,新保单签单时的股东价值,是指签单时该保单未来利润的现值,扣除要求资本成本。

新业务价值反映的是保险公司创造新价值的能力,因此,新业务价值增长率反映了保险公司创造新价值的速度。新业务价值增长率越高,说明该公司创造新价值的速度越高,股东价值增长越快。

二、内含价值营运回报率

我们先看看内含价值营运回报率的计算公式,再剖析其含义。

内含价值营运回报率＝本期保险业务内含价值营运利润/期初内含价值

其中,本期保险业务内含价值营运利润＝期初内含价值的预计回报＋新业务价值创造＋营运假设及模型变动＋营运经验差异及其他

1. 期初内含价值的预计回报

由于"期初内含价值＝期初经调整的净资产价值＋期初扣除要求资本成本后的有效业务价值",因此,在本期间内,期初内含价值的预计回报,应该是指预计的本期间内期初内含价值自身的增值,增值包含两部分:一是"期初经调整的净资产"本身会增值,二是"期初扣除要求资本成本后的有效业务价值"会减值或者增值。

2. 新业务价值创造

由于新业务价值是指某一报告期间,所有新保单在签单时的扣除要求资本成本后未来利润的现值,因此,新业务价值创造,就是指本期间的新业务价值。但考虑到新业务与老业务或公司其他业务之间存在风险分散效应,会降低其资本要求或要求资本成本,因此,新业务价值创造＝本期间新业务价值＋风险分散效应。

3. 营运假设及模型变动＋营运经验差异及其他

此外,由于期初内含价值的预计回报是在期初预计值,新业务价值是所有新保单签单时估计的股东价值之和,因此,本期结束时,应该按照实际情况或经验,对期初内含价值的预计回报和新业务价值进行调整,就出现了"营运假设及模型变动"和"营运经验差异及其他"两个调整项。

4. 内含价值营运回报率

整体来看,内含价值营运利润反映了报告期内内含价值的增长额,内含价值营运回报率则反映了报告期内该公司内含价值的增长率。

打个比方,可以将期初内含价值视为期初本金,保险公司拿这些钱去做生意,经过报告期的经营,期初本金增加了内含价值营运利润那么多,显然,"报告期赚的钱/期初本金",或"内含价值营运利润/期初内含价值"就类似于投资回报率或净资产收益率。

与一般的净资产收益率不同的是,内含价值营运利润和期初内含价值,都是部分已经到手,部分会在后续经营中可预计地得到,都存在不确定性,这正好反映了寿险业务期限长的特点。

三、案例:中国平安 2017 上半年内含价值营运回报率计算

表 10 - 5 给出了中国平安对于其寿险及健康险业务内含价值营运回报率的计算数据和计算过程。

表 10 - 5　中国平安 2017 上半年内含价值营运回报率计算

(人民币百万元)		2017 年	说　　明
寿险及健康险业务 2016 年 12 月 31 日的内含价值	[1]	**360 312**	
年初内含价值的预计回报	[2]	**17 641**	2017 上半年的内含价值预期增长
新业务价值创造	[3]	**48 544**	
其中:上半年新业务价值		**38 551**	2017 上半年销售的新业务的价值,资本要求计算基于保单层面
风险分散效应		**9 993**	在公司整体层面计算资本要求,降低资本要求和资本成本
营运假设及模型变动	[4]	**90**	
营运经验差异及其他	[5]	**12 380**	营运经验优于假设
寿险及健康险业务内含价值营运利润	[6]=[2]+⋯ +[5]	**78 654**	
经济假设变动	[7]	**0**	
市场价值调整影响	[8]	**(2 125)**	期初到期末市场价值调整的变化
投资回报差异	[9]	**15 981**	2017 上半年综合收益口径的实际投资回报高于假设回报

(续表)

(人民币百万元)		2017 年	说　明
寿险及健康险业务内含价值利润	[10]=[6]+…+[9]	92 511	
股东股息		(6 223)	平安寿险向股东支付股息对公司的影响
寿险及健康险业务 2017 年 6 月 30 日的内含价值		446 600	
寿险及健康险业务内含价值营运回报率(非年化)	[15]=[6]/[1]	21.8%	

数据来源：中国平安 2017 年半年报。

可以看出，

$$内含价值营运利润=期初内含价值的预计回报+新业务价值创造+营运假设及模型变动+营运经验差异及其他$$
$$=176.41+485.44+0.9+123.8$$
$$=786.55 \ 亿元$$

$$内含价值营运回报率=本期保险业务内含价值营运利润/期初内含价值$$
$$=786.55/3\ 603.12$$
$$=21.8\%$$

2017 年上半年寿险及健康险业务的内含价值营运回报率为 21.8%，意思是说，2017 年年初，股东拥有的内含价值为 3 603.12 亿元，经过半年经营，不考虑市场价值调整、投资收益调整以及向股东支付的股息，股东拥有的内含价值增加了 21.8%。

第 五 部 分

保险公司风险管理分析

第十一章　保险公司风险管理

第一至第四部分,或第一章至第十章,主要讲保险公司是如何赚钱的,如何判断其盈利水平。但是,保险公司经营既要考虑自身的盈利水平,也要考虑自身的风险水平,两者需要平衡,也就是既要赚钱又不要出大事。监管机构、投资者、客户等外部人士看保险公司也是如此,既要看其盈利水平,也要看其风险水平,因为,挺能赚钱但风险很高的公司,可能在外部环境剧烈变动时轰然倒塌,进而损害投资者和客户的利益。

接下来的五章,主要讨论保险公司的风险管理。第十一章讨论保险公司的面临的主要风险,这些风险对保险公司的影响,以及保险公司通常如何管理。但是,无论保险公司如何管理风险,总会有剩余风险,将风险管理到接近零的地步,公司就只好关门啥都不做了,保险公司需要在风险管理成本与承担剩余风险的成本之间进行权衡,以便尽可能降低风险管理总成本,因此,第十二章和第十三章专门讨论剩余风险的管理,即资本管理或偿付能力管理。基于偿二代二期监管规则,第十二章介绍保险公司实际资本计量和分级方法,第十三章说明保险公司最低资本的计量方法。此外,即便保险公司能够赚钱,资本也是充足的,但仍然可能会出现流动性问题,甚至会因为流动性问题而倒闭,因此,第十四章专门讨论保险公司流动性风险管理。最后,第十五章对保险公司(季度)偿付能力报告进行解读分析。

保险公司的风险分类有很多种,本章将保险公司面临的风险分为保险风险、市场风险、信用风险和流动性风险。具体而言,将实际赔付超出保险负债的账面价值的风险称为保险风险;将金融资产的价格波动风险如利率风险、股价风险和汇率风险称为市场风险;将交易对手或某金融工具的发行机构不能履行义务而使保险公司遭受损失的风险称为信用风险;将保险公司不能获得足够的资金来归还到期负债的风险称为流动性风险。

本章第一节介绍保险风险及其管理,第二节介绍市场风险及其管理,第三节介绍信用风险、流动性风险及其管理,第四节引入资本管理。

第一节　保险风险及其管理

一、保险风险的来源

保险风险,简单而言,就是指对保险公司来说,保费收入是确定的,但未来对客户的赔付支出是不确定,存在收不抵支的风险。即,保险风险主要指保险负债的不确定性。

保险公司可以通过承保大量标的来降低保险风险。显然,如果保险人只承保单个风险,由于未来赔付是不确定的,保险赔付不是小于,就是大于保费收入,必定面临保险风险。幸运的是,保险人承保的保险业务是一个风险集合,在大数定律作用下,保险人承保风险集合有助于实现保费收入与未来支出的平衡。但是,保险公司承保同类标的数量不可能达到大数定律的理想情形,仍然存在剩余保险风险,即对于风险集合而言,风险集合的总赔付仍然是不确定的,存在总支出超过总收入的可能性。

二、体会保险风险

体现在保险公司财务报表中,保险风险就是指实际赔付超出保险负债账面价值的可能性。也就是说,在保险公司的资产负债表和利润表中,保险合同准备金和提取保险责任准备金虽然看起来是一个数值,但其代表的未来实际赔付是不确定的,保险公司面临实际赔付超出保险负债账面价值的风险。

以寿险公司为例,寿险公司的保险合同准备金主要包括寿险责任准备金和长期健康险责任准备金,在资产负债表中是一个确定的数值,是依据财政部颁布的《保险合同相关会计处理规定》计算的,计算中假设了死亡率、发病率、退保率和折现率等重要参数(读者可以参看本书第二章的相关内容)。但事实上,这些参数在未来都是不确定的,进而导致资产负债表中的寿险责任准备金和长期健康险责任准备金、利润表中的提取保险责任准备金存在不确定性。

为了体会保险风险,这里以中国人寿为例,看看上述假设参数的变化,或者说保险风险对保险公司经营结果会有何影响。以下数据来自中国人寿2016年报:

第一,2016年度,假定其他变量不变,死亡率假设和发病率假设提高(或降低)10%,预计将导致中国人寿提取保险责任准备金增加(或减少),或税前利润减少167亿元(或增加175亿元);

第二,2016年度,若其他变量不变,退保率假设比当前假设提高(或降低)10%,预计将导致中国人寿税前利润减少28亿元(或增加29亿元);

第三，2016 年度，若其他变量不变，（准备金）折现率假设比当前假设提高（或降低）50 个基点，预计将导致中国人寿税前利润增加 576 亿元（或减少 654 亿元）。

三、保险风险的管理

对于保险风险，保险公司通常会从定价策略、承保策略、再保险安排、理赔管理和剩余风险管理等几方面进行管理。

第一，定价策略：为了避免定价过低增大保险风险，保险公司可以运用最新的经验数据，定期进行经验分析和趋势研究，不断调整和改进定价和精算假设。

第二，承保策略：保险公司可以通过严格核保，尽可能排除风险偏高的业务、防范逆选择风险；可以通过承保更多同质标的，降低实际发生赔付和预期赔付之间的偏差；也可以采取风险分散策略，通过承保地域不同、行业不同、标的不同、风险不同的业务来分散风险。

第三，再保险安排：可以通过合理设置自留额，通过比例再保险和超赔再保险降低赔付风险；可以选择信用等级高的再保险公司，避免违约风险。

第四，理赔管理：在理赔中甄别、防范欺诈性索赔。

第五，剩余风险管理：通过安排资本来吸收剩余保险风险。

第二节　市场风险及其管理

如前所述，市场风险是指金融资产的价格波动风险，包括利率风险、股价风险和汇率风险等。

一、利率风险及其管理

1. 利率风险的来源

保险公司的资产及其投资收益、负债及提取保险责任准备金都会受到利率变动的影响，也就是说，利率变动同时影响资产负债表和利润表。

第一，保险公司的资产价值和投资收益率会受到利率的影响。受利率影响较大的金融资产主要是债权型投资资产，包括定期存款、债券、贷款等。例如，利率下降将导致保险公司新投资的债权型资产的收益率下降，同时会导致以公允价值计量的债权性资产的账面价值上升。当然，其他资产的价值和投资收益率也会受到利率的影响，如股票资产等。

第二，保险公司负债规模和提取保险责任准备金也会受到利率的影响。利率变化对短期负债（财险产品、短期意外健康险）影响很小；但利率变化会使长期负债(如寿险责任准备金和长期健康险责任准备金)的折现率发生变化,进而对长期负债价值造成很大影响。对负债价值的影响会影响到利润表中的"提取保险责任准备金",进而影响公司利润。

2. 体会利率风险

以中国人寿为例,以下数据来自中国人寿 2016 年报:于 2016 年 12 月 31日,假定其他变量不变且不考虑所得税的影响,市场利率提高(或降低)50 个基点,则,

第一,浮动利率的现金及现金等价物、定期存款、存出资本保证金、债权型投资及贷款资产的利息会增加(或减少);以公允价值计量且其变动计入当前损益的金融资产会产生亏损或收益(公允价值随利率反向变动)。两者影响合并,中国人寿税前利润将增加(或减少)1.6 亿元。

第二,可供出售金融资产公允价值变动,将导致其他综合收益减少(或增加)69 亿元。

第三,利率变化造成准备金折现率变化,如"体会保险风险"中提到的,2016年度,若其他变量不变,(准备金)折现率假设比当前假设提高(或降低)50 个基点,预计将导致中国人寿税前利润增加 576 亿元(或减少 654 亿元)。

可见,利率风险会对寿险公司经营造成巨大的影响,同时影响资产负债表和利润表,进而同时影响保险公司的偿付能力和盈利水平。利率更具体的影响读者可以参看第十章第一节"保险公司 ROE 的分解及其影响因素"。

3. 利率风险的管理

利率风险同时影响资产和负债,如果资产和负债不是同向同幅度变动,例如,利率下跌导致资产价值增幅远低于负债规模增幅,就会导致保险公司的偿付能力和盈利水平同时降低。

因此,利率风险最重要的管理手段,就是调整投资组合的结构和久期,尽可能使资产和负债在利率、期限等方面相匹配。理论上来说,如果资产和负债完全匹配,到期负债由预先安排好的到期资产来支付,就不会有任何利率风险。

但是,资产与负债的完全匹配,第一,现实外部环境不允许,例如,中国金融市场上的金融资产久期普遍低于长期寿险产品的负债久期,寿险公司被迫长债短投;第二,资产和负债完全匹配可能会使保险公司丧失好的投资机会。例如,如果预期利率上升,就不宜在当下利率较低时将资产做长期配置,而是要等到利率升高时再做长期配置。

二、股价风险及其管理

股价风险,主要指股权类资产价格波动的风险。中国资本市场,尤其是股市

波动巨大,给保险公司带来很大的股价风险。

1. 体会股价风险

以中国人寿为例,以下数据来自中国人寿 2016 年报：于 2016 年 12 月 31 日,假定其他变量不变且不考虑所得税的影响,如果中国人寿所有股权型投资资产的价格提高(或降低)10%,则,

第一,以公允价值计量且其变动计入当前损益的金融资产中,股权型投资的公允价值上升(或下降),直接提高(或降低)公司税前利润 33 亿元;

第二,可供出售金融资产中的股权型投资的公允价值变动,将导致中国人寿其他综合收益增加 25 亿元(或减少 28 亿元)。

2. 股价风险的管理

如第十章所述,保险公司总投资收益率的波动主要来自投资资产买卖价差,而投资资产买卖价差主要来自股票买卖价差,也就是说,保险公司总投资收益率的波动主要来自股市的波动,或者说,股价风险对保险投资影响很大。因此,保险公司第一种股价风险管理手段,就是控制股票投资的规模和比例。

此外,保险公司可以通过适当的多样化投资组合来分散股价风险,通过减少投资集中于任何特殊行业或特定发行机构来降低风险。

三、汇率风险及其管理

汇率风险,指金融工具的公允价值或未来现金流量因外汇汇率变动而发生波动的风险。

以中国人寿为例,中国人寿的汇率风险敞口主要包括持有的以记账本位币之外的其他货币计价的现金及现金等价物、定期存款、债权型投资、股权型投资及借款。2016 年 12 月 31 日,中国人寿持有的非人民币金融资产和金融负债的人民币价值如表 11-1 所示。

根据中国人寿 2016 年报,于 2016 年 12 月 31 日,当其他变量保持不变且不考虑所得税影响,如果人民币兑美元、港元、欧元、英镑及其他外币汇率升值(或贬值)10%,则,

第一,因为折算人民币会产生汇兑损益,中国人寿 2016 年税前利润将减少(或增加)4.2 亿元。

第二,可供出售金融资产中以公允价值计量的股权型投资外币折算,会造成其他综合收益减少(或增加)1.7 亿元。

总体来看,我国保险公司的汇率风险较小。

表 11-1 2016 年年底中国人寿的汇率风险敞口

折合人民币百万元 2016 年 12 月 31 日	美元	港币	英镑	欧元	其他	合计
金融资产						
股权型投资	10 874	12 919	1 115	2 475	1 283	28 666
债权型投资	512	—	14	3	13	542
定期存款	6 106	—	—	—	—	6 106
现金及现金等价物	2 685	2 083	145	39	9	4 961
合计	**20 177**	**15 002**	**1 274**	**2 517**	**1 305**	**40 275**
金融负债						
短期借款	—	—	—	731		731
长期借款	13 100	—	2 339	—		15 439
合计	**13 100**	**—**	**2 339**	**731**	**—**	**16 170**

第三节 信用风险、流动性风险及其管理

一、信用风险及其管理

信用风险是指金融交易的一方或某金融工具的发行机构不能履行义务而使另外一方遭受损失的风险,主要指债权类投资的信用风险。

总体而言,保险公司投资渠道和投资资产受到保监会的限制,偿付能力管理规定也引导保险公司投向更安全的投资标的,其投资组合中的大部分是信用等级高的投资标的,如国债、政府机构债券和存放在国有商业银行的定期存款等,信用风险总体较低。

信用风险管理的具体措施包括:

第一,保险公司的债权型投资注重债券发行人的信用等级,例如,2016 年 12 月 31 日,中国人寿持有的企业债券或对应债权发行人,99% 信用评级在 AA/A-2 或以上;中国人寿持有的 99.9% 的次级债信用评级为 AA/A-2 或以上,或是由在全国范围内开展业务的银行发行;99.5% 的银行存款存放于四大股价控股商业银行和其他在全国范围内开展业务的银行,以及中国证券登记结算责任公司。

第二,保险公司通过对中国经济和潜在债务人和交易结构进行内部基础分析来管理信用风险,适当情况下,要求交易对手提供各种抵押物来降低风险。例如,买入返售金融资产以对手方持有的债权型投资或定期存款作为质押,当对手违约时,保险公司获得该质押物。

第三，主要再保险合同与高信用等级再保险公司签订。

第四，其他贷款大多要求第三方担保或以质押提供担保，或要求以财政预算内收入作为还款来源，或借款人信用评级较高。

二、流动性风险及其管理

流动性风险，是指保险公司不能获得足够的资金来归还到期负债的风险。

理论上来说，在未来某时间段内，只要预计的现金流入大于现金流出，或现金流入接近现金流出，流动性风险就很低。

保险公司的现金流出，包括未来赔付支出、未来保单红利支出、未来退保支出、其他金融负债(如卖出回购)到期支出等；保险公司的现金和现金流入，包括现金及现金等价物、到期投资资产等。

在分析保险公司的流动性风险时，通常不考虑保险公司的未来保费流入，仅考虑存量资产和存量负债的流动性问题。以中国人寿为例，2016 年 12 月 31 日，其主要金融资产和金融负债、保险负债的未经折现现金流量表如表 11-2 所示，这张表就未考虑未来现金流入，仅考虑存量资产和负债的流动性。

表 11-2 2016 年年底中国人寿未经折现的现金流量表 单位：百万元

2016 年 12 月 31 日	账面价值	未标明到期日	合同和预期现金流入/(流出)(非折现)			
			1 年内	1—3 年	3—5 年	5 年以上
债权型投资	1 148 883	—	210 589	214 099	188 735	1 014 074
股权型投资	421 396	421 396	—	—	—	—
买入返售金融资产	43 531	—	43 531	—	—	—
定期存款	538 325	—	199 657	260 065	117 012	8 858
存出资本保证金	6 333		1 909	4 720	209	
贷款	226 573	—	119 247	47 606	41 697	55 106
应收利息	55 929		44 706	11 100	123	
应收保费	13 421		13 421			
应收分保账款	123		123			
现金及现金等价物	67 032		67 032			
短期借款	731	—	(735)	—	—	—
未到期责任准备金	10 492		(7 326)			
未决赔款准备金	11 538		(11 538)			
寿险责任准备金	1 762 932	—	(41 277)	64 222	5 781	(2 898 258)
长期健康险责任准备金	63 024		16 819	33 014	29 307	(331 136)
保户储金及投资款	195 694		(15 877)	(34 143)	(33 126)	(259 902)

（续表）

2016 年 12 月 31 日	账面价值	未标明到期日	合同和预期现金流入/（流出）（非折现）			
			1 年内	1—3 年	3—5 年	5 年以上
应付债券	37 998	—	（39 032）			
长期借款	15 439	—	（403）	（16 159）		
应付赔付款	39 038	—	（39 038）	—	—	—
卖出回购金融资产款	81 081	—	（81 081）	—	—	—
以公允价值计量且其变动计入当期损益的金融负债	2 031	（2 031）	—	—	—	—

简单核算可以知道,中国人寿 1 年内到期的债务为 2 527 亿元,1 年内到期的资产为 7 000 亿元,因此,在正常经营情况下,中国人寿在未来一年内几乎没有流动性风险。所谓正常经营,主要是指不出现大面积退保的异常情况。

在正常经营活动中,保险公司主要通过匹配投资资产和负债(保险负债和金融负债)的金额、收益率和到期日来降低流动性风险。

第四节　保险公司资本管理

如前所述,无论如何进行风险管理,保险公司总会存在剩余风险,而剩余风险,就需要用保险公司的资本来吸收和管理。

一、保险公司资本的用途

企业资本,也称权益资本、权益资金,是企业依法筹集并长期拥有、自主支配的资本,包括:实收资本、资本公积金、盈余公积金和未分配利润,即会计中所称的"所有者权益"。

保险公司拥有自己的资本,首先是为了满足监管机构成立保险公司的最低实收资本要求。保险公司成立初期,资本可用来满足各种开支,如租赁办公场所、购买办公器材、支付员工工资等,如果开业前几年没有利润,公司的部分营运费用也需要用资本来支出。

更重要的是,保险公司用资本来应对剩余经营风险。即,对于保险公司采取上述风险管理措施之后的剩余风险,可以用资本吸纳,或者说,当公司遭遇非预期极端负面事件时,可用资本来满足负债或偿付需求。这既是监管要求,也是保险公司自身提高生存概率的需要。

因此,资本是保险公司自身风险管理的最后一道防线。

二、保险公司资本管理的特殊性

一般制造业、服务业企业的产品销售是一手交钱、一手交货，产品交货没有或只有时间很短的滞后性；但保险业是先交钱、后提供服务，服务的滞后性非常严重，寿险业尤其如此。这导致保险客户面临未来保险期限内保险公司经营不善导致的偿付能力风险！

一般制造业、服务业企业的资产是变化的，但负债是基本确定的，而保险公司的资产和负债都在波动，而且经营周期远长于一般企业，面临更多的宏观经济波动、技术升级、金融危机等带来的风险，经营风险更大。

此外，与制造业、服务业大型企业类似，保险企业往往有巨大的客户群，因此，一旦保险公司出现问题，社会影响往往很大！

因此，与一般制造业、服务业企业没有权益资本监管限制不同，保险业的权益资本受到严格的政府监管。

三、保险公司资本管理的目标

首先，满足保监会的基本监管要求，即"偿二代"对偿付能力充足率和偿付能力评级的要求。

其次，有效配置资本的要求，即在资本有限的条件下，保险公司必须把资本配置到盈利能力最强的分支机构、利润最高的业务线，将有限的资本做到配置最优，以便实现单位资本利润率的最大化。

最后，资本过多是浪费，因为资本是有机会成本的，这些过多的资本本来可以去获得更大的收益或回报。显然，多余的资本放到保险公司只能获得其对应资产的投资收益，但如果通过资本放大杠杆，就可以通过杠杆获得超额收益。

对于保险公司而言，资本管理其实就是偿付能力的管理，关于偿付能力管理，详见下几章内容。

第十二章　保险公司偿付能力管理：实际资本

保险公司是经营纯粹风险的金融机构，通过发挥风险汇聚的专长承接投保人的风险转移，增强了参保个体的抗风险能力，提升了经济社会总的福利水平。但是，保险公司经营过程中面临着各种风险，需要对各种风险采取合适的风险管理策略。第十一章中对此作了详细讨论。比如，对于保险风险的管理策略有：承保更多的保险标的，注重保险标的地域或行业的分散化，安排合理的再保险等；管理利率风险和流动性风险，要做好资产负债的匹配管理；对于信用风险，需要关注债务人的信用评级和采用增信措施……尽管保险公司采取了众多风险管理策略，但是仍然存在剩余风险。

直观上，读者可能会想到，采取那么多风险管理手段后，剩余风险应该不大了。但事实上，剩余风险不仅存在，而且还挺大，很可能引发保险公司的偿付能力问题，即资产不足以偿债的问题。

对于剩余风险或偿付能力风险，通常需要通过资本来吸收，对于能够吸收剩余风险的资本，保险行业称其为偿付能力额度。对于剩余风险或偿付能力风险的管理，保险行业将其称为偿付能力管理。保险公司偿付能力管理的主要内容，一是建立偿付能力管理体系；二是使自己的偿付能力满足监管要求；三是通过有效配置资本，使有限的资本投入实现产出最大化。

本章结合偿二代二期的相关修订，说明我国偿付能力监管的整体框架和实施要点，分析偿二代二期对于保险公司经营的影响，介绍偿二代二期下实际资本的计量和分级规则。

第一节　保险公司偿付能力管理概述

一、认识偿付能力

依据新版《保险公司偿付能力管理规定》第三条，偿付能力是"保险公司对于保单持有人履行赔付义务的能力"。国际保险监管官协会（IAIS）给出了更加具体的定义,"保险公司的财务稳健性,包括满足履行对于保单持有人的到期的合同义务的能力。偿付能力包含资本充足率、流动性、技术准备金以及在全面风险管理框架中涉及的其他方面。"[①]对于保险公司而言,"偿付能力"概念主要指保险公司履行其保险合同债务的能力。保险公司偿付能力管理,既要确保已承保业务(破产清算或停止营业条件)的赔付要求,也要考虑未来的新业务(持续经营条件)的趋势变化。

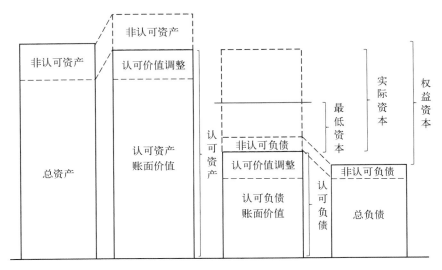

图 12-1　基于资本充足性评估保险公司的偿付能力状况

那么,我们应该如何评价一个保险公司的偿付能力状况呢? 保险公司的偿付能力与其资产和负债的状况密切相关;显然,保险公司的资产超过负债越多,其偿付能力就越充足。如图 12-1 所示,判断一家保险公司有偿付能力还是无偿付能力(insolvency),这取决于该家保险公司所处的监管环境,尤其是监管者如何定义实际资本和最低资本的监管会计准则(即偿付能力监管准则)。实际资本是保险公司在持续经营或破产清算状态下可以用来吸收风险损失的财务资源。需要强调的是,实际资本不是资产负债表中的股东权益。实际资本等于认可资产(监管会计准则下的资产)减去认可负债(监管会计准则下的负债)。认可资产不等同于总资产。首先,总资产中包括了非认可资产,计量认可资产时需要将它们剔除;其次,各项认可资产的账面价值不一定等同于其认可价值,对于特殊的认可资产需要按监管会计准则计量认可价值,即认可资产的认可价值＝认可资产的账面价值＋认可价值调整。认可负债的计量类似于认可资产。最低资

---

①　https://www.iaisweb.org/page/supervisory-material/glossary。

本是监管者要求保险公司持有资本的底线。如果一家保险公司的实际资本超过了最低资本，那么在监管意义上该公司有偿付能力；反之，则无偿付能力，表明该公司未来出现资产不足以偿付负债的可能性突破了监管底线。

实际上，仅仅比较实际资本和最低资本的大小来衡量保险公司的偿付能力状况是远远不够的，因为最低资本仅能反映资本化的风险，还有一些风险是不可资本化的。如图 12－2 所示，保险公司偿付能力风险划分为固有风险和控制风险。固有风险是指保险公司在经营和管理活动中必然存在的客观的偿付能力相关风险。固有风险又由可资本化为最低资本的风险（简称可资本化风险）和难以资本化为最低资本的风险（简称难以资本化风险）组成。可资本化风险包括保险风险、市场风险和信用风险，难以资本化风险包括操作风险、战略风险、声誉风险和流动性风险。控制风险是指因保险公司内部管理和控制不完善或无效，导致固有风险未被及时识别和控制的偿付能力相关风险。可资本化的固有风险和控制风险通过最低资本进行计量，难以资本化的固有风险纳入风险综合评级予以评估。

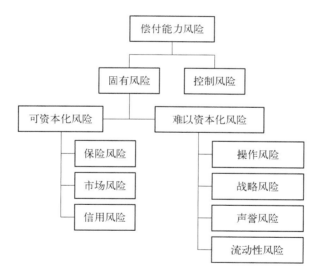

图 12－2　保险公司偿付能力风险分类

根据新版《保险公司偿付能力管理规定》，保险公司偿付能力达标需要同时满足以下三个条件：① 核心偿付能力充足率≥50％；② 综合偿付能力充足率≥100％；③ 风险综合评级在 B 类及以上。按照吸收损失的性质和能力分，实际资本划分为核心资本和附属资本两类，偿付能力充足率的计算公式有以下两个：

核心偿付能力充足率＝核心资本／最低资本

综合偿付能力充足率＝实际资本／最低资本

偿付能力充足率是衡量保险公司的可资本化的偿付能力风险的核心指标，而风险综合评级用于评价难以量化的偿付能力风险。

2023年9月10日，国家金融监管总局发布《关于优化保险公司偿付能力监管标准的通知》，实施差异化资本监管。对于财产险公司和再保险公司，总资产100亿元以上、2 000亿元以下公司的最低资本按照95%计算偿付能力充足率；总资产100亿元以下公司的最低资本按照90%计算偿付能力充足率。对于人身险公司，总资产500亿元以上、5 000亿元以下公司的最低资本按照95%计算偿付能力充足率；总资产500亿元以下公司的最低资本按照90%计算偿付能力充足率。

保险公司偿付能力充足率不达标时，监管部门必须采取的监管措施包括：监管谈话，要求保险公司提交预防偿付能力充足率恶化或完善风险管理的计划，限制董事、监事和高级管理人员的薪酬水平，限制向股东分红。此外，还会根据其风险成因选择采取相应的监管措施，具体包括：责令增加资本金；责令停止部分或全部新业务；责令调整业务结构，限制增设分支机构，限制商业性广告；限制业务范围、责令转让保险业务或责令办理分出业务；责令调整资产结构，限制投资形式或比例；对风险和损失负有责任的董事和高级管理人员，责令保险公司根据聘用协议、书面承诺等追回其薪酬；依法责令调整公司负责人及有关管理人员。若偿付能力充足率未明显改善或进一步恶化的，监管部门则会采取接管、申请破产等监管措施。对于偿付能力充足率达标，但操作风险、战略风险、声誉风险、流动性风险中某一类或某几类风险较大或严重的C类和D类保险公司，监管部门根据风险成因和风险程度采取监管措施。

二、从偿一代到偿二代二期

2003年3月，原保监会发布《保险公司偿付能力额度及监管指标管理规定》，标志着中国第一代偿付能力监管制度（简称"偿一代"）正式启用，并在应用过程中不断完善，直到2008年7月首版《保险公司偿付能力管理规定》的发布，建立起一套较为完整的定量监管标准，具体包括最低偿付能力额度（最低资本）、实际偿付能力额度（实际资本）、偿付能力充足率的测评方法以及偿付能力监管指标的波动范围。偿一代是以规模为导向的，要求保险公司资本和业务规模相适应，主要采用定量监管工具，缺乏定性监管以及综合评价等监管手段，这使得偿一代对于保险公司提升偿付能力风险管理的指引作用较弱。

金融危机后，国际金融监管体制进入全面调整期。例如，巴塞尔资本协议Ⅲ出台，欧盟积极推动偿付能力Ⅱ的制定和实施，美国启动"偿付能力监管现代化工程"，IAIS研究建立全球统一的保险监管规则。我国保险行业的快速发展，使得偿一代监管标准已显得过于简单，已不能全面反映保险公司的风险。2012 年 3 月，原保监会发布《中国第二代偿付能力监管制度体系建设规划》，中国风险导向的偿付能力体系（简称"偿二代"）建设正式启动。偿付能力监管从规模导向转变为风险导向，建立了定量资本要求、定性资本要求、市场约束三大监管支柱。经历了专项研究、行业测试、意见征求、过渡期调适等建设环节，2016 年初，偿二代 17 项监管规则正式实施。从偿一代到偿二代的升级，在推进保险监管现代化建设、提升行业风险防控能力、促进行业转型升级、增强我国保险监管和保险市场的国际影响力等方面都取得了显著的成绩。

偿二代实施之后，一些制度短板和监管漏洞显现出来，派生出保险公司资本不实、关联交易复杂、资产不实、多层嵌套导致底层资产不清、产品不透明、非理性举牌问题、局部流动性风险突出、保障功能发挥不足等行业乱象问题。为进一步提高偿付能力监管的科学性、有效性和针对性，2017 年 9 月，原保监会启动了偿二代二期工程建设，发布了《偿二代二期工程建设方案》。二期工程在偿二代"三支柱"监管框架下，对现行 17 项监管规则进行了全面修订，增加了 3 项新的监管规则，即第 7 号规则《市场风险和信用风险的穿透计量》、第 14 号规则《资本规划》、第 20 号规则《劳合社保险（中国）有限公司》，形成偿二代主干技术标准共 20 个监管规则。经过 4 年多的建设，原银保监会于 2021 年底发布《关于实施保险公司偿付能力监管规则（Ⅱ）有关事项的通知》，要求保险公司自编报 2022 年第 1 季度偿付能力季度报告起，执行《保险公司偿付能力监管规则（Ⅱ）》。

三、偿付能力监管的框架体系

偿二代的整体框架是由制度特征、监管要素和监管基础三大部分构成的（参见图 12 - 3），这三大部分密切联系、相互依存，共同组成一个有机统一的监管体系。以下将详细解释偿二代的整体框架。

1. 制度特征

偿二代的开发坚持国际接轨与中国国情相结合的原则。偿二代呈现出三大制度特征：统一监管、新兴市场和风险导向兼顾价值。我国保险市场是全国统一监管，跟美国以州为单位和欧盟以成员国为单位的分散保险监管体制有重大差别。偿二代既借鉴了欧美成熟保险市场监管经验，又遵循国际保险监督官协会的核心原则，更考虑了我国保险市场的发展实际，探索适合新兴市场经济体的偿付能力监管模式。偿二代以风险为导向，最低资本要求全面、科学、准确地反映保险公司面临的各类风险；同时，设定恰当的实际资本评估以及最低资本要求标准，兼顾保险资本使用效率和效益，促进保险公司价值和保险行业竞争力的提升。

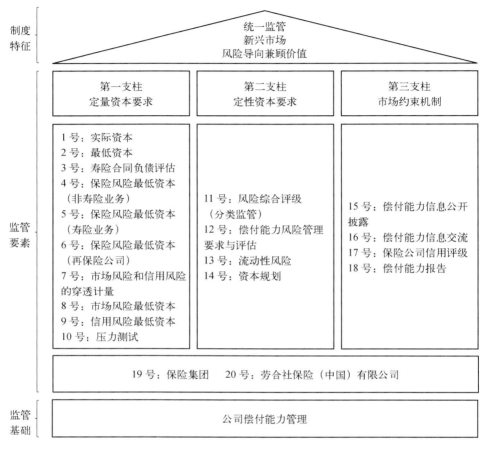

图 12-3 偿二代二期的整体框架

2. 监管要素

第一支柱是定量资本要求，主要防范能够量化的风险，通过科学地识别和量化各类风险，要求保险公司具备与其风险相适应的资本。主要包括五部分内容：一是第一支柱量化资本要求，具体包括：① 保险风险资本要求；② 市场风险资本要求；③ 信用风险资本要求；④ 宏观审慎监管资本要求，即对顺周期风险、国内和全球系统重要性机构风险等提出的资本要求；⑤ 市场风险和信用风险的穿透计量要求，即要求保险公司识别非基础资产的投资结构和底层资产，对于穿透后非基础资产的最低资本按所有底层资产和各级投资结构的最低资本的汇总值计量，对于无法穿透计量的非基础资产计提资本惩罚。二是实际资本评估标准，即保险公司资产和负债的评估标准和认可标准。三是资本分级，即对保险公司的实际资本进行分级，明确各类资本的标准和特点。四是压力测试，即保险公司在基本情景和各种不利情景下，对未来一段时间内的偿付能力状况进行预测和评价。五是监管措施，即监管机构对不满足定量资本要求的保险公司，区分不同情形，可采取的监管干预措施。

第二支柱是定性监管要求，是在第一支柱的基础上，进一步防范难以量化的风险。主要包括四个部分内容：风险综合评级、偿付能力风险管理要求与评估、资本规划以及第二支柱监管措施。一是风险综合评级（IRR），即监管部门综合第一支柱对能够量化的风险的定量评价，和第二支柱对难以量化风险（包括操作风险、战略风险、声誉风险和流动性风险）的定性评价，对保险公司总体的偿付能力风险水平进行全面评价。二是保险公司风险管理要求与评估（SARMRA），即监管部门对保险公司的风险管理提出具体监管要求，如治理结构、内部控制、管理架构和流程等，对保险公司风险管理能力和风险状况进行评估，将保险公司的风险管理能力与控制风险的资本要求相挂钩。三是资本规划，要求保险公司每年滚动编制未来三年的资本规划，合理预测资本需求，审慎规划资本补充方式，确保资本充足。四是监管措施，即监管机构对不满足定性监管要求的保险公司，区分不同情形，可采取的监管干预措施。

第三支柱是市场约束机制，是引导、促进和发挥市场相关利益人的力量，通过对外信息披露等手段，借助市场的约束力，加强对保险公司偿付能力的监管。一是通过对外信息披露手段，要求保险公司定期发布偿付能力报告，规范保险公司的信用评级行为，充分利用除监管部门之外的市场力量，对保险公司进行约束；二是监管部门通过加强偿付能力信息交流，完善市场约束机制，优化市场环境，促进市场力量更好地发挥对保险公司风险管理和价值评估的约束作用。

此外，针对特殊的监管对象，偿二代专门设置了两个监管规则：第19号规则《保险集团》和第20号规则《劳合社保险（中国）有限公司》。与单个保险公司相比，保险集团往往具有风险分散的效益；同时，保险集团也具有一些不同于单个保险机构的特有风险，如资本重复计算风险、组织结构不透明风险、非保险领域风险、集中度风险和风险传染等。除了第1—18号监管规则适用于保险集团的保险成员公司之外，第19号规则《保险集团》进一步明确集团监管的定量资本要求、定性监管要求和市场约束要求，关注集团成员公司的内部交易、所有业务（包括保险业务和非保险业务）对集团及成员公司的偿付能力影响。劳合社保险（中国）有限公司（简称劳合社中国）的经营模式独具特色，它有机结合了劳合社独特的市场结构和公司法人组织形式的各自优势。为此，偿二代二期专门为它制定了偿付能力监管的特别规定——第20号规则《劳合社保险（中国）有限公司》。该规则的亮点是按照穿透监管原则，分别评估和计量承保部和公司层面可资本化的偿付能力风险，并在此基础上形成劳合社中国整体偿付能力的评估和计量,对于劳合社中国的定性监管要求和市场约束要求则沿用普通的监管规则。

3. 监管基础

偿二代建立起"三支柱"为核心的全面风险管理体系,不仅是在防范保险公司的偿付能力风险,更是要增强保险公司的全面风险管理能力。内部偿付能力管理是外部偿付能力监管的基础和落脚点。偿二代的实施,旨在激励保险公司不断提升内部偿付能力管理水平,构建科学有效的内部偿付能力管理制度和机制,主动识别和防范各类风险,并对各类风险变化做出及时反应。

第二节　实际资本的计量

一、实际资本的含义

实际资本,是指保险公司在持续经营或破产清算状态下可以吸收损失的财务资源。实际资本等于认可资产减去认可负债后的余额。实际资本的评估需要处理好以下三个问题:一是认可资产的确认和计量;二是认可负债的确认和计量;三是实际资本的分级。明确前面两个问题就可以确定实际资本的数量,第三个问题则是要区分实际资本的质量。通过将实际资本划分为核心资本和附属资本,确保有充足的高质量资本来有效吸收未来可能出现的损失。

实际资本的评估要满足下列原则:① 评估要遵循企业会计准则的确认和计量原则。出于偿付能力监管目的的需要,监管部门可能会对保险公司的资产和负债在企业会计准则确认和计量的基础上进行再确认与再计量,这可视为偿付能力的监管会计准则,而实际资本可看作是监管会计准则下调整后的净资产。② 评估的有效性。评估要适时、恰当地反映保险公司的资产、负债在保险公司的商业模式和市场环境中的价值及其变化。③ 评估应当以母公司财务报表而不以合并财务报表为基础。合并财务报表抵消了集团内母公司和子公司之间的关联交易,反映了集团公司整体的财务状况和经营成果,而母公司财务报表才能如实反映单个法人主体的会计信息。④ 评估尺度的一致性。资产与负债的评估原则应当一致;不同类型的保险公司经营相同的保险业务,其资产、负债应适用相同的评估原则。

二、认可资产的确认与计量

在偿付能力监管规则中,保险公司的资产被划分为认可资产和非认可资产两大类。认可资产是指处置不受限制,并可用于履行对保单持有人赔付义务的资产。不符合前述条件的资产,为非认可资产。

1. 认可资产的范围

保险公司资产负债表上的资产项目基本上都可以被确认为认可资产，认可资产包括以下几种类别：

（1）现金及流动性管理工具，是指保险公司持有的现金以及通常可用于现金管理的金融工具。其中，现金包括库存现金、活期存款等，流动性管理工具包括通知存款、货币市场基金、买入返售金融资产、商业银行票据和拆出资金等。

（2）投资资产，是指保险公司资金运用形成的资产，包括定期存款、协议存款、政府债券、金融债券、企业债券、公司债券、权益投资、资产证券化产品、保险资产管理产品、商业银行理财产品、信托计划、基础设施投资、投资性房地产、衍生金融资产、其他投资资产等。

（3）长期股权投资，是指保险公司对被投资单位实施控制、共同控制、重大影响的权益性投资，包括对子公司、合营企业和联营企业的权益投资。

（4）再保险资产，包括应收分保准备金、应收分保账款和存出分保保证金等。

（5）应收及预付款项，包括应收保费、应收利息、保单质押贷款、应收股利、预付赔款、存出保证金、其他应收和暂付款项等。

（6）固定资产，包括自用房屋、机器设备、交通运输设备、在建工程、办公家具等。

（7）独立账户资产，是指投资连结保险等各投资账户中的投资资产。

（8）其他认可资产，包括使用权资产、递延所得税资产（由经营性亏损引起的递延所得税资产除外）、应急资本等。

结合保险公司资金运用和资产管理的发展动向以及会计准则调整，偿二代二期扩大了认可资产的确认范围，有助于准确计量保险公司的实际资本。例如，在"流动性管理工具"中增列了"通知存款"，在"投资资产"增列了"保险资产管理产品"、"商业银行理财产品"，在"其他认可资产"增列了"使用权资产"。

非认可资产是因处置受限，无法用于偿付保险合同负债的资产。非认可资产的种类较少，主要包括：

（1）无形资产（土地使用权除外）。

（2）由经营性亏损引起的递延所得税资产。

（3）待摊费用和长期待摊费用。

（4）有迹象表明保险公司到期不能处置或者对其处置受到限制的资产。

（5）文物、艺术作品和动植物标本。

需要说明的是，由经营性亏损引起的递延所得税资产归入非认可资产，但可抵扣暂时性差异引起的递延所得税资产是认可资产。可抵扣暂时性差异，是指在确定未来收回资产或清偿负债期间的应纳税所得额时,将导致产生可抵扣金额的暂时性差异。当资产的账面价值小于其计税基础或者负债的账面价值大于其计税基础时,会形成可抵扣暂时性差异。这使得按税法规定缴纳的应交所得税会超过按会计准则核算出的所得税费用,"多交"的所得税在财务报表中被确认为递延所得税资产,代表今后可以抵扣的所得税费用。可抵扣暂时性差异引起的递延所得税资产＝可抵扣暂时性差异×适用税率。当资产账面价值大于其计税基础或者负债的账面价值小于其计税基础时,会产生应纳税暂时性差异。这使得按税法规定缴纳的应交所得税会低于按会计准则核算出的所得税费用,"少交"的所得税在财务报表中被递延所得税负债,代表有待今后缴纳的所得税费用。递延所得税负债属于认可负债。

偿二代二期将"待摊费用"增列为非认可资产。待摊费用是指企业已经发生但应由本期和以后各期负担的,分摊期限在1年以内(包括1年)的各项费用,包括预付的保险费、经营租赁的预付租金等费用。长期待摊费用用于核算企业已经发生但应由本期和以后各期负担的分摊期限在1年以上的各项费用。待摊费用和长期待摊费用虽然存在分摊期限长短的差异,但是它们都对应于企业已发生的费用支出,因而无法起到分担债务的作用,所以应将它们全部纳入非认可资产。

到期不能处置或者对其处置受到限制的资产,包括:被依法冻结的资产;为他人担保而被质押或抵押的资产(为自身担保的抵押物和质押物除外);由于交易对手出现财务危机、被接管、被宣告破产等事项而导致保险公司对其处置受到限制的资产;由于当地的管制、政治动乱、战争、金融危机等原因导致保险公司对其处置受到限制的境外资产等。

2. 认可资产的计量

保险公司的各项认可资产基本上以账面价值作为认可价值,但有三类认可资产除外:

(1)以物权方式或通过项目公司方式持有的投资性房地产,按成本模式计量金额作为其认可价值。

(2)长期股权投资,对于子公司按照权益法确定其认可价值,对于合营企业和联营企业的长期股权投资按账面价值确定其认可价值,并足额计提资产减值。

(3)寿险业务的应收分保准备金,即保险公司从事再保险分出业务时,须确认的应收分保未到期责任准备金,以及应向再保险接受人摊回的未决赔款责任准备金。

非寿险业务应收分保准备金以账面价值作为其认可价值。非寿险业务应收分保准备金＝应收分保未到期责任准备金＋应收分保未决赔款准备金,应收分保未到期责任准备金和应收分保未决赔款准备金的账面价值可以直接从资产负债表中查阅到。

寿险业务应收分保准备金可以以分保前和分保后合同负债的差额作为应收分保准备金，按照第3号规则《寿险合同负债评估》确认和计量其认可价值。计量寿险合同负债是计量寿险业务应收分保准备金的前提条件。寿险合同负债＝未到期责任准备金＋未决赔款准备金，其中，未决赔款准备金以财务报表账面价值作为认可价值，未到期责任准备金的计量则要遵照第3号规则《寿险合同负债评估》列明的公式：未到期责任准备金＝最优估计准备金＋风险边际。由于寿险业务的未决赔案较少，资产负债表中的寿险责任准备金和长期健康险责任准备金基本上是由寿险和长期健康险的未到期责任准备金构成的。因而，应收分保责任准备金和应收分保长期健康险责任准备金主要核算的是寿险和长期健康险的再保险分出业务的未到期责任准备金。但需要注意的是，我们不能直接加总应收分保寿险责任准备金和应收分保长期健康险责任准备金的账面价值来评估应收分保未到期责任准备金。主要原因是，企业会计准则下，寿险业务的未到期责任准备金＝合理估计负债＋风险边际＋剩余边际，这里的合理估计负债几乎等同于最优估计准备金，但按监管会计核算未到期责任准备金时不包含剩余边际。

三、认可负债的确认与计量

按偿付能力监管规则，保险公司的负债划分为认可负债和非认可负债两大类。认可负债是指保险公司无论在持续经营状态还是破产清算状态下均需要偿还的债务，以及超过监管限额的资本工具。不符合前述条件的负债，为非认可负债。

1. 认可负债的范围

认可负债包括以下类别：

（1）保险合同负债，包括未到期责任准备金和未决赔款责任准备金。

（2）金融负债，包括卖出回购证券、应付返售证券、保户储金及投资款、衍生金融负债等。

（3）应付及预收款项，包括应付保单红利、应付赔付款、预收保费、应付分保账款、应付手续费及佣金、应付职工薪酬、应交税费、存入分保保证金、租赁负债等。

（4）预计负债，是指按照企业会计准则确认、计量的或有事项的有关负债。

（5）独立账户负债，是指保险公司对投资连结保险等提取的投资账户负债。

（6）资本性负债，是指保险公司发行的资本工具按照监管部门有关规定不能计入资本的部分。

（7）其他认可负债，包括递延所得税负债、现金价值保证、所得税准备等。

2018年财政部发布的《企业会计准则第21号——租赁》，对于承租人取消了经营租赁和融资租赁的区分，要求对所有租赁均需在资产负债表单独列示（进行简化处理的短期租赁和低价值资产租赁除外），为此在资产端中引入了"使用权资产"的科目，对应地在负债端中引入了"租赁负债"的科目。遵循会计准则调整，偿二代二期将使用权资产增列到认可资产中来，相应地认可负债中也增加了租赁负债。

非认可负债的种类很少，主要包括：

（1）保险公司根据财政部有关规定对农业保险业务提取的大灾风险保费准备金。大灾风险保费准备金是用于防范巨灾风险的超额准备金，相比未决赔款准备金、未到期责任准备金等保险准备金，其负债属性弱化很多。

（2）保险公司发行的符合核心资本或附属资本标准、用于补充实际资本且符合计入资本相关条件的长期债务，包括次级定期债务、资本补充债券、次级可转换债券等。由于这些债务要么在破产清算时不用偿还，要么受偿顺序位于其他债务之后、股东之前，保险公司的偿债压力较小，构成了资本工具。

2. 认可负债的计量

认可负债的认可价值的计量需要遵循以下的监管规则：

第一，按账面价值计量认可价值的认可负债。具体包括：金融负债、应付及预收款项、预计负债、独立账户负债、递延所得税负债和非寿险业务保险合同负债。非寿险业务指保险公司经营的财产保险以及短期意外险、短期健康险和短期寿险。

第二，依据第3号规则《寿险合同负债评估》，计量寿险业务的保险合同负债的认可价值。寿险合同负债由未到期责任准备金和未决赔款准备金组成，其中，未决赔款准备金以财务报表账面价值为认可价值，未到期责任准备金＝最优估计准备金＋风险边际。最优估计准备金＝现金流现值（PV）＋选择权及保证利益的时间价值（TVOG）。现金流现值（PV）是以保险合同产生的预期未来净现金流为基础进行评估，预期未来净现金流等于预期未来现金流出减预期未来现金流入的差额。对于隐含的选择权及保证利益的分红保险、万能保险和变额年金保险等业务，选择权及保证利益的时间价值（TVOG）＝PV（账户准备金）×TVOG因子，PV（账户准备金）按险种确定：分红保险为分红保险红利给付所使用的准备金基础的现值之和，万能保险为万能保单账户价值的现值之和，变额年金保险为变额年金保单账户价值的现值之和。风险边际（RM）应采用分位点法或监管认可的其他方法计算，分位点法的计算公式为：

$$RM = MC \times \frac{F^{-1}(x\%)}{F^{-1}(99.5\%)}$$

其中，MC 指评估时点寿险合同的保险风险最低资本，$F^{-1}(x\%)$ 指正态分布函数在一定概率水平下对应的分位点，$x = 85$。

第三，现金价值保证负债附带条件地确认和计量。保险公司寿险业务的保险合同负债的认可价值（PL）、与公司最低资本（MC）之和大于或等于公司全部寿险业务的现金价值（CV）时，不确认现金价值保证负债。保险公司寿险业务的保险合同负债的认可价值、与公司最低资本之和小于公司全部寿险业务的现金价值时，应确认现金价值保证负债，并按下列公式计量：

$$现金价值保证的认可价值 = max(CV - PL - MC, 0)$$

第四，依据《关于实施保险公司偿付能力监管规则（Ⅱ）有关事项的通知》，所得税准备以财务报表的寿险合同负债的剩余边际金额的 10% 作为其认可价值。当有证据表明，保险公司的企业所得税应纳税所得额预期在未来持续大于零时，保险公司应当在认可负债中确认所得税准备，即保险公司寿险业务的有效业务价值所对应的所得税义务。保险公司一旦满足所得税准备的确认条件，即应在满足条件的当期确认所得税准备，并且只有当充分的证据显示，公司的所得税应纳税所得额持续大于零的趋势发生根本性的、长期性的逆转，方可终止确认所得税准备。

第五，次级可转换债券以及没有赎回条款的次级定期债务和资本补充债券，依据剩余期限、按账面价值的特定比例计量其认可价值。剩余期限在 2 年以上（含 2 年）的，认可价值为 0；剩余期限在 1 年以上（含 1 年）、2 年以内的，以账面价值的 50% 作为其认可价值；剩余期限在 1 年以内的，以账面价值的 80% 作为其认可价值。

第六，具有赎回条款的次级定期债务和资本补充债券，依据剩余期限、按账面价值的特定比例计量其认可价值。具体规则为：剩余期限在 4 年以上（含 4 年）的，认可价值为 0；剩余期限在 3 年以上（含 3 年）、4 年以内的，以账面价值的 20% 作为其认可价值；剩余期限在 2 年以上（含 2 年）、3 年以内的，以账面价值的 40% 作为其认可价值；剩余期限在 1 年以上（含 1 年）、2 年以内的，以账面价值的 60% 作为其认可价值；剩余期限在 1 年以内的，以账面价值的 80% 作为其认可价值。剩余期限的确定方法：赎回日之前和赎回日之后的票面利率差额超过 100 个基点，或者有证据表明保险公司会提前赎回的，剩余期限按赎回日计算，否则按到期日计算；赎回日未赎回的，剩余期限按到期日计算。

【资本性负债的计量案例】

2021 年 1 月 1 日,ABC 保险公司发行了一笔 6 年期的次级债券,发行规模为 10 亿元,票面利率为 5%,发行 3 年后可以赎回。考虑以下两种情形:

情形一：若不赎回,债券的票面利率会在原有水平的基础上跳升 150 个基点。2023 年 10 月,ABC 保险公司发布股东大会决议,宣告将于 2024 年 6 月 30 日赎回该笔债券。

情形二：若不赎回,债券的票面利率会在原有水平的基础上跳升 80 个基点。假定 ABC 保险公司不行使赎回权。

问：ABC 保险公司在 2022 至 2023 年底应当如何计量该笔次级债券的认可价值?

【分析】

情形一：由于 ABC 保险公司发行具有赎回权的次级债券,利率跳升(150 个基点)超过 100 个基点,且 ABC 保险公司已宣告准备在 2024 年 6 月 30 日赎回,因此,剩余期限按到期日 2024 年 6 月 30 日计算。2022 年底,该笔债券的剩余期限是 1.5 年,认可价值为账面价值的 60%。2023 年底,剩余期限为 0.5 年,以账面价值的 80% 作为认可价值。

情形二：由于 ABC 保险公司发行具有赎回权的次级债券,利率跳升(80 个基点)未超过 100 个基点,且 ABC 保险公司不提前赎回,因此,剩余期限按债券到期日 2026 年 12 月 31 日计算。2022 年底,该笔债券的剩余期限是 4 年,认可价值为零。2023 年底,剩余期限为 3 年,以账面价值的 20% 作为认可价值。

第三节　实际资本的分级

根据资本吸收损失的性质和能力,保险公司资本分为核心资本和附属资本。核心资本是指在持续经营状态下和破产清算状下均可以吸收损失的资本。核心资本分为核心一级资本和核心二级资本。附属资本是指在破产清算状态下可以吸收损失的资本,破产清偿时的受偿顺序列于保单持有人和一般债权人之后,先于核心资本。附属资本分为附属一级资本和附属二级资本。

一、资本分级标准

保险公司资本需要同时满足以下五个属性：① 存在性,即保险公司的资本应当是实缴的资本;② 永续性,即保险公司的资本应当没有到期日或具有监管部门规定的较长期限;③ 次级性,即保险公司资本在破产清算时的受偿顺序应当在保险合同负债和一般债务之后；④ 非强制性,即本金的返还和利息(股息)的支付不是保险公司的强制义务,或者在特定条件下可以返还或支付；⑤ 外生性,即保险公司不得以任何形式直接或间接为非内源性资本提供者提供资金或融资便利。满足上述五个属性的财务资源才能被界定为保险公司的资本。第五个属性"外生性"是偿二代二期工程后新增的标准,旨在增加对资本的真实性、合规性的要求,防止不适资本和不实资本被计入实际资本。

依据保险公司资本满足存在性、永续性、次级性、非强制性和外生性这五个属性的差异性,第 1 号规则《实际资本》给出了界定核心一级资本、核心二级资本、附属一级资本和附属二级资本给出了具体标准,可参见表 12 - 1。

表 12 - 1　核心资本和附属资本的界定标准

资产类别	存在性	永续性	次级性	非强制性	外生性
核心一级资本	实缴	没有到期日,且资本工具发行时不应产生该工具将被回购、赎回或取消的预期	应当能吸收经营损失和破产损失；破产清算时的受偿顺序排在最后；资本工具发行人或其关联方不得提供抵押或保证,也不得通过其他安排使其在法律或经济上享有优先受偿权	任何情况下本金返还和收益分配都不是保险公司的强制义务,且不分配收益不被视为违约	资本工具发行人不得直接或间接为投资人购买该工具提供融资；投资人不存在通过关联交易、多层嵌套金融产品、增加股权层级等方式套取保险资金,用于购买该工具的情形
核心二级资本	实缴	没有到期日或者期限不低于10年,发行5年后方可赎回并且不得含有利率跳升机制及其他赎回激励	能吸收经营损失和破产损失；破产清算时的受偿顺序列于保单持有人和一般债权人之后,先于核心一级资本；资本工具发行人或其关联方不得提供抵押或保证,也不得通过其他安排使其在法律或经济上享有优先受偿权；有到期日的,应当含有减记或转股条款,当触发事件发生时,该资本工具能立即减记或者转为普通股	支付本金或赎回后偿付能力充足率不达标的,不能支付本金或赎回,本金可以递延支付；支付利息后偿付能力充足率不达标的,当期利息支付义务应当取消。发行人无法如约支付本息时,该资本工具的权益人无权向法院申请对保险公司实施破产	同核心一级资本关于外生性的规定

(续表)

资产 类别	存在性	永续性	次 级 性	非强制性	外 生 性
附属 一级 资本	实缴	期限不低 于5年	能吸收破产损失；破 产清算时的受偿顺序 列于保单持有人和一 般债权人之后，先于 核心资本	支付本金或利息 后偿付能力充足 率不达标的，本 金或利息应当递 延支付。发行人 无法如约支付本 息时，该资本工 具的权益人无权 向法院申请对保 险公司实施破产	同核心一级资本 关于外生性的 规定
附属 二级 资本	实缴的 或符合 监管部 门规定 的形式	期限可以 低于5年	能吸收破产损失；破 产清算的受偿顺序列 于保单持有人和一般 债权人之后，先于附 属一级资本	可以不设定本息 支付的约束条件	同核心一级资本 关于外生性的 规定

二、保单未来盈余的计量与资本分级

如前所述，会计准则下和偿二代监管准则下的寿险合同负债存在金额差异，这主要是由两者在计量未到期责任准备金时采用了不同的方法所导致的。会计准则下的未到期责任准备金＝合理估计负债＋风险边际＋剩余边际，偿二代监管准则下的未到期责任准备金＝最优估计准备金＋风险边际。由于合理估计负债与最优估计准备金的计量差异较小，因此，会计准则下的未到期责任准备金比偿二代监管准则下的未到期责任准备金多计了剩余边际这一项，这使得寿险合同负债的账面价值比其认可价值多了剩余边际的计量金额，进而使得寿险公司的实际资本可能高于其股东权益，且高出部分主要由剩余边际的计量金额产生的。至于非寿险业务，由于保险合同负债是以账面价值作为认可价值，这使得非寿险公司的实际资本与其股东权益较为接近。第一章中我们已经讨论过剩余边际的概念，它指向的是保险合同的未来利润，需要在未来保险期限内逐步摊销并计入当期损益。

偿二代监管准则下的保单未来盈余与会计准则下的剩余边际的关注点是一致的，只是前者强调了未来利润资本化的要求，即指保险公司现行有效寿险保单剩余期限所对应的当期确认的实际资本。既然保单未来盈余属于实际资本的范畴，在对它完成计量后，还需要进行资本分级，确定其分别计入核心一级资本、核心二级资本、附属一级资本和附属二级资本的份额。

1. 保单未来盈余的计量

偿二代监管准则下，计量寿险业务的保单未来盈余采用如下的计算公式：

$$保单未来盈余 = \sum_{\text{所有有效寿险保单}}（现行有效寿险保单剩余期限对应的实际资本）$$

为简化程序，也可以采用下述公式近似计算：

保单未来盈余＝财务报表下寿险合同负债账面价值－偿付能力下寿险
合同负债认可价值－现金价值保证－所得税准备

寿险合同负债由未到期责任准备金和未决赔款准备金两部分组成。依据第3号规则《寿险合同负债评估》，与未决赔款准备金相关的负债项目均按财务报表的账面价值计量。因此，财务报表下和偿付能力下的寿险合同负债的计量差额就集中在未到期责任准备金的计量差额上面。综合上述分析，保单未来盈余的近似计算公式可以改写成以下形式：

保单未来盈余
＝财务报表下寿险合同负债账面价值－偿付能力下寿险合同负债认可价
值－现金价值保证－所得税准备
＝财务报表下寿险合同未到期责任准备金账面价值－偿付能力下寿险合同
未到期责任准备金认可价值－现金价值保证－所得税准备
＝（财务报表下寿险合同合理估计负债（最优估计准备金）＋财务报表下寿
险合同风险边际＋剩余边际）－（偿付能力下寿险合同最优估计准备金＋
偿付能力下寿险合同风险边际）－现金价值保证－所得税准备

偿付能力下的风险边际、现金价值保证和所得税准备难以直接计算保单层面的数额。为此，保险公司先计算除上述负债项目之外的可直接归属于保单层面的保单未来盈余，再按照评估时点可直接归属于保单层面的保单未来盈余，将上述负债项目分摊至保单层面。

2. 保单未来盈余的资本分级

（1）整体判断。若保险公司的保单未来盈余小于零的，应当直接调减核心一级资本，不再进行后续分组和分级。

（2）分组计算。首先，根据保单剩余期限，保险公司将保单划分为四个组别：保单剩余期限≥30年、10≤保单剩余期限＜30、5≤保单剩余期限＜10、保单剩余期限＜5。其次，分别计量各组的保单未来盈余，并将每组保单未来盈余摊销至未来各期，摊销载体为保单件数。计算公式如下：

$$保单未来盈余的各期金额 = N_j \times \frac{保单未来盈余}{\sum_{i=1}^{n} \frac{N_i}{(1+r)^i}}$$

其中，N_j 为第 j 期期末的有效保单件数；r 为折算系数，依据第 3 号规则《寿险合同负债评估》确定。最后，将各期摊销金额使用对应组别的资本报酬率折现，分别将现值及剩余部分计入对应层级的资本工具。

如图 12-4 所示，资本分级的具体规则如下：① 保单剩余期限 30 年(含)以上的，保单未来盈余按核心一级资本对应的资本报酬率(13%)折现到评估时点的现值，作为核心一级资本工具，剩余部分作为附属一级资本工具。② 保单剩余期限 10 年(含)以上、30 年以内的，保单未来盈余按核心二级资本对应的资本报酬率(13%)折现到评估时点的现值，作为核心二级资本工具，剩余部分作为附属一级资本工具。③ 保单剩余期限 5 年(含)以上、10 年以内的，保单未来盈余按附属一级资本对应的资本报酬率(10%)折现到评估时点的现值，作为附属一级资本工具，剩余部分作为附属二级资本工具。④ 保单剩余期限在 5 年以内的，保单未来盈余全部作为附属二级资本工具。

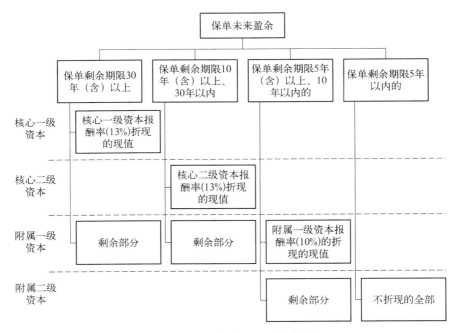

图 12-4　保单未来盈余的资本分级

若分组计算后某一组别的保单未来盈余小于零，在按资本报酬率折现前，该组的保单未来盈余按零取值，相应地冲减保单剩余期限 30 年(含)以上组的保单未来盈余。

【保单未来盈余的资本分级案例】

2023 年 12 月 31 日，ABC 保险公司的保单未来盈余为 1 520 亿元，按表 12-2 所示，对其保单未来盈余进行资本分级的举例说明。

（单位：亿元）

表 12 - 2　保单未来盈余的资本分级过程

	保单未来盈余（四组之和）	第一组 剩余期限30年以上	第二组 剩余期限10年以上,30年以内	第三组 剩余期限5年以上,10年以内	第四组 5年以内
一、保单未来盈余分层					
A. 可直接归属保单层面	A: 1 600	A1: 1 060	A2: 320	A3: 240	A4: -20
B. 不可直接归属保单层面	B: -80	-53 B1=(A1÷A)×B	-16 B2=(A2÷A)×B	-12 B3=(A3÷A)×B	1 B4=(A4÷A)×B
C. 保单未来盈余总计	1 520 C=A+B	C1: 988 C1=C-(C2+C3+C4)	304 C2=max(0,A2+B2)	228 C3=max(0,A3+B3)	0 C4=max(0,A4+B4)
二、保单未来盈余的摊销与折现					
E. 保单未来盈余各期摊销至未来各期（过程及结果略）					
F. 保单未来盈余各期摊销额的现值		F1: 509.71 资本报酬率(13%)	F2: 180.35 资本报酬率(13%)	F3: 148.87 资本报酬率(10%)	
三、保单未来盈余的资本分级					
G. 计入核心一级资本工具	509.71 G=G1	509.71 G1=F1			
H. 计入核心二级资本工具	180.35 H=H2		180.35 H2=F2		
I. 计入附属一级资本工具	750.81 I=I1+I2+I3	478.29 I1=C1-G1	123.65 I2=C2-H2	148.87 I3=F3	
J. 计入附属二级资本工具	79.13 J=J3+J4			79.13 J3=C3-I3	0 J4=C4

为了演示保单未来盈余的摊销和折现过程，我们选取第三组保单开展测算，详细的分析过程参见表 12-3。根据《通知》的规定，寿险合同负债评估的折现率曲线由无风险基础利率曲线加综合溢价形成。当 $0 < t \leqslant 20$ 时，采用 750 日移动平均国债收益率作为无风险基础利率曲线。这里，选用了 2023 年底的 5 至 9 年期 750 日移动平均国债收益率。假设第三组保单不属于 1999 年（含）之前签发的高利率保单，万能险、投资连结险、变额年金及中短存续期产品，适用的综合溢价为 45 个基点。首次，采用每年年底的有效保单件数作为摊销载体，把保单未来盈余摊销至各期。例如，$\sum_{t=5}^{9} \dfrac{N_t}{(1+r_t)^t} = 775.561\,1$，已知第三组保单的保单未来盈余为 228 亿元，因此，第 7 年末的保单未来盈余摊销额 $= N_t \times$

$$\dfrac{\text{保单未来盈余}}{\sum_{t=5}^{9} \dfrac{N_t}{(1+r_t)^t}} = 330 \times \dfrac{228}{775.561\,1} = 97.013\,6 \text{亿元}。$$ 其次，按照适用的资本报酬率 10% 作为折现率，计算保单未来盈余的各期摊销额的折现值，合计现值为 148.87 亿元，并按资本分级规则可计入附属一级资本工具。

表 12-3　第三组保单的保单未来盈余的摊销与折现

	年份（t）	5	6	7	8	9
保单未来盈余摊销	750 日移动平均国债收益率（$r_{f,t}$）	2.672 4%	2.787 3%	2.842 7%	2.847 2%	2.848 7%
	综合溢价（s）	0.45%	0.45%	0.45%	0.45%	0.45%
	折现率或折现系数（$r_t = r_{f,t} + s$）	3.122 4%	3.237 3%	3.292 7%	3.297 2%	3.298 7%
	第 t 年末的有效保单件数（N_t）（单位：万张）	120	260	330	180	75
	保单未来盈余的第 t 年摊销额 $= N_t \times \dfrac{\text{保单未来盈余}}{\sum_{t=5}^{9} \dfrac{N_t}{(1+r_t)^t}}$	35.277 7	76.435 0	97.013 6	52.916 5	22.048 6
保单未来盈余折现	折现因子 $= (1+10\%)^{-t}$	0.620 9	0.564 5	0.513 2	0.466 5	0.424 1
	保险未来盈余的各期金额的折现值	21.904 7	43.145 6	49.783 3	24.686 0	9.350 7

三、长期寿险再保险合同增加资本的分级

保险公司的长期寿险再保险合同可以视为分出人向分入人发行的资本工具,应当根据资本的特性,对其实际资本进行分级。如图 12－5 所示,针对长期寿险再保险合同增加的实际资本,偿二代二期给出如下的监管规定：

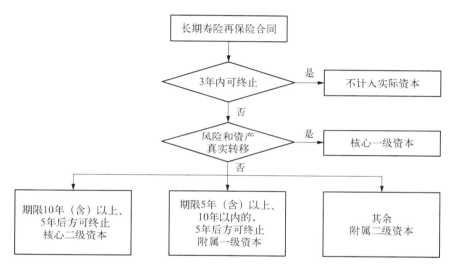

图 12－5　长期寿险再保险合同的实际资本评估流程

一是保险公司开展长期寿险再保险,再保险合同 3 年内可终止的,不得确认该再保险合同对实际资本的影响金额。3 年后方可终止且相关风险和资产真实转移的,再保险合同相应增加的实际资本计入核心一级资本。"3 年内可终止"是指再保险合同含有提前终止条款或有其他证据表明再保险合同会在 3 年内提前终止。对于因原保险合同满期而终止的再保险合同,不属于"3 年内可终止"的情形。

二是相关资产未真实转移的,再保险合同相应增加的实际资本按以下规定进行资本分级：① 再保险合同期限 10 年(含)以上,5 年后方可终止的,因再保险合同增加的资本计入核心二级资本;② 再保险合同期限 5 年(含)以上、10 年以内的,5 年后方可终止的,因再保险合同增加的资本计入附属一级资本;③ 不满足上述规定的再保险合同,相应增加的资本计入附属二级资本。资产真实转移指再保险合同相关分出保费现金流真实由分出人转入分入人,且未出现分入人通过佣金和手续费大比例返还、存入履约保证金等方式向分出人转回现金流的情况。分出保费递延支付的,递延支付期限不应超过 6 个月。

四、核心一级资本的计量

保险公司应当以财务报表净资产为基础，分析以下项目对实际资本的影响方向，通过调增或调减相关项目，将净资产折算到核心一级资本：

（1）各项非认可资产的账面价值。

（2）保险公司持有的长期股权投资的认可价值与账面价值的差额。

（3）投资性房地产（包括保险公司以物权方式或通过项目公司等方式持有的投资性房地产）的公允价值增值（扣除减值、折旧及所得税影响）。

（4）递延所得税资产（由经营性亏损引起的递延所得税资产除外），计入附属一级资本。

（5）对农业保险业务提取的大灾风险保费准备金，属于非认可负债。

（6）保单未来盈余金额（可计入核心一级资本部分），即保单剩余期限 30 年（含）以上的保单未来盈余按核心一级资本对应的资本报酬率折现到评估时点的现值。

（7）保险公司发行的符合核心一级资本标准的负债类资本工具按规定可计入核心一级资本的金额。

（8）监管机构规定的其他调整项目。

表 12－4 从净资产折算到核心一级资本的调整项目

编号	项目	调整方向
1	各项非认可资产的账面价值	－
2	长期股权投资的认可价值与账面价值的差额	＞0，＋
		＜0，－
3	投资性房地产的公允价值增值（扣除减值、折旧及所得税影响）	＞0，＋
		＜0，－
4	递延所得税资产（由经营性亏损引起的递延所得税资产除外）	－
5	对农业保险业务提取的大灾风险保费准备金	＋
6	保单未来盈余金额（可计入核心一级资本部分）	＞0，＋
		＜0，－
7	保险公司发行的符合核心一级资本标准的负债类资本工具规定可计入核心一级资本的金额	＋
8	监管机构规定的其他调整项目	＋/－

五、各级资本的相对额度规定

偿二代二期规则规定,保险公司各级资本应当符合以下限额标准：① 附属资本不得超过核心资本的 100％；② 计入核心资本的保单未来盈余不得超过核心资本的 35％；③ 核心二级资本不得超过核心资本的 30％；④ 附属二级资本不得超过核心资本的 25％。各级资本工具余额超过上述限额的,应当确认为资本性负债,以其超过限额的金额作为认可价值。

假定保险公司的核心一级资本是 A,依据上述规定：

$$\frac{核心二级资本}{核心二级资本 + A} \leqslant 0.3$$

那么,核心二级资本 $\leqslant 3A/7$,附属资本 $\leqslant 10A/7$,附属二级资本 $\leqslant 5A/14$。

偿二代二期规则对资本认定更严格,实施以来保险公司偿付能力充足率普遍下降,对于寿险公司的影响尤为明显。偿二代一期规则下,允许寿险公司将保单未来盈余全部计入核心资本。2023 年 9 月 10 日,国家金融监管总局发布《关于优化保险公司偿付能力监管标准的通知》,将保险公司剩余期限 10 年期以上保单未来盈余计入核心资本的比例,从目前不超过 35％提高至不超过 40％,旨在鼓励保险公司发展长期保障型产品,引导保险公司回归保障本源。

第十三章　保险公司偿付能力
管理：最低资本

　　偿付能力监管规则是监管部门评价一家保险公司偿付能力充足与否的"标尺"，无疑对保险经营构成了约束条件；同时，也是保险公司评估自身风险暴露状况的"标尺"，利用好的话，能够成为保险公司精细化管理的"利器"。例如，保险公司可以根据最低资本的构成情况，优化调整业务结构和资产组合配置，提高单位最低资本的回报率。

　　上一章介绍了偿二代二期规则下保险公司的实际资本的计量与分级办法，本章将说明最低资本的计量方法。计量实际资本可以摸清保险公司应对偿付能力风险的"家底"的厚实程度，可以掌握保险公司风险暴露的整体水平及其分项表现。本章在说明最低资本的含义及其计量原理的基础上，依次介绍保险风险、市场风险、信用风险的最低资本计量方法，市场风险和信用风险的穿透计量规则，控制风险最低资本的确定方法。

第一节　最低资本的含义及其计量原理

一、最低资本的含义

　　最低资本是指基于审慎监管目的，为使保险公司具有适当的财务资源，以应对各类可资本化风险对偿付能力的不利影响，监管机构要求保险公司应当具有的资本数额。根据偿二代二期监管规则，保险公司最低资本由三部分组成：一是可资本化风险最低资本（又称量化风险最低资本），包括保险风险最低资本、市场风险最低资本、信用风险最低资本以及风险分散效应和吸损效应；二是控制风险最低资本，即控制风险对应的最低资本；三是附加资本，包括逆周期附加资本、系统重要性保险机构的附加资本以及其他附加资本。即：

$$最低资本(MC) = 可资本化风险最低资本(MC_{可资本化风险}) +$$
$$控制风险最低资本(MC_{控制风险}) + 附加资本$$

二、最低资本的计量原理

最低资本的计量是以风险为基础的，涵盖保险公司面临的所有可资本化的固有风险、控制风险和系统风险。对于保险风险、市场风险和信用风险等可资本化风险，它们的最低资本分别基于在险价值（Value at Risk）法予以计量，并采用反映各类风险之间的分散效应的相关系数矩阵法，整合出可资本化风险整体的最低资本。控制风险的最低资本计量采用监管评价法。系统风险的附加资本计量标准由监管部门规定。为使监管尺度保持高度一致性，最低资本计量采用行业统一的方法、模型和参数。保险风险、市场风险和信用风险的风险暴露不包括非认可资产和非认可负债。独立账户资产和独立账户负债不计提根据保险合同由保单持有人自行承担的市场风险、信用风险所对应的最低资本。保险公司开展长期寿险再保险合同，3 年内可终止的，不得计量因再保险合同降低的最低资本。长期寿险再保险合同的分出人和分入人计量最低资本时，分出人减少的最低资本与分入人增加的最低资本，原则上应保持一致。

最低资本的计量原理如图 13 - 1 所示。假定保险公司认可负债为 Z，用于覆盖认可负债的认可资产为 $X = h(Z)$，随机变量 Z 的概率密度函数和累积分布函数分别为 $f(Z)$ 和 $F(Z)$。那么，当 X 超过 Z 越多时，保险公司的偿付能力就越强。反映到最低资本的计量上面来，监管机构要求保险公司在 Z 的期望值（μ_Z）的基础上，在特定置信水平（$1-\alpha$）下额外配置一定数量的资本金，以防范非预期的风险损失，即：最低资本 $= F_Z^{-1}(1-\alpha) - \mu_Z$。通常，监管机构采用 99.5% 的置信水平计量最低资本，即确保保险公司持有的认可资产有 99.5% 的把握能够覆盖住其可能面临的债务负担。

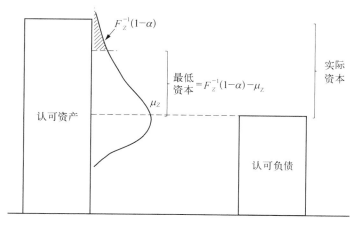

图 13 - 1 最低资本的计量原理

三、偿二代下可资本化风险最低资本的计量方法

保险公司需要按照偿二代二期监管规则有关规定计量保险风险、市场风险和信用风险等可资本化风险的最低资本，并考虑风险分散效应和特定类别保险合同的损失吸收效应，计量可资本化风险最低资本。具体的计算公式如下：

$$MC^* = \sqrt{MC_{向量} \times M_{相关系数} \times MC_{向量}^T} - LA$$

其中，MC^* 代表可资本化风险整体的最低资本；$MC_{向量}$ 代表保险风险、市场风险和信用风险的最低资本行向量；$M_{相关系数}$ 代表相关系数矩阵；LA 代表特定类别保险合同的损失效应调整。

对于财产保险公司而言，$MC_{向量} = (MC_{非寿险保险}, MC_{市场}, MC_{信用})$；对于寿险保险公司而言，$MC_{向量} = (MC_{寿险保险}, MC_{非寿险保险}, MC_{市场}, MC_{信用})$；对于再保险公司而言，$MC_{向量} = (MC_{寿险再保险}, MC_{非寿险再保险}, MC_{市场}, MC_{信用})$。

分红保险和万能保险业务应当考虑损失吸收效应调整，计算公式如下：

$$LA = \text{Min}(MC_{分红万能账户} \times \beta, LA_{上限})$$

其中：

（1）$MC_{分红万能账户}$ 为分红险和万能保险账户合并计算的市场和信用风险最低资本。计算公式为：

$$MC_{分红万能账户} = \sqrt{(MC_{市场})^2 + 2 \times \rho \times MC_{市场} \times MC_{信用} + (MC_{信用})^2}$$

这里，$MC_{市场}$ 为分红保险账户和万能保险账户合并后的市场风险最低资本；$MC_{信用}$ 为分红保险账户和万能保险账户合并后的信用风险最低资本；ρ 为 $MC_{市场}$ 与 $MC_{信用}$ 的相关系数，$\rho = 0.35$。

（2）β 为分红保险和万能保险合同损失吸收效应调整比率，计算公式为：

$$\beta = (1 + K) \times \text{Min}\left(0.5, 0.22 \times \frac{LA_{上限}}{MC_{分红万能账户}} + 0.02\right)$$

2021 年底，原银保监会发布的《关于实施保险公司偿付能力监管规则（Ⅱ）有关事项的通知》，将 K 赋值为 0。

（3）$LA_{上限}$ 为损失吸收效应调整上限，计算公式为：

$$LA_{上限} = \text{Max}(PV_{基础} - PV_{下限}, 0)$$

这里，$PV_{基础}$ 为按照第 3 号监管规则《寿险合同负债评估》计算的分红保险和万能保险在基础情景下的现金流现值；$PV_{下限}$ 为按照第 3 号监管规则《寿险合同负债评估》规定的分红保险保单红利水平和万能保险结算利率假设下限重新预测

的现金流，采用基础情景下的折现率评估的现金流现值。

【最低资本的计量示例】

从平安人寿 2022 年第四季度的偿付能力报告的"最低资本"表格中，摘选出一个简化表，验证 2022 年底平安人寿的最低资本是如何计量出来的。

表 13-1　2022 年底平安人寿的最低资本的简化表　（单位：万元）

项　　　目	符　　　号	期　末　值
量化风险最低资本	MC^*	40 712 937
寿险业务保险风险最低资本	$MC_{寿险再保险}$	22 327 290
非寿险业务保险风险最低资本	$MC_{非寿险再保险}$	41 428
市场风险最低资本	$MC_{市场}$	35 131 812
信用风险最低资本	$MC_{信用}$	6 487 432
量化风险分散效应		14 498 681
特定类别保险合同损失吸收效应	LA	8 776 344
损失吸收调整-不考虑上限	$MC_{分红万能账户} \times \beta$	8 776 344
损失吸收效应调整上限	$LA_{上限}$	38 309 366
控制风险最低资本	$MC_{控制风险}$	−757 261
附加资本		0
最低资本	MC	39 955 676

【分析】

（1）验证量化风险最低资本的计算过程：

$$MC^*$$

$$=MC_{可资本化风险} =\sqrt{MC_{向量} \times M_{相关系数} \times MC_{向量}^T} - LA$$

$$=\sqrt{\begin{pmatrix} 22\,327\,290 & 41\,428 & 35\,131\,812 & 6\,487\,432 \end{pmatrix}\begin{pmatrix} 1 & 0.20 & 0.30 & 0.15 \\ 0.20 & 1 & 0.1 & 0.1 \\ 0.30 & 0.1 & 1 & 0.35 \\ 0.15 & 0.1 & 0.35 & 1 \end{pmatrix}\begin{pmatrix} 22\,327\,290 \\ 41\,428 \\ 35\,131\,812 \\ 6\,487\,432 \end{pmatrix}}$$

$$- \text{Min}(8\,776\,344，38\,309\,366)$$

$$=49\,489\,281 - 8\,776\,344$$

$$=40\,712\,937（万元）$$

（2）验算量化风险分散效应：

$$\sum MC_{向量} - \sqrt{MC_{向量} \times M_{相关系数} \times MC_{向量}^T}$$

$$= (22\ 327\ 290 + 41\ 428 + 35\ 131\ 812 + 6\ 487\ 432) - 49\ 489\ 281$$

$$= 14\ 498\ 681(万元)$$

（3）验证最低资本的计算过程：

$$MC = MC_{可资本化风险} + MC_{控制风险} + 附加资本$$

$$= 40\ 712\ 937 - 757\ 261 + 0$$

$$= 39\ 955\ 676(万元)$$

第二节　保险风险的最低资本

一、非寿险业务

非寿险业务的保险风险，是指由于赔付水平、费用水平等的实际经验与预期发生不利偏离，导致保险公司遭受非预期损失的风险。非寿险业务的保险风险包括保费风险、准备金风险和巨灾风险。保费风险，是指由于保险事故发生的频度及损失金额存在不确定性，导致保费可能不足以支付未来的赔款及费用，从而使保险公司遭受非预期损失的风险。准备金风险，是指由于已发生未决案件在未来的赔付金额及时间存在不确定性，导致赔付可能超过准备金金额，从而使保险公司遭受非预期损失的风险。巨灾风险，是指企财险、家财险和工程险业务面临的，由台风及洪水灾害、地震灾害造成的，未被保费风险和准备金风险覆盖的，使保险公司遭受非预期损失的风险。

1. 保费风险和准备金风险的最低资本（不含融资性信用保证险）

非寿险业务的保费风险和准备金风险的最低资本均是基于综合因子法计量的。除融资性信用保证险之外，车险、财产险、船货特险、责任险、农业险、非融资性信用保证险、短期意外伤害险、短期健康险、短期寿险和其他险等业务类型，均采用以下的公式计量最低资本（MC）：

$$MC = EX \times RF_0 \times \left(1 + \sum_{i=1}^{n} k_i\right)$$

这里，EX 为风险暴露。其中，保费风险的 EX 为各业务类型的最近 12 个月自留保费，准备金风险的 EX 为各业务类型的再保后未决赔付准备金。RF_0 为基础因子，保费风险和准备金风险均按业务类型设定 RF_0。各业务类型的保费风险的特征系数 k_i，按下列特征因子设置：综合成本率、非比例分保净分出比例、最近 6 个月综合成本率变动（只适用于车险）、公司与行业报告年度的累计原保费收入增速相对值（只适用于车险）、最近 12 个月政策性农业险业务占比（只适用于农业险）等。2023 年 9 月 10 日，国家金融监管总局发布的《关于优化保险公司偿付能力监管标准的通知》中新增一个特征因子：再保后未到期责任准备金回溯偏差率[①]。设置准备金风险的特征系数时，主要的特征因子：再保后未决赔款准备金回溯偏差率。

以车险业务为例，说明保费风险的最低资本的计量参数。相比车险业务，其余保险业务类型的保险风险最低资本的计量简单一些，需要考虑的特征因子主要有两个：最近 6 个月综合成本率和最近 12 个月的非比例分保净分出比例。车险保费风险的基础因子 $RF_0 = 0.103$。车险保费风险包含 5 个特征系数，具体的赋值规则参见表 13-2。对于车险业务，偿二代二期增加了公司与行业之间保费相对增速的特征因子，有助于准确体现不同公司的经营特征。

表 13-2　车险业务保费风险特征系数的赋值规则

特征系数	赋　值　规　则	特　征　因　子
k_1	$= \begin{cases} -0.05 & C_{车险} \in (0, 95\%] \\ 0 & C_{车险} \in (95, 100\%] \\ 0.05 & C_{车险} \in (100, 105\%] \\ 0.1 & C_{车险} \in (105\%, +\infty) \end{cases}$	最近 12 个月综合成本率：$C_{车险}$ = 最近 6 个月综合成本率
k_2	$= \begin{cases} -0.05 & \Delta C_{车险} \in (-\infty, -1\%] \\ 0 & \Delta C_{车险} \in (-1\%, 1\%] \\ 0.05 & \Delta C_{车险} \in (1\%, 2\%] \\ 0.1 & \Delta C_{车险} \in (2\%, +\infty) \end{cases}$	最近 6 个月综合成本率变动：$\Delta C_{车险}$ = 最近 6 个月综合成本率－最近 6 个月之前的 6 个月综合成本率
k_3	$= \begin{cases} 0.127 & NE_{车险} \in (-\infty, -1\%) \\ 0.012 & NE_{车险} \in [-1\%, 0) \\ 0 & NE_{车险} \in [0, 2.5\%) \\ -0.012 & NE_{车险} \in [2.5\%, 5\%) \\ -0.035 & NE_{车险} \in [5\%, +\infty) \end{cases}$	最近 12 个月的非比例分保净分出比例：$NE_{车险}$ =（最近 12 个月非比例分保分出保费－最近 12 个月非比例分保分入保费）/最近 12 个月自留保费

[①]　财产险公司最近一个季度末计算的上两个会计年度末所有非寿险业务再保后未到期责任准备金回溯偏差率的算术平均数小于等于－5%的，根据第 4 号监管规则《保险风险最低资本（非寿险业务）》第十条至第二十条计量的保费风险最低资本总和按照 95% 计算，即特征系数为－0.05。

(续表)

特征系数	赋 值 规 则	特 征 因 子
k_4	① 对上一会计年度车险原保费收入与分入保费收入之和小于 20 亿元的保险公司：$= 0$ ② 对报告期当年度累计车险原保费收入市场份额超过 20% 的保险公司：$= \begin{cases} 0 & C_{车险—公司} - C_{车险—行业} \in (-\infty, 0] \\ 0.15 & C_{车险—公司} - C_{车险—行业} \in (0, 2\%] \\ 0.25 & C_{车险—公司} - C_{车险—行业} \in (2\%, +\infty) \end{cases}$ ③ 对不符合上述条件①②的其他保险公司：$= \begin{cases} 0 & C_{车险—公司} - C_{车险—行业} \in (-\infty, 10\%] \\ 0.15 & C_{车险—公司} - C_{车险—行业} \in (10\%, 20\%] \\ 0.25 & C_{车险—公司} - C_{车险—行业} \in (20\%, +\infty) \end{cases}$	公司与行业报告年度的累计原保费收入增速相对值：$C_{车险—公司} - C_{车险—行业}$ $C_{车险—公司} =$（公司当年车险累计原保费收入－公司上年同期车险累计原保费收入）/公司上年同期车险累计原保费收入 $C_{车险—行业} =$（全行业当年车险累计原保费收入－全行业上年同期车险累计原保费收入）/全行业上年同期车险累计原保费收入
k_5	① 对上一会计年度车险原保费收入与分入保费收入之和小于 20 亿的保险公司：$= -0.15$ ② 其他保险公司：$= 0$	保险公司的发展阶段

　　类似地,车险业务的准备金风险最低资本的计量参数：基础因子 RF_0 为 0.123,特征系数共有 2 个,具体的赋值规则参见表 13-3。其余业务类型大多只有一个特征因子,根据最近一个季度末计算的上两个会计年度末所有非车险业务整体的再保后未决赔款准备金回溯偏差率[①]的算术平均数 $R_{非车险}$,且特征系数 k_1 采用相同的赋值规则：$R_{非车险} \in (-\infty, 5\%]$, $k_1 = 0$；$R_{非车险} \in (5\%, 10\%]$, $k_1 = 0.05$；$R_{非车险} \in (10\%, +\infty)$, $k_1 = 0.1$。

　　此外,根据《关于优化保险公司偿付能力监管标准的通知》规定,财产险公司最近一个季度末计算的上两个会计年度末所有非寿险业务再保后未决赔款准备金回溯偏差率的算术平均数小于等于－5% 的,根据第 4 号监管规则《保险风险最低资本(非寿险业务)》第 23 条至第 31 条计量的准备金风险最低资本总和按照 95% 计算,即特征系数为－0.05。

---

　　① 准备金回溯偏差率参照《保险公司非寿险业务准备金回溯分析管理办法》(保监发〔2012〕46 号)计算,准备金偏差金额为回溯日评估值与前期会计报表中的评估值之差,准备金偏差率为准备金偏差金额除以回溯日评估值的比率。偏差金额为正值显示准备金评估结果存在不利发展,偏差金额为负值显示准备金评估结果存在有利发展。

表 13 - 3　车险业务准备金风险特征系数的赋值规则

特征系数	赋值规则	特征因子
k_1	$=\begin{cases} 0 & R_{车险} \in (-\infty, 2\%] \\ 0.05 & R_{车险} \in (2\%, 5\%] \\ 0.1 & R_{车险} \in (5\%, +\infty) \end{cases}$	根据最近一个季度末计算的上两个会计年度末所有车险业务整体的再保后未决赔款准备金回溯偏差率的算术平均数 $R_{车险}$
k_2	① 对上一会计年度车险原保费收入与分入保费收入之和小于 20 亿的保险公司：$=-0.15$	保险公司的发展阶段
	② 其他保险公司：$=0$	

农业保险额外增设了一个考虑最近 12 个月政策性农业险业务占比的特征系数，以支持政策性农业保险的发展。

【车险业务保费风险最低资本的计量示例】

2022 年，ABC 保险公司车险业务原保费收入为 19 亿元，无分入保费，自留保费为 15 亿元。2023 年，ABC 保险公司车险业务的原保费收入为 21 亿元，无分入保费，自留保费为 16 亿元，非比例分保分出保费为 0.48 亿元。2023 年上半年和下半年的综合成本率分别为 99.2％和 101.7％。请问 2023 年底 ABC 保险公司的车险业务的保费风险最低资本是多少？

【分析】

ABC 保险公司车险业务的保费风险暴露 EX 为最近 12 个月的自留保费，即 2023 年自留保费 16 亿元。车险保费风险的基础因子 $RF_0 = 0.103$。特征系数的赋值如下表所示：

特征因子	因子描述	特征系数赋值
最近 6 个月综合成本率	$C_{车险} = 101.7\%$	$k_1 = 0.05$
最近 6 个月综合成本率变动	$\Delta C_{车险} = 101.7\% - 99.2\% = 2.5\%$	$k_2 = 0.1$
最近 12 个月的非比例分保净分出比例	$NE_{车险} = 0.48 \div 16 \times 100\% = 3\%$	$k_3 = -0.012$
公司与行业报告年度的累计原保费收入增速相对值	上一会计年度（2022 年）车险原保费收入与分入保费收入之和小于 20 亿元。	$k_4 = 0$
保险公司的发展阶段		$k_5 = -0.15$

因此，该公司车险业务的保费风险最低资本为：

$$MC = EX \times RF_0 \times \left(1 + \sum_{i=1}^{n} k_i\right)$$
$$= 16 \times 0.103 \times (1 + 0.05 + 0.1 - 0.012 + 0 - 0.15)$$
$$= 1.628\ 2(亿元)$$

2. 融资性信用保证险的保险风险最低资本

融资性信用保证险是指保险公司为借贷、融资租赁等融资合同的履约信用风险提供保险保障的信用保证险。保险公司承保上述风险，不受限于特定的风险事件，包括但不限于自然灾害、意外事故等。融资性信用保证险的保险风险最低资本采用综合因子法计算，计算公式为：

$$MC = \sum_{i=1}^{n} EX_i \times RF_i \times (1 + K_i) = \sum_{i=1}^{n} EX_i \times RF_i \times \left(1 + \sum_{j=1}^{n} k_j\right)$$

其中，EX_i 为第 i 种贷款类型对应的风险暴露。$EX_i =$ 承保的第 i 种贷款类型再保后贷款余额 — 第 i 种贷款类型对应的再保后未决赔款准备金。RF_i 为第 i 种贷款类型对应的基础因子(详见表 13 - 4)。K_i 为融资性信用保证险中第 i 种贷款类型的特征因子，$K_i = \sum_{j=1}^{n} k_j$，$K_i \in [-0.25, 0.25]$，k_j 为融资性信用保证险中第 i 种贷款类型的第 j 个特征系数，n 为特征系数的个数。k_j 涉及的特征因子包括：公司与行业滚动 12 个月的净保费收入增速相对值、最近 12 个月的年化损失率、集中度风险、小额贷款比例、最近 36 个月融资性信用保证险的加权平均综合成本率等，具体赋值规则参见表 13 - 5。

表 13 - 4　融资性信用保证险保险风险的基础因子

贷　款　类　型	基础因子 RF_i
1. 个人类贷款	
1.1　个人住房抵押贷款	0.052
1.2　对已抵押房产，在购房人没有全部归还贷款前，以再评估后的净值为抵押追加贷款的，追加的部分	0.157
1.3　个人其他贷款	0.078
2. 企业类贷款	0.105
3. 其他贷款	0.105

表 13-5　融资性信用保证保险风险特征系数的赋值规则

特征系数	赋 值 规 则	特 征 因 子
k_1	$=\begin{cases} 0, & C_{\text{融资性信用保证险-公司}} - C_{\text{融资性信用保证险-行业}} \in (-\infty,\ 5\%] \\ 0.05, & C_{\text{融资性信用保证险-公司}} - C_{\text{融资性信用保证险-行业}} \in (5\%,\ 10\%] \\ 0.10, & C_{\text{融资性信用保证险-公司}} - C_{\text{融资性信用保证险-行业}} \in (10\%,\ 15\%] \\ 0.15, & C_{\text{融资性信用保证险-公司}} - C_{\text{融资性信用保证险-行业}} \in (15\%,\ 20\%] \\ 0.20, & C_{\text{融资性信用保证险-公司}} - C_{\text{融资性信用保证险-行业}} \in (20\%,\ 50\%] \\ 0.25, & C_{\text{融资性信用保证险-公司}} - C_{\text{融资性信用保证险-行业}} \in (50\%,\ +\infty) \end{cases}$	公司与行业滚动 12 个月的净保费增速相对值： $C_{\text{融资性信用保证险-公司}}$ = (公司最近 12 个月的融资性信用保证险自留保费 - 公司最近 12 个月之前的 12 个月融资性信用保证险自留保费) / 公司最近 12 个月之前的 12 个月融资性信用保证险自留保费 $C_{\text{融资性信用保证险-行业}}$ = (全行业最近 12 个月的融资性信用保证险自留保费 - 全行业最近 12 个月之前的 12 个月融资性信用保证险自留保费) / 全行业最近 12 个月之前的 12 个月融资性信用保证险自留保费
k_2	$=\begin{cases} 0.2, & P_{\text{融资性信用保证险}} \in (0,\ 15\%] \\ 0.1, & P_{\text{融资性信用保证}} \in (15\%,\ 30\%] \\ 0, & P_{\text{融资性信用保证险}} \in (30\%,\ 100\%] \end{cases}$	$P_{\text{融资性信用保证险}}$ = 个人类贷款中单笔业务放款本金小于 20 万元的业务的再保后余额合计和非个人类贷款中单笔业务放款本金小于 100 万元的业务的再保后余额合计占融资性信用保证险全部再保后贷款余额的比例
k_3	$=\begin{cases} 0, & P_{\text{集中度}} \in (0,\ 5\%] \\ 0.2, & P_{\text{集中度}} \in (5\%,\ 100\%] \end{cases}$	前十大交易对手集中度： $P_{\text{集中度}} = \sum_{i=1}^{10}$ (第 i 个信用主体再保后贷款余额合计 / 融资性信用保证险再保后贷款余额合计)
k_4	$=\begin{cases} 0, & P_{\text{小微企业贷款余额占比}} \in [0,\ 30\%) \\ -0.05, & P_{\text{小微企业贷款余额占比}} \in [30\%,\ 60\%) \\ -0.10, & P_{\text{小微企业贷款余额占比}} \in [60\%,\ 100\%] \end{cases}$	$P_{\text{小微企业自留贷款余额占比}}$ = 小微企业自留贷款余额占融资性信用保证险全部再保后贷款余额的比例

特征系数	赋值规则	特征因子
k_5	$$=\begin{cases} -0.1 & ALR_{个人其他贷款} \in (-\infty,\ 6.5\%] \\ 0 & ALR_{个人其他贷款} \in (6.5\%,\ 7\%] \\ 0.1 & ALR_{个人其他贷款} \in (7\%,\ 8\%] \\ 0.2 & ALR_{个人其他贷款} \in (8\%,\ 10\%] \\ 0.25 & ALR_{个人其他贷款} \in (10\%,\ +\infty) \end{cases}$$	$$ALR_{个人其他贷款} = \frac{最近12个月累计净赔款}{最近12个月平均月均再保后贷款余额}$$ 其中，累计净赔款为再保后赔款中的贷款本金部分；月均再保后贷款余额为月初再保后贷款余额和月末再保后贷款余额的均值。
k_6	① 当 $\sum_{i=1}^{36} EP_i < 0$ 或 $C_{融资性信用保证险} < 0$ 时：$= 0$ ② 其余情形： $$=\begin{cases} -0.1 & C_{融资性信用保证险} \in [0,\ 95\%) \\ 0 & C_{融资性信用保证险} \in [95\%,\ 100\%) \\ 0.05 & C_{融资性信用保证险} \in [100\%,\ 105\%) \\ 0.1 & C_{融资性信用保证险} \in [105\%,\ +\infty) \end{cases}$$	最近36个月融资性信用保证险的加权平均综合成本率： $$C_{融资性信用保证险} = \frac{\sum_{i=1}^{36} EP_i \times C_i}{\sum_{i=1}^{36} EP_i}$$ 其中，EP_i 为融资性信用保证险在最近36个月每个日历月对应的已赚保费；C_i 为融资性信用保证险在最近36个月每个日历月对应的综合成本率。

上述融资性信用保证险业务保险风险的监管规则是在偿二代二期后增加的，主要是出于规范保险业务有序发展、促进经营主体风控能力提升的考虑。由于车险市场竞争加剧，不少财险公司急于开拓非车险的新业务增量，融资性信用保证险成为财险公司业务扩展的发力点。伴随着融资性信用保证险业务的加速扩张，保费规模迅速攀升的背后，经营主体的信用审核能力不足、风险合规意识不强等风险管控问题逐步凸显出来，加之融资性信用保证险业务呈现出顺周期特征，业务风险与经济周期、经济环境变化密切相关，一旦社会信用风险整体上行，叠加网贷政策收紧、疫情冲击等影响，催生了融资性信用保证险业务"爆雷"事件的频发。为此，原银保监会出台了很多规范融资性信用保证险业务的监管文件，体现到偿付能力监管上面来，便是在第 4 号监管规则《保险风险最低资本（非寿险业务）》中增列了一章"融资性信用保证险最低资本"。

3. 巨灾风险的最低资本

偿二代二期规定，保险公司应对车险和财产险业务计提巨灾风险最低资本。巨灾风险的风险区域在境内按省（自治区、直辖市）行政区划进行划分，境外按照亚太、北美、欧洲、其他四个区域进行划分。境内巨灾风险最低资本按车损险和财产险分别计量并汇总，而计量境外巨灾风险最低资本时仅考虑财产险。计量巨灾风险最低资本所涉及的灾因包括台风及洪水、地震两类。如图 13－2 所示，首先按灾因分别计量各险种的巨灾风险最低资本，其次按区域汇总出境内巨灾风险最低资本和境外巨灾风险最低资本，最后聚合得到总的巨灾风险最低资本。

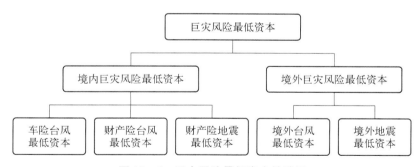

图 13－2　巨灾风险最低资本的计量

（1）境内巨灾风险最低资本。若财险公司对于承保的巨灾风险责任只安排比例分出，境内车损险和财产险关于类型 i 巨灾风险的最低资本（$MC_{巨灾_i}$）均采用 VaR 法计量，计算公式为：

$$MC_{巨灾_i} = VaR\left(\sum_{各区域}\left(EX_{各区域}^{巨灾_i} \times DR_{各区域,各情景}^{巨灾_i}\right), p\right)$$

其中，$EX_{各区域}^{巨灾_i}$ 为保险公司在境内各风险区域内承保的、包含类型 i 巨灾风险责任的业务在比例分保后的净自留有效总保险金额；$DR_{各区域,各情景}^{巨灾_i}$ 为相应类型 i 巨灾事件情景在每个风险区域的巨灾损失因子；p 为置信度，$p = 99.5\%$。

在比例分保的基础上，财险公司为境内类型 i 巨灾风险购买巨灾超赔再保险时，考虑超赔再保险后的巨灾风险最低资本的计量，则需要扣除再保摊回额，计算公式为：

$$MC_{巨灾_i} = VaR\left(\sum EX_{各区域}^{巨灾_i} \times DR_{各区域,各情景}^{巨灾_i} - RR_{各情景}^{巨灾_i}, \ p\right)$$

$$RR_{各情景}^{巨灾_i} = min\left(max\left(0, \ \sum EX_{各区域}^{巨灾_i} \times DR_{各区域,各情景}^{巨灾_i} - RT_{巨灾_i}\right), OL_{巨灾_i}\right) \times SH_{巨灾_i}$$

其中，$EX_{各区域}^{巨灾_i}$ 为保险公司在境外各风险区域内承保的、包含类型 i 巨灾风险责任的财产险业务在比例分保后的净自留有效总保险金额；$DR_{各区域,各情景}^{巨灾_i}$ 为相应类型 i 巨灾事件情景在每个风险区域的巨灾损失因子；$RR_{各情景}^{巨灾_i}$ 为相应类型 i 巨灾事件情景的再保摊回金额；$RT_{巨灾_i}$ 为保障类型 i 巨灾风险的巨灾超赔再保险的起赔点；$OL_{巨灾_i}$ 为保障类型 i 巨灾风险的巨灾超赔再保险的各超赔层的事故限额总和；$SH_{巨灾_i}$ 为保障类型 i 巨灾风险的巨灾超赔再保险的平均分出份额。

（2）境外巨灾风险最低资本。若财险公司对于承保的境外财产险只安排了比例分出，那么境外财产险关于类型 i 巨灾风险的最低资本（$MC_{巨灾_i}$）按以下的公式计量：

$$MC_{巨灾_i} = \sqrt{\sum_{各区域}\left(EX_{各区域}^{巨灾_i} \times VaR\left(DR_{各区域,各情景}^{巨灾_i}, \ p\right)\right)^2}$$

其中，$EX_{各区域}^{巨灾_i}$ 为保险公司在境外各风险区域内承保的、包含类型 i 巨灾风险责任的财产险业务在比例分保后的净自留有效总保费；$DR_{各区域,各情景}^{巨灾_i}$ 为相应类型 i 巨灾事件情景在每个风险区域的巨灾损失因子；p 为置信度，$p = 99.5\%$。

保险公司为境外类型 i 巨灾风险购买巨灾超赔再保险时，偿二代二期通过计算超赔再保险前后的最低资本之差，确定该类巨灾风险的最低资本的计算公式为：

$$MC_{巨灾_i} = MC_{巨灾_i}^{*} - min\left(max\left(0, \ MC_{巨灾_i}^{*} - RT_{巨灾_i}\right), OL_{巨灾_i}\right) \times SH_{巨灾_i}$$

其中，$MC_{巨灾_i}^{*}$ 为未考虑巨灾超赔再保险时类型 i 巨灾风险的最低资本；$MC_{巨灾_i}$ 为考虑巨灾超赔再保险后类型 i 巨灾风险的最低资本；$RT_{巨灾_i}$ 为保障类型 i 巨灾风险的巨灾超赔再保险的起赔点；$OL_{巨灾_i}$ 为保障类型 i 巨灾风险的巨灾超赔再保险的各超赔层的事故限额总和；$SH_{巨灾_i}$ 为保障类型 i 巨灾风险的巨灾超赔再保险的平均分出份额。

（3）聚合巨灾风险最低资本。其一，依次汇总出境内和境外巨灾风险最低资本。其二，在获得境内和境外巨灾风险最低资本的基础上，聚合得出总的巨灾风险最低资本。计算公式为：

$$MC_{境内,巨灾} = \sqrt{\sum_i MC^2_{境内,巨灾_i} + \sum_{i,j<i} 2 \times \rho_{i,j} \times MC_{境内,巨灾_i} \times MC_{境内,巨灾_j}}$$

$$MC_{境外,巨灾} = \sqrt{\sum_i MC^2_{境外,巨灾_i}}$$

$$MC_{巨灾} = \sqrt{MC^2_{境内,巨灾} + MC^2_{境外,巨灾}}$$

这里，计算境内巨灾风险最低资本时，考虑了境内各类巨灾风险最低资本的相关性，但汇总境外巨灾风险最低资本和总的巨灾风险最低资本时，则默认各个巨灾风险最低资本子项之间是相互独立的。

4. 保险风险最低资本（非寿险业务）

至此，可以聚合非寿险业务的保险风险最低资本。首先，分别计量第 i 个业务类型（不含融资性信用保证险）的保费风险和准备金风险最低资本，并聚合出第 i 个业务类型的保险及准备金最低资本 $MC_{保费及准备金_i}$；其次，分别计量融资性信用保证险保险风险最低资本 $MC_{融资性}$、非融资性信用保证险的保费及准备金最低资本 $MC_{非融资性}$，两项加总得到信用保证险保费及准备金最低资本 $MC_{信用保证险}$；进而，在完成 10 个业务类型保费及准备金风险最低资本计量的基础上，聚合出非寿险业务整体的保费及准备金风险最低资本 $MC_{保费及准备金}$；最后，聚合非寿险业务整体的巨灾风险最低资本和保费及准备金风险最低资本，得到财险公司非寿险业务的保险风险最低资本 $MC_{非寿险保险}$。

计算过程及公式如下：

步骤 1：

$$MC_{保费及准备金_i} = \sqrt{MC^2_{保费_i} + 2 \times \rho \times MC_{保费_i} \times MC_{准备金_i} + MC^2_{准备金_i}}$$

这里，ρ 为 $MC_{保费_i}$ 和 $MC_{准备金_i}$ 的相关系数，$\rho = 0.5$。

步骤 2：

$$MC_{非融资性} = \sqrt{MC^2_{保费非融资性} + 2 \times \rho \times MC_{保费非融资性} \times MC_{准备金非融资性} + MC^2_{准备金非融资性}}$$

这里，ρ 为 $MC_{保费非融资性}$ 和 $MC_{准备金非融资性}$ 的相关系数，$\rho = 0.5$。

$$MC_{信用保证险} = MC_{非融资性} + MC_{融资性}$$

步骤 3：

$$MC_{保费及准备金} = \sqrt{\sum_i MC^2_{保费及准备金_i} + \sum_{i,j<i} 2 \times \rho_{i,j} \times MC_{保费及准备金_i} \times MC_{保费及准备金_j}}$$

这里，$\rho_{i,j}$ 为 $MC_{保费及准备金_i}$ 和 $MC_{保费及准备金_j}$ 的相关系数，具体取值参见第 4 号监管规则《保险风险最低资本（非寿险业务）》。

步骤 4：

$$MC_{非寿险保险} = \sqrt{MC_{保费及准备金}^2 + 2 \times \rho \times MC_{保费及准备金} \times MC_{巨灾} + MC_{巨灾}^2} \times K$$

这里，ρ 为 $MC_{保费及准备金}$ 和 $MC_{巨灾}$ 的相关系数，$\rho = 0.25$。K 为调控性特征因子。对于专业科技保险公司，$K = 0.9$；其他保险公司，$K = 1$。

二、寿险业务

寿险业务的保险风险，是指由于损失发生、费用及退保相关假设的实际经验与预期发生不利偏离，导致保险公司遭受非预期损失的风险。保险公司寿险业务保险风险包括损失发生风险、费用风险和退保风险。寿险业务保险风险最低资本采用情景法计算，即分别在基础情景假设和不利情景假设下计算评估日的现金流现值，最低资本等于两种情景下的现金流现值之差，且不得为负。各类寿险业务保险风险最低资本计算公式为：

$$MC_{保险} = Max(PV_{不利情景} - PV_{基础情景}, 0)$$

其中，$MC_{保险}$ 为寿险业务保险风险各类子风险的最低资本；$PV_{基础情景}$ 为基础情景假设下，按照第 3 号规则《寿险合同负债评估》考虑再保因素后计算得到的寿险业务现金流现值；$PV_{不利情景}$ 为不利情景假设下寿险业务现金流现值。基础情景假设是指保险公司在计算最优估计准备金时所采用的假设。不利情景假设＝基础情景假设×（1+SF），SF 为不利情景因子，表示不利情景对基础情景假设

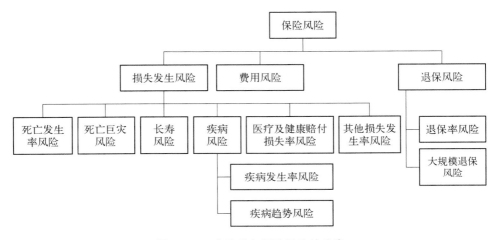

图 13-3　寿险业务保险风险的分类

上浮或者下浮一定比例。保险公司确定寿险业务保险风险最低资本适用的不利情景,以单个保险产品或具有同质风险的保险合同组合在评估日的所有有效保单作为计量单元。

1. 损失发生风险最低资本

损失发生风险,包括死亡发生率风险、死亡巨灾风险、长寿风险、疾病风险、医疗及健康赔付损失率风险、其他损失发生率风险。

(1) 死亡发生率风险。死亡发生率风险是指死亡发生率的实际经验高于预期而使保险公司遭受非预期损失的风险。死亡发生率风险不利情景因子 SF 为在基础情景假设的基础上,未来剩余保险期间内死亡发生率上浮一定比例。SF 赋值为 15%。保险公司死亡发生率风险最低资本为全部寿险业务死亡发生率风险最低资本的算术加总。

(2) 死亡巨灾风险。死亡巨灾风险是指由于巨灾事件(如流行病、地震、海啸等)的发生导致短期内死亡发生率大幅上升而使保险公司遭受非预期损失的风险。死亡巨灾风险不利情景为在基础情景假设的基础上,评估日后的 12 个月内年度死亡发生率增加绝对数额 0.001 8。保险公司计量死亡巨灾风险最低资本,应以评估日全部寿险业务的有效保单作为计量单元。

(3) 长寿风险。长寿风险是指死亡发生率改善的实际经验高于预期而使保险公司遭受非预期损失的风险。长寿风险的不利情景因子 SF 为在基础情景假设的基础上,未来剩余保险期间内每个年度死亡发生率下浮一定比例。SF 根据评估日后的年度确定,赋值如下:

$$SF = \begin{cases} (1-3\%)^t - 1 & 0 < t \leqslant 10 \\ (1-3\%)^{10} \times (1-2\%)^{t-10} - 1 & 10 < t \leqslant 20 \\ (1-3\%)^{10} \times (1-2\%)^{10} \times (1-1\%)^{t-20} - 1 & 20 < t \leqslant 30 \\ (1-3\%)^{10} \times (1-2\%)^{10} \times (1-1\%)^{10} - 1 & t > 30 \end{cases}$$

之前偿二代一期下 SF 的赋值规则如下:

$$SF = \begin{cases} (1-3\%)^t - 1 & \\ (1-3\%)^5 \times (1-2\%)^{t-5} - 1 & 5 < t \leqslant 10 \\ (1-3\%)^5 \times (1-2\%)^5 \times (1-1\%)^{t-10} - 1 & 10 < t \leqslant 20 \\ (1-3\%)^5 \times (1-2\%)^5 \times (1-1\%)^{10} - 1 & t > 20 \end{cases}$$

如图 13 - 4 所示,相比偿二代一期,除前 5 年相同之外,其余期限上偿二代二期的 SF 同期取值要低很多,这使得死亡发生率随保单剩余期限的下调幅度增大。SF 的调整是出于审慎评估长寿风险的考虑，近年来保障类产品发展迅速，市场需求不断增大，养老保险具有很大潜力，长寿风险的重要性逐渐增加。保险公司长寿风险最低资本为全部寿险业务长寿风险最低资本的算术加总。

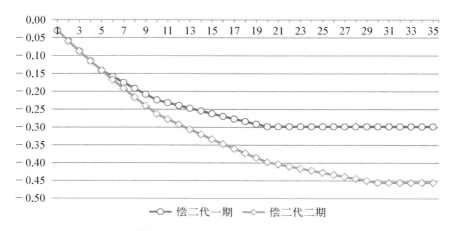

图 13-4　比较偿二代一期和二期的长寿风险不利情景因子 SF

（4）疾病风险。疾病风险是指由于疾病发生的实际经验高于预期而使保险公司遭受非预期损失的风险。疾病风险包括疾病发生率风险和疾病趋势风险。其中，疾病发生率风险是指由于疾病发生率实际经验高于预期而使保险公司遭受非预期损失的风险；疾病趋势风险是指由于疾病恶化趋势实际经验高于预期而使保险公司遭受非预期损失的风险。

疾病发生率风险不利情景因子 SF 为在基础情景假设的基础上，未来剩余保险期间内疾病发生率上浮一定比例。SF 赋值为 20％。保险公司疾病发生率风险最低资本为全部寿险业务疾病发生率风险最低资本的算术加总。

疾病发生率呈现明显恶化趋势，疾病趋势风险不容忽视，为此偿二代二期新增此类风险的最低资本计量。疾病趋势风险的不利情景因子 SF 为在基础情景假设的基础上，未来剩余保险期间内每个年度疾病发生率上浮一定比例。SF 根据评估日后的年度确定，赋值如下：

$$SF = \begin{cases} (1+k)^t - 1 & 0 < t \leqslant 10 \\ (1+k)^{10} - 1 & t > 10 \end{cases}$$

其中，t 表示评估日后第 t 个年度；k 为趋势因子，男性疾病发生趋势因子赋值为 2％，女性疾病发生趋势因子赋值为 3％。保险公司疾病趋势风险最低资本为全部寿险业务疾病趋势风险最低资本的算术加总。

通过聚合疾病发生率风险最低资本（$MC_{疾病发生率}$）和疾病趋势风险最低资本（$MC_{疾病趋势}$）得到疾病风险最低资本（$MC_{疾病}$），计算公式为：

$$MC_{疾病} = \sqrt{MC_{疾病发生率}^2 + MC_{疾病趋势}^2 + 2 \times \rho \times MC_{疾病发生率} \times MC_{疾病趋势}}$$

其中，ρ 为疾病趋势风险与疾病发生率风险间的风险相关系数，赋值为 0.25。

（5）医疗及健康赔付损失率风险。医疗及健康赔付损失率风险是指由于医疗或健康赔付成本（含意外医疗、护理、失能收入等赔付责任）的实际经验高于预期而使保险公司遭受非预期损失的风险。医疗及健康赔付损失率风险不利情景因子 SF 为在基础情景假设的基础上，未来剩余保险期间内医疗及健康赔付损失率上浮一定比例。SF 赋值为 20%。保险公司医疗及健康赔付损失率风险最低资本为全部寿险业务医疗及健康赔付损失率风险最低资本的算术加总。

（6）其他损失发生率风险。对于死亡发生率风险、死亡巨灾风险、长寿风险、疾病风险和医疗及健康赔付损失率风险未涵盖的其他损失发生率风险，计量最低资本时 SF 的赋值为 20%。

（7）损失发生风险最低资本的计量。聚合上述六类损失发生风险的最低资本，可以得到寿险业务的损失发生风险最低资本（$MC_{损失发生}$），具体的计算公式为：

$$MC_{向量} = (MC_{死亡}, MC_{死亡巨灾}, MC_{长寿}, MC_{疾病}, MC_{医健}, MC_{其他})$$

$$MC_{损失发生} = \sqrt{MC_{向量} \times M_{相关系数} \times MC_{向量}^T}$$

其中，$MC_{死亡}$ 为死亡发生率风险最低资本；$MC_{死亡巨灾}$ 为死亡巨灾风险最低资本；$MC_{长寿}$ 为长寿风险最低资本；$MC_{疾病}$ 为疾病风险最低资本；$MC_{医健}$ 为医疗及健康赔付损失率风险最低资本；$MC_{其他}$ 为其他损失发生率风险最低资本；$M_{相关系数}$ 代表相关系数矩阵，具体取值参见第 5 号监管规则《保险风险最低资本（寿险业务）》。

2. 费用风险最低资本

费用风险是指由于保单维持费用的实际水平高于预期而使保险公司遭受非预期损失的风险。费用风险不利情景因子 SF 为在基础情景假设的基础上，未来剩余保险期间内各年度维持费用（不含续期佣金、保险保障基金、监管费）上浮一定比例。SF 赋值为 10%。保险公司费用风险最低资本为全部寿险业务费用风险最低资本的算术加总。

3. 退保风险最低资本

退保风险是指由于退保的实际经验与预期发生偏离而使保险公司遭受非预期损失的风险。退保风险包括退保率风险和大规模退保风险。退保率风险是指退保率的实际经验与预期偏离而使保险公司遭受非预期损失的风险。大规模退保风险是指由于特殊事件(如金融危机、声誉危机等)导致短期内退保率大幅上升而使保险公司遭受非预期损失的风险。

计量退保率风险最低资本时,要用到两个不利情景因子 SF_1 和 SF_2,它们分别表示在基础情景假设的基础上,未来剩余保险期间内各年度退保率上浮的比例和下浮的比例。遵照下列步骤确定退保率风险的 $PV_{不利情景}$:

(1)根据各计量单元归属产品类型确定不利情景因子 SF_1 和 SF_2。确定计量单元归属产品类型时,首先确认计量单元内单一保单返本年度。单一保单返本年度是指该保单的现金价值与累计生存金之和(年度末)首次超过已交保费的整数年度,返本年度计算不考虑非保证利益部分。当计量单元内超过 50% 的有效保单的该整数年度大 10 年时,则该计量单元归属类型 I;否则应归属类型 II。如计量单元内包含万能、投资连结、变额年金等产品,则该计量单元直接归属类型 II。不利情景因子的赋值如下:

表 13 - 6 退保风险不利情景因子的赋值规则

产品类型	因子水平	
	SF_1	SF_2
类型 I	30%	−30%
类型 II	40%	−40%

(2)分别采用不利情景因子 SF_1 和 SF_2 确定相应的退保率假设(以 100% 为上限),计算现金流现值 PV_{SF1} 和 PV_{SF2}。

(3)计量单元的 $PV_{不利情景}$,计算公式为:

$$PV_{不利情景} = \text{Max}(PV_{SF1}, PV_{SF2})$$

计算并比较各个寿险业务在不利情景和基础情景的退保率假设下的现金流现值,若前者超过后者,以两者之差计量该业务的退保率风险最低资本;反之,退保率风险最低资本则计为零。保险公司退保率风险最低资本为全部寿险业务退保率风险最低资本的算术加总。

计量大规模退保风险最低资本时,不利情景为在基础情景假设的基础上,评估日后的 12 个月内年度退保率上浮 150％（退保率以 100％为上限），上浮后的月度退保率假设不低于 2.4％或年度退保率假设不低于 25％。保险公司大规模退保风险最低资本应以评估日所有寿险业务的有效保单（不含评估日现金价值为 0 的保单）作为计量单元。

确定了公司整体的退保率风险最低资本（$MC_{退保率}$）和大规模退保风险最低资本（$MC_{大规模退保}$）之后，取两者之大值计为退保风险最低资本（$MC_{退保}$）：

$$MC_{退保} = Max(MC_{退保率}，MC_{大规模退保})$$

4. 寿险业务保险风险最低资本

汇总保险公司的损失发生风险最低资本（$MC_{损失发生}$）、费用风险最低资本（$MC_{退保}$）和退保风险最低资本（$MC_{费用}$）的计量结果，按下列公式计量寿险业务保险风险最低资本（$MC_{寿险保险}$）：

$$MC_{向量} = (MC_{损失发生}，MC_{退保}，MC_{费用})$$

$$MC_{寿险保险} = \sqrt{MC_{向量} \times M_{相关系数} \times MC_{向量}^T}$$

其中，$M_{相关系数}$ 为寿险业务保险风险各类子风险最低资本的相关系数矩阵，具体取值参见第 5 号监管规则《保险风险最低资本（寿险业务）》。

三、再保险业务

1. 再保险业务概述

再保险业务分为非寿险再保险业务和寿险再保险业务，均包括合约再保险和临分再保险。偿二代二期规则将非寿险再保险业务分为比例再保险业务和非比例再保险业务两大类，表 13-7 中列明了它们各自包含的类型。寿险再保险业务指原保险合同为长期人寿险、长期健康险和长期意外险，以共保、修正共保或年度保证续保等方式分保的再保险业务。年度保证续保指原保险人将每一危险单位的净风险保额超过其自留额的保险责任转移给再保险人的分保方式。由于再保险费按每年续保的自然保费计算，因此又称每年续保定期再保险（Yearly Renewable Term，YRT）。共保（Coinsurance）是指原保险人将其所承保的业务，不论风险保费还是储蓄保费，均按约定比例分给再保险人，再保险费率按原保单费率计算的分保方式；再保险人按比例分担保险责任、分红、退保金等。修正共保（Modified Coinsurance，Mod-Co）与共保的区别在于原保单的责任准备金全部留存在分出公司，再保险人按比例分担保险责任、分红等，但不分担退保金。

表 13 - 7　非寿险再保险业务类型

比例再保险业务		非比例再保险业务
比例车险	比例财产险	非比例财产险
比例船货特险	比例责任险	非比例责任险及短期人身险
比例农业险	比例信用保证险	非比例特殊险
比例短期意外伤害险	比例短期健康险	
比例短期寿险	比例其他险	

2. 软保证 YRT 业务的分类判定

偿二代二期对以年度保证续保方式分保的再保险业务作出特别规定，在满足以下条件时，将其划入寿险再保险业务，否则归为非寿险再保险业务：① 保证续保；② 保证再保险费率（包括保证再保险费率浮动范围）。对于具有保证再保险费率浮动范围的保证续保再保险业务（又称为软保证 YRT 业务），再保险公司应当对再保险费率浮动范围是否具有经济实质进行判断。如果费率浮动范围不具有经济实质，保险公司可以选择将其分类为非寿险再保险业务。如果费率浮动范围具有经济实质，再保险公司应将该业务分类为寿险再保险业务。

判断费率浮动上限是否具有经济实质的方法是比较费率浮动上限与评估时点费率的关系[①]。如果费率浮动上限超出评估时点再保险费率的比率高于对应的损失发生风险不利情景因子 SF，说明该合同的调费空间大于损失发生风险不利情景因子 SF，则该合同的费率浮动上限不具有经济实质；否则，该合同的费率浮动上限具有经济实质。

用于软保证 YRT 合同费率浮动上限经济实质判定的损失发生风险不利情景因子 SF 与第 5 号监管规则一致。具体为：死亡发生率风险不利情景因子为 15%；医疗及健康赔付损失率风险不利情景因子为 20%；其他损失发生率风险不利情景因子为 20%；疾病风险不利情景因子通过综合考虑疾病发生率风险不利情景因子和疾病趋势风险不利情景因子及其相关性后设定为 40%[②]。

---

① 2020 年 7 月，偿二代二期工程第一支柱第二轮联动定量测试时，中再寿险给出的软保证 YRT 业务分类判定的办法。

② 中再寿险对疾病风险不利情景因子的设定过程：疾病发生率风险不利情景因子为 20%，考虑未来 10 年每年 2.5%（男性和女性的平均值）的疾病发生率趋势因子，疾病趋势风险不利情景因子：$(1+2.5\%)^{10}-1=28\%$，疾病趋势风险与疾病发生率间的风险相关系数为 0.25。那么，疾病风险不利情景因子为：

$$SF = \sqrt{0.2^2 + 0.28^2 + 2 \times 0.25 \times 0.2 \times 0.28} = 0.382\,7 \approx 0.40$$

【软保证 YRT 业务的分类判定示例】

例 1：某一寿险软保证 YRT 合同费率上限为 120％的行业个人非年金生命表（CL00‐03），当前费率为 80％的该生命表。在评估时点进行费率上限经济实质测试，测试公式如下。由于该合同费率浮动上限超出当前费率的比率高于死亡风险损失发生风险不利情景因子 15％，该合同费率浮动上限不具有经济实质，可以选择将其分类为非寿险再保险业务。

$$\frac{120\%}{75\%} - 1 > 15\%$$

例 2：某一重疾软保证 YRT 合同当前再保费率为再保公司自己开发的重疾发生率表×100％，保证费率上限为行业重疾发生率表的 150％。在评估时点对费率浮动上限经济实质进行判定：按再保公司重疾发生率表×100％计算的该合同在评估时点的再保保费为 160 万，按 150％的行业发生率表计算的评估时点再保保费为 180 万。由于根据该合同费率浮动上限计算出的再保保费超出当前再保保费的比率低于 40％，该合同费率浮动上限具有经济实质，只能将其分类为寿险再保险业务。

$$\frac{180}{160} - 1 < 40\%$$

3. 非寿险再保险业务的保险风险最低资本

非寿险再保险业务的保险风险包括保费风险、准备金风险和巨灾风险。保费风险最低资本和准备金风险最低资本采用综合因子法计算。比例再保险业务保费风险最低资本要求和准备金风险最低资本要求适用第 4 号监管规则《保险风险最低资本（非寿险业务）》。非比例再保险业务保费风险最低资本的风险暴露 EX 为该类型业务的过去 12 个月自留保费。在计算非比例财产再保险的风险暴露时，不包括财产险巨灾超赔再保险和财产险位与巨灾混合超赔再保险的自留保费。非比例财产险、非比例责任险及短期人身险和非比例特殊险的再保险业务的保费风险基础因子 RF_0 分别为 0.394、0.254 和 0.376。非比例再保险业务准备金风险最低资本的风险暴露 EX 为该类型业务的再保后未决赔款准备金。非比例财产险、非比例责任险及短期人身险和非比例特殊险的再保险业务的保费风险基础因子 RF_0 分别为 0.653、0.488 和 0.541。

对车险和财产险的再保险业务计提巨灾风险最低资本，包括比例再保险业务和非比例再保险业务。比例再保险业务巨灾风险最低资本要求适用第 4 号监管规则《保险风险最低资本（非寿险业务）》。非比例再保险业务巨灾风险最低资本的采用综合因子法，风险暴露 EX 为该巨灾业务的过去 12 个月自留保费。对于既包含险位又包含巨灾的非比例再保险业务，以全部自留保费作为风险暴露。非比例再保险业务巨灾风险基础因子 RF_0 为 1.85。完成比例再保险业务和非比例再保险业务最低资本计量后，将两者聚合得到非寿险再保险业务巨灾风险最低资本 $MC_{\text{巨灾}}$，计算公式如下（$\rho = 0.5$）：

$$MC_{\text{巨灾}} = \sqrt{MC^2_{\text{比例巨灾}} + 2 \times \rho \times MC_{\text{比例巨灾}} \times MC_{\text{非比例巨灾}} + MC^2_{\text{非比例巨灾}}}$$

计量各个再保险业务类型的各个子风险最低资本后，可以通过风险聚合得到非寿险再保险业务保险风险最低资本。风险聚合过程分为三个步骤：一是将第 i 个业务类型的保费风险最低资本和准备金风险最低资本聚合成第 i 个业务类型的保费及准备金风险最低资本 $MC_{\text{保费及准备金}}$；二是将所有 13 个业务类型的保费及准备金风险最低资本聚合成整个非寿险再保险业务的保费及准备金风险最低资本 $MC_{\text{保费及准备金}}$；三是将 $MC_{\text{保费及准备金}}$ 和 $MC_{\text{巨灾}}$ 两者聚合，得到非寿险再保险业务的最低资本 $MC_{\text{保险}}$。

步骤 1：

$$MC_{\text{保费及准备金}_i} = \sqrt{MC^2_{\text{保费}_i} + 2 \times \rho \times MC_{\text{保费}_i} \times MC_{\text{准备金}_i} + MC^2_{\text{准备金}_i}}$$

其中，ρ 为 $MC_{\text{保费}_i}$ 和 $MC_{\text{准备金}_i}$ 的相关系数，$\rho = 0.5$。

步骤 2：

$$MC_{\text{保费及准备金}} = \sqrt{\sum_i MC^2_{\text{保费及准备金}_i} + \sum_{i,\, j(i>j)} 2 \times \rho_{i,\, j} \times MC_{\text{保费及准备金}_i} \times MC_{\text{保费及准备金}_j}}$$

其中，$\rho_{i,\, j}$ 为 $MC_{\text{保费及准备金}_i}$ 和 $MC_{\text{保费及准备金}_j}$ 的相关系数，具体取值参见第 6 号监管规则《保险风险最低资本（再保险公司）》。

步骤 3：

$$MC_{\text{保险}} = \sqrt{MC^2_{\text{保费及准备金}} + 2 \times \rho \times MC_{\text{保费及准备金}} \times MC_{\text{巨灾}} + MC^2_{\text{巨灾}}}$$

其中，ρ 为 $MC_{\text{保费及准备金}}$ 和 $MC_{\text{巨灾}}$ 的相关系数，$\rho = 0.25$。

4. 寿险再保险业务的保险风险最低资本

寿险再保险业务的保险风险包括损失发生风险、费用风险和退保风险。计量寿险再保险业务保险风险最低资本时，应当以转分保后的净现金流为基础评估再保险合同负债。通过分别计算基础情景假设和不利情景假设下评估日的现金流现值，两种情景下的现金流现值之差为最低资本，且不得为负。

寿险再保险业务保险风险最低资本的计量适用第 5 号监管规则《保险风险最低资本（寿险业务）》，但对退保率风险不利情景因子直接适用产品类型 I 的不利情景因子。寿险再保险合同涵盖多个保险产品的,在确定保险风险最低资本适用的不利情景时,应以单个保险产品在评估日所有有效原保险合同作为一个计量单元。寿险再保险合同的现金流取决于多个计量单元的(如一个再保险合同涵盖多个保险产品,且需要在再保险合同层面合并计算再保险手续费、纯益手续费等),应将多个计量单元合并。

第三节　市场风险的最低资本

市场风险,是指由于利率、权益价格、房地产价格、汇率等不利变动,导致保险公司遭受非预期损失的风险。偿二代二期关注的保险公司的市场风险类型有:利率风险、权益价格风险、房地产价格风险、境外资产价格风险、汇率风险和集中度风险。

除人身保险公司的利率风险最低资本外,市场风险最低资本采用综合因子法计量: $MC_{市场} = EX \times RF_0 \times (1 + \sum_{i=1}^{n} k_i)$ 。 人身保险公司采用情景法计量利率风险最低资本。

一、利率风险最低资本

1. 利率风险及其评估范围

利率风险是指由于无风险利率的不利变动导致保险公司遭受非预期损失的风险。

财产保险公司利率风险最低资本的计量对象:直接持有和通过非基础资产间接持有的境内债券类资产和利率类金融衍生品。具体分为:① 债券类资产,包括:国债、地方政府债、政府支持机构债券、企业债券、公司债券、金融债券、同业存单、信贷资产支持证券、资产支持票据、证券交易所挂牌交易的资产支持证券等,含央行票据和短期融资券,不含可转债(可交换债);② 利率类金融衍生品,包括:利率互换、国债期货等。

人身保险公司利率风险最低资本的计量对象:直接持有的、根据合同约定具有确定性现金流、且现金流仅为本金和利息的境内投资资产以及境内利率类金融衍生品。具体包括:① 保险公司存放在金融机构的定期存款、协议存款、结构性存款、大额存单等;② 债券类资产,包括国债、地方政府债、政府支持机构债券、企业债券、公司债券、金融债券、同业存单等,含央行票据和短期融资券,不含可转债(可交换债);③ 其他固定收益类投资资产;④ 利率类金融衍生品,包括利率互换、国债期货等;⑤ 保单质押贷款等。

相比偿二代一期，偿二代二期扩大了利率风险的评估范围。偿二代一期下的评估范围为财务报表上以公允价值计量且具有明确期限的境内投资资产，如债券类资产、资产证券化产品、利率金融衍生品及其他固定收益类产品。计量对象仅限于 AFS 和 HFT 固定收益类产品。偿二代二期按照资产现金流实质、与会计分类脱钩的原则，将与利率敏感的资产全部纳入利率风险的对冲范围。

监管部门做出上述的修订，主要出于以下的考虑：会计分类与利率风险实质不相符合；全部利率敏感资产，而非特定会计分类，才可以真实反映资产负债现金流对冲后虽基础利率波动的风险；避免出现公司需要通过提高市值类固收资产占比，或拉长市值类资产久期来改善偿付能力的情形，引导公司做好资产负债匹配管理。

2. 财产保险公司利率风险最低资本

（1）债券类资产。债券类资产的利率风险暴露 EX 为其公允价值。基础因子 RF_0 赋值如下：

$$RF_0 = \begin{cases} D \times (-0.001 \times D + 0.021\,7) & 0 < D \leqslant 5 \\ D \times (-0.001\,06 \times D + 0.022) & 5 < D \leqslant 10 \\ D \times 0.011\,4 & D > 10 \end{cases}$$

其中，D 为资产的修正久期。

（2）利率互换。利率互换的利率风险暴露 EX 为合约名义本金；基础因子 RF_0 赋值如下：

$$RF_0 = \begin{cases} D \times [-0.001 \times ABS(D) + 0.021\,7] & 0 < ABS(D) \leqslant 5 \\ D \times [-0.001\,06 \times ABS(D) + 0.022] & 5 < ABS(D) \leqslant 10 \\ D \times 0.011\,4 & ABS(D) > 10 \end{cases}$$

其中，ABS 表示绝对值；D 为资产的修正久期；合约方向为收固定利率、付浮动利率的，合约久期为正，反之为负。

（3）国债期货套期保值操作。运用国债期货空头对国债资产进行套期保值操作。套期保值操作符合会计准则规定的套期有效性的要求[1]，且套期期限不低于 1 个月的，可将国债期货空头与被套期债券组合合并计算利率风险最低资本。即：国债期货套期组合最低资本＝ABS（被套期债券组合资本要求－国债期货空头合约价值×套期有效性×风险因子）。这里，ABS 表示绝对值，

---

[1] 《企业会计准则第 24 号——套期会计》第 15 条中"套期有效性"的定义，"指套期工具的公允价值或现金流量变动能够抵销被套期风险引起的被套期项目公允价值或现金流量变动的程度"。同时，第 16 条列出了认定套期关系符合套期有效性要求的标准。

采用与债券类资产相同的风险因子。

套期保值操作符合会计准则规定的套期有效性的要求，但套期期限低于 1 个月的，国债期货空头不与被套期债券组合合并计算利率风险最低资本，其最低资本等于 0。

套期保值操作不符合会计准则规定的套期有效性的要求，国债期货空头不与被套期债券组合合并计算利率风险最低资本。国债期货空头单独计量利率风险最低资本，国债期货空头最低资本＝ABS（国债期货空头合约价值×风险因子），采用与债券类资产相同的风险因子。

若保险公司通过国债期货进行多头套保，国债期货多头单独计量利率风险最低资本，计算公式为：国债期货多头最低资本＝国债期货多头合约价值×风险因子，采用与债券类资产相同的风险因子。

3. 人身保险公司利率风险最低资本

人身保险公司采用情景法计量利率风险最低资本，具体的计算公式为：

$$MC_{利率风险} = Max\left[PV\left(NCF\right)_{不利情景} - PV\left(NCF\right)_{基础情景}, 0\right]$$

其中，$PV\left(NCF\right)_{基础情景}$ 为基础情景假设下人身保险公司净现金流现值，折现率曲线适用利率风险评估的基础折现率曲线。$PV\left(NCF\right)_{不利情景}$ 为不利情景假设下人身保险公司净现金流现值，折现率曲线适用利率风险评估的不利情景折现率曲线。NCF 为净现金流，等于考虑再保因素后人身保险公司预期未来现金流出减去预期未来现金流入的差额。NCF 等于负债预期现金流出减去负债预期现金流入，再减去资产预期现金流。

利率风险评估所采用的折现率曲线由基础利率曲线加综合溢价形成。基础利率曲线由以下三段组成：

$$\begin{cases} 期望无风险收益率曲线 & 0 < t \leqslant t_1 \\ 终极利率过渡曲线 & t_1 < t \leqslant t_2 \\ 终极利率水平 & t > t_2 \end{cases}$$

其中，t 为利率期限，t_1 为过渡曲线起点，t_2 为过渡曲线终点。

2021 年底，原银保监会发布的《关于实施保险公司偿付能力监管规则（Ⅱ）有关事项的通知》，附有"人身保险公司利率风险评估的基础情景和不利情景折现率曲线"。如图 13－5 所示，基础情景下的基础利率曲线由三段组成：

$$\begin{cases} 60\ 日移动平均国债收益率曲线 & 0 < t \leqslant 20 \\ 终极利率过渡曲线 & 20 < t \leqslant 40 \\ 终极利率 & t > 40 \end{cases}$$

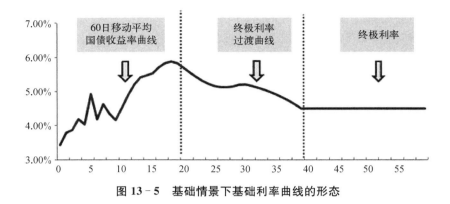

图 13‐5 基础情景下基础利率曲线的形态

其中,终极利率过渡曲线采用二次插值方法计算得到,终极利率暂定为 4.5%。同样地,不利情景下的基础利率曲线也分为三段:

$$\begin{cases} 60 \text{ 日移动平均国债收益率不利情景曲线} & 0 < t \leqslant 20 \\ \text{终极利率不利情景过渡曲线} & 20 < t \leqslant 40 \\ \text{终极利率不利情景} & t > 40 \end{cases}$$

这里,60 日移动平均国债收益率不利情景曲线基于基础情景曲线和不利情景参数计算得到;终极利率不利情景为终极利率×(1+$Stress_{40}$),$Stress_{40}$ 为在 40 年度不利情景参数;终极利率不利情景过渡曲线采用二次插值方法计算得到。

基础情景和不利情景折现率曲线的综合溢价均按以下规则确定：前 20 年的综合溢价为 45 基点;40 年以后的终极利率综合溢价为 0;20 年到 40 年之间的综合溢价采用线性插值法得到。

4. 再保险公司利率风险最低资本

单独经营财产险再保险业务的再保险公司,其利率风险最低资本要求按照财产保险公司相关规则计量。

单独经营人身险再保险业务的再保险公司,其利率风险最低资本要求按照人身保险公司相关规则计量。

同时经营财产险和人身险业务的再保险公司,应对非寿险业务和寿险业务分别使用综合因子法和情景法计量利率风险最低资本,经算数加总得到再保险公司利率风险最低资本。如有证据表明计量结果不存在重大差异,再保险公司可以按照分出公司类型,分别适用财产保险公司或人身保险公司相关规则计量利率风险最低资本。

二、权益价格风险最低资本

权益价格风险,是指由于权益价格不利变动导致保险公司遭受非预期损失的风险。计量权益价格风险最低资本的资产范围：保险公司直接持有和通过非基础资产间接持有的境内权益类基础资产(房地产权益类资产除外)。具体而言,包括上市普通股票,未上市股权(不含子公司、合营企业、联营企业股权),对子公司、合营企业和联营企业的长期股权投资,证券投资基金(含货币市场基金),可转债(可交换债),股指期货,优先股和无固定期限资本债券。

1. 上市普通股票

上市普通股票的风险暴露 EX 为其认可价值。基础因子 RF_0 赋值如下:

$$RF_0 = \begin{cases} 0.35 & \text{沪深主板股} \\ 0.45 & \text{创业板股、科创板股} \end{cases}$$

设定了两个特征系数。k_1 跟所有直接持有股票的加权涨跌幅度有关,即:

$$k_1 = \begin{cases} 1 & x \geqslant 1 \\ x^2 & 0 \leqslant x < 1 \\ -x^2 & -1 \leqslant x < 0 \end{cases}$$

其中, $x = \dfrac{\sum_{i=1}^{n} \text{上市股票 } i \text{ 的账面价值} - \sum_{i=1}^{n} \text{上市股票 } i \text{ 的购买成本}}{\sum_{i=1}^{n} \text{上市股票 } i \text{ 的购买成本}}$。 k_2 跟是否为沪深 300 指数成分股有关,即:

$$k_2 = \begin{cases} -0.05 & \text{沪深 300 指数成分股} \\ 0 & \text{其他} \end{cases}$$

2023 年 9 月 10 日起,根据《关于优化保险公司偿付能力监管标准的通知》规定,投资沪深 300 指数成分股,基础因子从 0.35 调整为 0.3;投资科创板上市普通股,基础因子从 0.45 调整为 0.4。

2. 未上市股权

未上市股权是指保险公司对被投资对象不具有控制、共同控制或重大影响,并且在活跃市场没有报价、公允价值不能可靠计量的权益性投资。未上市股权的风险暴露 EX 为其认可价值;基础因子 RF_0 赋值为 0.41。

3. 对子公司、合营企业和联营企业的长期股权投资

风险暴露 EX 为该项投资的认可价值。基础因子 RF_0 赋值如下:保险类子公司及属于保险主业范围内的子公司,基础因子 RF_0 赋值为 035;对其他子公司的长期股权投资,基础因子 RF_0 赋值为 1;合营企业和联营企业为上市公司的,基础因子 RF_0 赋值为 0.35;合营企业和联营企业为非上市公司的,基础因子 RF_0 赋值为 0.41。

4. 证券投资基金

证券投资基金,包括债券基金、股票基金、混合基金、商品及金融衍生品基金、货币市场基金。风险暴露 EX 为其认可价值。基础因子 RF_0 的赋值规则如

下：债券基金为 0.06；股票基金为 0.28；混合基金、商品及金融衍生品基金为 0.23；货币市场基金为 0.01；可转债（可交换债）为 0.23。

5. 上市普通股票套期保值操作

套期保值操作符合会计准则规定的套期有效性要求，且套期期限不低于 1 个月的，可将股指期货空头与其被套期股票组合合并计算权益价格风险最低资本。即：股指期货套期组合最低资本＝ABS（被套期股票组合资本要求－股指期货空头合约价值×套期有效性×风险因子），风险因子赋值为 0.35。

若套期保值操作符合会计准则规定的套期有效性要求，但套期期限低于 1 个月的，股指期货空头与其被套期股票组合不得合并计算权益价格风险最低资本。股指期货空头合约的权益价格风险最低资本等于 0。

套期保值操作不符合会计准则规定的套期有效性要求，股指期货空头与其被套期股票组合不得合并计算权益价格风险最低资本。即：股指期货空头最低资本＝ABS（股指期货空头合约价值×风险因子），风险因子赋值为 0.35。

保险公司通过股指期货进行多头套保，股指期货多头单独计量权益价格风险最低资本。即：股指期货多头最低资本＝股指期货多头合约价值×风险因子，风险因子赋值为 0.35。

6. 优先股和无固定期限资本债券

金融机构发行的优先股和无固定期限资本债券的权益价格风险暴露 EX 为其认可价值。基础因子 RF_0 赋值如下：

表 13-8　优先股和无固定期限资本债券的基础因子 RF_0 赋值规则

发行机构和类型			基础因子
银行、金融资产管理公司、保险公司发行的，不带强制转换为普通股或减记条款的			0.15
银行发行的带有强制转换为普通股或减记条款的	各级资本充足率全部达到监管要求	政策性银行、国有大型商业银行	0.15
		股份制商业银行	0.20
		城市商业银行	0.25
		其他商业银行	0.30
	各级资本充足率未全部达到监管要求		0.45
金融资产管理公司发行的带有强制转换为普通股或减记条款的	各级资本充足率全部达到监管要求		0.20
	各级资本充足率未全部达到监管要求		0.45
保险公司发行带有强制转换为普通股或减记条款的	各级偿付能力充足率全部达到监管要求		0.15
	各级偿付能力充足率未全部达到监管要求		0.45

非金融机构发行的优先股权益价格风险暴露 EX 为其认可价值。不带强制转换为普通股条款的优先股，基础因子 RF_0 赋值为 0.10；带强制转换为普通股条款的优先股，基础因子 RF_0 赋值为 0.25。

三、房地产价格风险最低资本

房地产价格风险是指由于投资性房地产价格不利变动导致保险公司遭受非预期损失的风险。计量范围是直接持有和通过非基础资产间接持有的境内投资性房地产。分为两类：以物权形式持有的投资性房地产；以项目公司形式持有的投资性房地产股权。

1. 以物权形式持有的投资性房地产

风险暴露 EX 为其认可价值。基础因子 RF_0 赋值为 0.15。根据房地产所处位置设定特征系数 k_1：

$$k_1 = \begin{cases} 0 & \text{直辖市、省会城市、计划单列市} \\ 0.2 & \text{境内其他地区} \end{cases}$$

2. 以项目公司形式持有的投资性房地产股权

风险暴露 EX 为下述两者中的较大值：项目公司持有的投资性房地产的账面价值与保险公司持有项目公司股份比例的乘积，保险公司持有的项目公司股权投资的认可价值。风险因子的规定等同于以物权形式持有的投资性房地产。

向其控股的经营投资性房地产业务的项目公司提供的各项融资借款，应当计量房地产价格风险最低资本。风险暴露为其认可价值，风险因子按照以物权形式持有的投资性房地产设定。

【房地产价格风险最低资本的计量示例】

例 1：2022 年 1 月 1 日，ABC 保险公司以 21 亿元购买了一栋位于上海的写字楼，用于出租，在会计核算时确认为投资性房地产，采用公允价值模式进行计量。2022 年 1 月 1 日，其账面价值为 23 亿元。该栋写字楼的物权 2041 年底到期，残值率为 8%，采用直线摊销法计提折旧。保险公司在编制 2022 年第四季度的偿付能力报告时，应当如何确定该项投资性房地产的认可价值和房地产价格风险最低资本？

【分析】

本案例中，ABC 保险公司以物权形式持有的投资性房地产，是以公允价值模式进行计量的，在编制偿付能力报告时，应当调整为成本模式计量金额，以其作为认可价值。2022 年 1 月 1 日，该栋写字楼账面价值为 23 亿元，其中购买成本 21 亿元，评估增值 2 亿元。根据《关于实施保险公司偿付能力监管规则（Ⅱ）

有关事项的通知》的规定，在新旧规则切换日，对于以公允价值模式计量的投资性房地产，保险公司应以 2022 年 1 月 1 日作为初始计量日，将其账面价值作为初始成本，按成本模式计量其资本。2022 年 1 月 1 日，ABC 保险公司应当以 23 亿元作为初始成本，对该项投资性房地产按照成本模式计量金额确认其认可价值。该栋写字楼物权剩余年限为 20 年，残值率为 8％，按照直线摊销法计每年应该计提的折旧为 $23 \times (1 - 8\%) \div 20 = 1.058$ 亿元。

2022 年第四季度，该项投资性房地产的认可价值为 $(23 - 1.058) = 21.942$ 亿元。投资性房地产的基础因子 $RF_0 = 0.15$，由于该栋写字楼位于上海，特征系数 $k_1 = 0$，因此，房地产价格风险最低资本为 $21.942 \times 0.15 = 3.2913$ 亿元。

例 2：2023 年 3 月，ABC 保险公司出资 16 亿元成立全资的项目公司 XYZ。2023 年 7 月，XYZ 公司购买了一栋位于苏州的写字楼，用于出租，确认为投资性房地产，以成本模式计量。2023 年第四季度末，ABC 保险公司对 XYZ 公司的长期股权投资按权益法核算的金额为 15.7 亿元，写字楼的账面价值为 15.5 亿元。保险公司在编制 2023 年第四季度的偿付能力报告时，应当如何确定该项投资性房地产的房地产价格风险最低资本？

【分析】

从案例可知，项目公司 XYZ 持有的投资性房地产的账面价值与 ABC 保险公司持有项目公司 XYZ 股份比例的乘积为 $15.5 \times 100\% = 15.5$ 亿元，ABC 保险公司持有的项目公司 XYZ 股权投资的认可价值为 15.7，从以上两者中选取较大值作为房地产价格风险的风险暴露，$EX = 15.7$ 亿元。投资性房地产的基础因子 $RF_0 = 0.15$，写字楼所在的苏州不是直辖市、省会城市、计划单列市，特征系数 $k_1 = 0.2$。因此，该项投资性房地产的房地产价格风险最低资本为 $15.7 \times 0.15 \times (1 + 0.2) = 2.826$ 亿元。

四、境外资产价格风险最低资本

境外资产价格风险是指由于境外资产价格不利变动导致保险公司遭受非预期损失的风险。计量范围：直接持有和通过非基础资产间接持有的境外投资资产（不含境外流动性资产）。类型包括：境外固定收益类投资资产；境外权益类投资资产，含境外房地产类投资资产。

1. 境外固定收益类资产

风险暴露 EX 为其认可价值。基础因子 RF_0 赋值：

$$RF_0 = \begin{cases} 0.03 & \text{同业存单、短期融资券} \\ 0.08 & \text{其他境外固收资产（不含存款）} \end{cases}$$

根据投资市场设定特征系数 k_1：

$$k_1 = \begin{cases} 0 & \text{发达市场} \\ 0.25 & \text{新兴市场} \end{cases}$$

分别计量境外发达市场和新兴市场的固定收益类资产的市场风险最低资本后，进行聚合计算：

$$MC_{\text{境外—固收}}$$
$$= \sqrt{MC^2_{\text{境外—固收—发达}} + 2 \times \rho \times MC_{\text{境外—固收—发达}} \times MC_{\text{境外—固收—新兴}} + MC^2_{\text{境外—固收—新兴}}}$$

其中，$\rho = 0.1365$。

2. 境外权益类资产

风险暴露 EX 为其认可价值。基础因子 RF_0 赋值：

$$RF_0 = \begin{cases} 0.01 & \text{货币基金} \\ 0.08 & \text{债券型基金} \\ 0.39 & \text{上市股票、股票基金和混合基金} \\ 0.45 & \text{境外未上市股权和其他境外权益资产} \end{cases}$$

根据投资市场设定特征系数 k_1：

$$k_1 = \begin{cases} 0 & \text{发达市场} \\ 0.25 & \text{新兴市场} \end{cases}$$

对境外发达市场和新兴市场权益类资产的市场风险最低资本的汇总计算：

$$MC_{\text{境外—权益}}$$
$$= \sqrt{MC^2_{\text{境外—权益—发达}} + 2 \times \rho \times MC_{\text{境外—权益—发达}} \times MC_{\text{境外—权益—新兴}} + MC^2_{\text{境外—权益—新兴}}}$$

其中，$\rho = 0.375$。

3. 对境外子公司、合营企业和联营企业的长期股权投资

按照对境内子公司、合营企业和联营企业的长期股权投资的规定计量最低资本。根据投资市场设定特征系数 k_1：

$$k_1 = \begin{cases} 0 & \text{发达市场} \\ 0.25 & \text{新兴市场} \end{cases}$$

4. 境外房地产投资

对于以物权方式持有的境外投资性房地产、境外房地产信托投资基金（公募），风险暴露 EX 为其认可价值。对于以项目公司形式持有的境外投资性房地

产股权,风险暴露 EX 按以项目公司形式持有的境内投资性房地产股权方法确定。所有类型的境外房地产投资,基础因子 RF_0 赋值均为0.15,根据房地产所处位置或境外房地产信托投资基金挂牌交易的国家和地区,设定相同的特征系数 k_1 :

$$k_1 = \begin{cases} 0.2 & \text{发达市场} \\ 0.4 & \text{新兴市场} \end{cases}$$

五、汇率风险最低资本

汇率风险是指由于汇率波动引起资产与负债(含外汇衍生品)价值变动,导致保险公司遭受非预期损失的风险。评估范围:直接持有和通过非基础资产间接持有的以外币计价的资产与负债。类型包括:外币流动性管理工具、外币固定收益类投资资产、外币权益类投资资产、外币衍生品、外币房地产、外币其他资产和外币负债。

1. 外币资产或负债

汇率风险暴露 EX 为同币种资产减去同币种负债的净额绝对值。美元和汇率跟美元挂钩的货币之间,可视为同币种计算金额。基础因子 RF_0 赋值:

$$RF_0 = \begin{cases} 0.05 & \text{美元和汇率跟美元挂钩的货币} \\ 0.08 & \text{欧元、英镑} \\ 0.15 & \text{其他货币} \end{cases}$$

2. 对外汇资产或负债通过外汇远期合约进行套期保值操作

符合会计准则规定的套期有效性要求,外汇远期合约与其被套期资产(负债)组合合并计算汇率风险资本。具体计算公式为:汇率套期组合最低资本＝ ABS (被套期外币资本(负债)总规模－外汇远期合约名义价值×套期有效性)×风险因子。其中,风险因子赋值参照外币资产或负债依据币种设定的基础因子。

套期保值操作不符合会计准则规定的套期有效性要求的,外汇远期合约与其被套期资产(负债)组合不得合并计算汇率风险资本。外汇远期汇率风险最低资本按下式计算:外汇远期最低资本＝ ABS (外汇远期合约名义价值×风险因子)。其中,风险因子赋值参照外币资产或负债依据币种设定的基础因子。

六、市场风险最低资本汇总

将各类市场风险的最低资本采用相关系数矩阵进行聚合,计算公式如下:

$$MC_{\text{市场}} = \sqrt{MC_{\text{向量}} \times M_{\text{相关系数}} \times MC_{\text{向量}}^{T}}$$

其中, $MC_{\text{向量}}$ ＝ ($MC_{\text{利率}}$, $MC_{\text{权益价格}}$, $MC_{\text{房地产}}$, $MC_{\text{境外固收}}$, $MC_{\text{境外权益及房地产}}$,

$MC_{汇率}$），$M_{相关系数}$ 为各类市场风险最低资本的相关系数矩阵。

相较于偿二代一期，偿二代二期的权益类资产的基础因子整体上均有所提升，更加能够反映其实际风险水平。长期股权投资市场风险最低资本基础因子被大幅提升。随着最低资本提升，险企偿付能力充足率普遍下降。大幅提高非保险类子公司及不属于保险主业范围内的子公司的基础因子，有利于使险企投资聚焦主业，防止保险资本在金融领域野蛮生长。对境外资产进行详细拆分，也令境外货币基金风险因子能够更加实际反映其风险情况。

第四节　信用风险的最低资本

信用风险，是指由于利差的不利变动，或者由于交易对手不能履行或不能按时履行其合同义务，或者交易对手信用状况的不利变动，导致保险公司遭受非预期损失的风险。计量保险公司的信用风险最低资本，需要关注信用风险的三个子类风险，分别是利差风险、交易对手违约风险和集中度风险。原则上，保险公司投资的标准化债权类资产，应当计量利差风险最低资本，同时计量利率风险最低资本；对于非标准化债权类资产以及应收类资产等，应当计量交易对手违约风险最低资本。

计量信用风险最低资本采用综合因子法。各项资产（负债）的信用风险最低资本计算公式：$MC_{信用} = EX \times RF_0 \times (1 + \sum_{i=1}^{n} k_i)$。保险公司计量某类资产（负债）的信用风险最低资本时，应对该类别的各项资产（负债）分别计量，不得按类别合并计量。

一、利差风险

利差风险，指利差（资产的收益率超过无风险利率的部分）的不利变动而导致保险公司遭受非预期损失的风险。利差风险最低资本的计量范围：保险公司直接持有的境内标准化债权类资产和非基础资产穿透后的境内标准化债权类资产。包括：政府支持机构债券，企业债券、公司债券、金融债券、同业存单、短期融资券，不含可转债（可交换债），信贷资产支持证券、资产支持票据、证券交易所挂牌交易的资产支持证券，其他标准化债权类资产。

标准化债券资产的利差风险的风险暴露为其公允价值。对于政策性银行发行的金融债券（含资本补充债券）、政府支持机构债券，利差风险的基础风险因子 RF_0 由其修正久期决定。其他境内标准化债权类投资资产的利差风险 RF_0 由信用评级和修正久期共同决定。各类债券的利差风险最低资本的基础因子 RF_0

赋值规则,参见表13-9。如果上述各类债券属于支持碳减排项目绿色债券的,设定调控性特征系数 k_1,赋值为-0.1。

表13-9 利差风险最低资本的基础因子 RF_0 赋值规则

类 型	特 征 因 子		基 础 因 子
	信用评级	修正久期	
政策性银行发行的金融债券(含资本补充债券)	无	$0 < D \leqslant 5$	$D \times (-0.001\,2 \times D + 0.012)$
		$D > 5$	$D \times 0.001 + 0.025$
政府支持机构债券	无	$0 < D \leqslant 5$	$D \times (-0.001 \times D + 0.012)$
		$D > 5$	$D \times 0.001 + 0.03$
其他境内标准化债权类投资资产	AAA	$0 < D \leqslant 5$	$D \times (0.000\,6 \times D + 0.012)$
		$D > 5$	$D \times 0.015$
	AA+	$0 < D \leqslant 5$	$D \times (0.000\,7 \times D + 0.016\,5)$
		$D > 5$	$D \times 0.02$
	AA	$0 < D \leqslant 5$	$D \times (0.000\,9 \times D + 0.025)$
		$D > 5$	$D \times 0.029\,5$
	AA-	$0 < D \leqslant 5$	$D \times (0.001 \times D + 0.033)$
		$D > 5$	$D \times 0.038$
	A+	$0 < D \leqslant 5$	$D \times (0.002 \times D + 0.04)$
		$D > 5$	$D \times 0.05$
	A	$0 < D \leqslant 5$	$D \times (0.003 \times D + 0.045)$
		$D > 5$	$D \times 0.06$
	A-	$0 < D \leqslant 5$	$D \times (0.004 \times D + 0.05)$
		$D > 5$	$D \times 0.07$
	BBB+	$0 < D \leqslant 5$	$D \times (0.005 \times D + 0.05)$
		$D > 5$	$D \times 0.075$
	BBB/BBB-/无评级	$0 < D \leqslant 5$	$D \times (0.01 \times D + 0.05)$
		$D > 5$	$D \times 0.1$

二、交易对手违约风险

交易对手违约风险,指交易对手不能履行或不能按时履行其合同义务,导致保险公司遭受非预期损失的风险。保险公司需要计量交易对手违约风险最低资本的资产类型包括：

一是现金及流动性管理工具。拆出资金、存放在第三方支付机构账户的资金，面临交易对手违约风险暴露，成为主要的计量对象。将央行票据、短期融资券和货币市场基金排除在资产计量范围之外。央行票据属于标准化债权资产，面临的主要风险是无风险利率的变动，需要计量利率风险最低资本，而无须计量交易对手违约风险最低资本。短期融资券属于标准化债权类资产，应当计量利差风险最低资本，不计量交易对手违约风险最低资本。货币市场基金主要面临市场价格波动的风险，应当计量权益价格风险最低资本。

二是各类存款。指保险公司存放在境内和境外金融机构的定期存款、协议存款、结构性存款、大额存单。计量交易对手违约风险最低资本时，各类存款的风险暴露是其认可价值，风险因子根据存款类型、存款机构类型、存款机构的资本充足率确定。

三是再保险资产。包括应收分保准备金、应收分保款项。再保分出业务应收分保款项和分入业务再保险资产的交易对手违约风险暴露 EX 为 Max(同一交易对手按照合同约定债权债务可自行抵消前提下抵消后的债权净额，0)，再保分出业务应收分保准备金的 EX 为 Max(同一交易对手分出业务应收分保准备金的认可价值，0)。风险因子按如下规则设定：① 直保公司和再保险公司向境内再保分入人分保，均根据分入人的偿付能力充足率来确定基础因子；② 直保公司向境外再保险分入人分保，根据分入人的偿付能力充足率是否达标以及是否提供担保措施确定适用的基础因子；③ 再保险公司向境外再保险分入人分保，根据分入人的偿付能力充足率是否达标以及信用评级确定基础因子，并根据是否有担保举措，设定特征系数 k_1；④ 根据再保险分入人是否为再保险公司、是否为境内独立法人机构、是否有透明度增强措施，依次设定特征系数 k_2、k_3 和 k_4；⑤ 境外再保险分入人所在国家(地区)的偿付能力监管制度获得中国偿付能力监管等效资格的，对其再保险分出业务应收分保款项和应收分保准备金的交易对手违约风险因子给予支持；⑥ 分入业务再保险资产的基础因子按账龄确定。

四是除再保险资产外的应收及预付类项目。主要包括应收保费、应收利息、其他应收及预付款项等。应收保费是指保险公司应向投保人收取的保费。应收保费以认可价值作为风险暴露，其风险因子根据业务类型和账龄确定。应收利息是指保险公司因各类债权投资、拆出资金、买入返售金融资产等已到付息日但尚未领取的利息。应收利息的风险暴露为其认可价值，应收利息的风险因子根据孳生资产的类别确定。对于计量交易对手违约风险最低资本的资产，其孳生的应收利息适用该资产的风险因子；对于计量利差风险最低资本的资产，根据信用评级确定风险因子。其他应收及预付款项以其认可价值作为风险暴露，按子类型确定基础因子。例如，预付赔款、待抵扣的预交税费，RF_0 赋值为 0。

五是保单质押贷款。保险公司按照保险合同的约定，以投保人持有的保单现金价值为质押，向投保人出借短期资金形成的资产。以其认可价值作为风险暴露，RF_0 赋值为 0.05。

六是用于套期保值的外汇远期和利率互换。风险暴露为 Max（同一交易对手下外汇远期和利率互换账面价值的债权、债务抵销后的债权净额，0），基础因子根据交易对手信用评级来确定。

七是债权类非基础资产。包括商业银行理财产品、固定收益类信托计划、债权投资计划、资产证券化产品等，按照第 7 号监管规则《市场风险和信用风险的穿透计量》第 21 条至第 23 条，计量交易对手违约风险最低资本。

八是贷款资产。保险公司持有的非基础资产穿透到底层后，如果为贷款类资产的，应当计量交易对手违约风险最低资本。贷款资产的风险暴露为其认可价值，按照贷款资产的风险类型（正常类、关注类、次级类、可疑类和损失类），设定不同的风险因子。

九是债务担保。保险公司对外提供债务担保，交易对手违约风险的风险暴露为担保金额；RF_0 赋值为 0.3。

三、使用信用风险缓释（保护）工具后的最低资本计量

信用风险缓释（保护）工具相当于为标的资产的信用风险提供了"保险"保障。在标的资产发生信用事件前，对标的资产的价格的不利变动起到一定的缓释作用。在标的资产发生信用事件后，信用风险缓释（保护）工具创设机构会给予损失补偿。

保险公司对某项资产使用信用风险缓释（保护）工具的，应将该项资产与信用风险缓释（保护）工具打包计量最低资本，计算公式为：

$$MC_{信用} = EX_A \times RF_{调整后} + EX_B \times RF_{调整前}$$

其中，$EX_A = CRM \times EX_{标的资产受保护部分的风险暴露} + EX_{信用风险缓释（保护）工具}$

$EX_B = (1 - CRM) \times EX_{标的资产受保护部分的风险暴露} + EX_{标的资产未受保护部分的风险暴露}$

这里，EX_A 为受保护部分的信用风险暴露；EX_B 为未受保护部分的信用风险暴露；$EX_{信用风险缓释（保护）工具}$ 为信用缓释（保护）工具的风险暴露，信用风险缓释（保护）工具的风险暴露为其账面价值；CRM 为信用缓释比例；$RF_{调整前}$ 为标的资产运用信用风险缓释（保护）工具前的风险因子；$RF_{调整后}$ 为标的资产运用信用风

险缓释(保护)工具后的风险因子。保险公司应当以信用风险缓释(保护)工具创设机构主体信用评级与标的资产信用评级孰高的原则，确定标的资产运用风险缓释(保护)工具后的评级，并以此确定风险因子 $RF_{调整后}$。 非标投资产品使用信用风险缓释(保护)工具的，信用风险缓释(保护)仅作用于表层资产。

表 13－10 信用缓释比例(CRM)的赋值规则

标 的 资 产	利差风险	交易对手违约风险
政策性银行发行的金融债券	——	——
政府支持机构债券	——	——
AAA	30％	100％
AA＋	40％	100％
AA	50％	100％
AA－	55％	100％
A＋	57％	100％
A	60％	100％
A－	65％	100％
BBB＋/BBB/BBB－/无评级	70％	100％

偿二代二期规则规定了信用缓释比例（CRM）的赋值规则，参见表 13－9。对于利差风险时，将标的资产的综合溢价中的纯信用溢价部分拆分出来，信用缓释(保护)工具的信用风险缓释作用，仅仅体现在该部分溢价而非综合溢价上面，因而，要依据标的资产的信用评级来设定一个信用缓释比例（CRM）。 但对于交易对手违约风险而言，信用缓释(保护)工具的信用缓释比例均为 100％。

【信用缓释(保护)后的信用风险最低资本的计量示例】

例 1：AA＋的基础设施债权投资计划本金 100 亿，购买信用违约互换（CDS），对本金给予信用保护，保护覆盖率为 80％，CDS 创设机构信用评级 AAA。假设评估时点标的资产的风险暴露 $EX＝96$ 亿，CDS 账面价值为 1.2 亿，CDS 期限等同于债权投资计划。请计算并比较信用缓释(保护)前后的信用风险最低资本。

【分析】

标的资产为基础设施债权投资计划，属于非基础资产，需要对其计量交易对手违约风险最低资本，其 CRM 为 100%。根据第 7 号监管规则《市场风险和信用风险的穿透计量》第 21 条至第 23 条，信用评级为 AA＋的非基础资产，适用表层资产基础因子 $RF_0=1.5\%$；本案例中，非基础资产属于债权投资计划，还需考虑特征系数 $K_{表层资产}=-0.2$。购买 CDS 后，对该项基础设施债权投资计划应采用 CDS 创设机构信用评级 AAA，适用表层资产基础因子 $RF_0=1\%$，特征系数 $K_{表层资产}$ 继续适用。

（1）无 CDS 的标的资产的信用风险最低资本：

$$MC_{信用}=96\times1.5\%\times(1-0.2)=1.152(亿元)$$

（2）有 CDS 的标的资产的信用风险最低资本：

$$MC_{信用}=(100\%\times100\times80\%+1.2)\times1\%\times(1-0.2)+$$
$$(96-100\%\times100\times80\%)\times1.5\%\times(1-0.2)$$
$$=0.8416(亿元)$$

因此，购买 CDS 减少信用风险最低资本配置 0.3104 亿元。

例 2： 修正久期为 5 的 AA＋公司债券本金 100 亿，购买信用风险缓释凭证 (CRMW)，对本金给予信用保护，保护覆盖率为 80%，CRMW 创设机构信用评级 AAA。假设评估时点标的资产的风险暴露 $EX=96$ 亿，CRMW 账面价值为 1.2 亿，CRMW 期限等同于债券。请计算并比较信用缓释(保护)前后的信用风险最低资本。

【分析】

标的资产为公司债券，属于基础资产，需要对其计量利差风险最低资本，已知信用等级为 AA＋，因此，其 CRM 为 40%。根据第 9 号监管规则《信用风险最低资本》第 15 条，信用等级为 AA＋、修正久期 $D=5$ 的公司债券，适用的基础因子 $RF_0=5\times(0.0007\times5+0.0165)=10\%$。购买 CRMW 后，对这笔公司债券应采用 CRMW 创设机构信用评级 AAA，相应地，基础因子 $RF_0=5\times(0.0006\times5+0.012)=7.5\%$。

（1）无 CRMW 的标的资产的信用风险最低资本：

$$MC_{信用}=96\times10\%=9.6(亿元)$$

（2）有 CRMW 的标的资产的信用风险最低资本：

$$MC_{信用}=(80\%\times100\times40\%+1.2)\times7.5\%+$$
$$(96-80\%\times100\times40\%)\times10\%$$
$$=8.89(亿元)$$

因此,借助于 CRMW 的信用缓释作用,降低最低资本 0.71 亿元。

四、信用风险最低资本汇总

保险公司的利差风险最低资本为各项基础资产的利差风险最低资本和非基础资产穿透后的底层资产的利差风险最低资本算术加总。

保险公司的交易对手违约风险的最低资本为各项基础资产、非基础资产的表层资产、非基础资产穿透后的底层资产以及无法穿透的非基础资产的交易对手违约风险最低资本算术加总。

信用风险最低资本的计算公式为：

$$MC_{信用} = \sqrt{MC^2_{利差} + 2 \times \rho \times MC_{利差} \times MC_{交易对手违约} + MC^2_{交易对手违约}}$$

其中, $\rho = 0.25$。

第五节　集中度风险的最低资本

一、集中度风险含义

集中度风险指保险公司对同一交易对手或同类资产的风险敞口过于集中而导致保险公司遭遇非预期损失的风险。集中度风险最低资本,包括交易对手集中度风险最低资本、大类资产集中度风险最低资本和房地产集中度风险最低资本。对于需计量集中度风险的资产,保险公司以特征系数形式计量集中度风险最低资本,增加对于资产的市场风险最低资本或信用风险最低资本的计量。或者说,集中性风险最低资本不是单独存在的,而是通过特征系数附加计量到市场风险最低资本或信用风险最低资本中去的。

二、集中度风险的评判标准

一是判定交易对手集中度风险的标准。保险公司持有同一交易对手资产账面价值总和超过"表 13 - 11　阈值超额累退表"相应的阈值,需要计提交易对手集中度风险最低资本。但是,保险公司总资产为 5 亿元以下的,不用计提。

表 13 - 11　阈值超额累退表

人身险公司总资产	阈值比例	财产险(再保险)公司总资产	阈值比例
100 亿(含)以下部分	8%	20 亿(含)以下部分	8%
100—500 亿(含)部分	5%	20—50 亿(含)部分	5%

人身险公司总资产	阈值比例	财产险(再保险)公司总资产	阈值比例
500—1 000 亿(含)部分	4%	50—500 亿(含)部分	4%
1 000 亿以上部分	3%	500 亿以上部分	3%

交易对手集中度风险最低资本应当按照以下原则确定交易对手：① 交易对手为融资主体;融资主体出现违约的,以担保人作为交易对手;不能确定融资主体的,产品发行人为交易对手。保险公司应当按照穿透原则确定资产真实的融资主体。② 金融衍生品,其交易对手为产品创设机构。产品创设机构为依法设立的期货交易所的,不需计量交易对手集中度风险最低资本。

无须计量交易对手集中度风险最低资本的资产,包括：政府债券,政策性银行、政府支持机构发行的金融产品,国有商业银行存款和发行的股票、债券等金融产品,货币市场类保险资产管理产品,外国再保险公司分公司向所属集团及其子公司转分保形成的再保险资产,购买的所属保险集团下保险资产管理公司发行的金融产品,投资性房地产。

二是判定大类资产集中度风险的标准。保险公司直接持有的权益类资产、其他金融资产和境外投资超过监管比例限制,应当计量大类资产集中度风险最低资本。依据 2014 年原保监会出台的《关于加强和改进保险资金运用比例监管的通知》设定保险资金运用的监管比例限制。保险资金投资权益类资产、不动产类资产、其他金融资产、境外投资的账面余额占保险公司上季末总资产的监管比例分别不高于 30%、30%、25%、15%,投资流动性资产、固定收益类资产无监管比例限制。

三是判定房地产投资集中度风险的标准。保险公司直接持有的投资性房地产和通过非基础资产间接持有的投资性房地产的账面价值占保险公司总资产的比例超过 25%,应当计量房地产集中度风险。

三、集中度风险的特征系数

一旦持有同一交易对手资产账面价值总和超过规定阈值的,所有涉及资产在计量权益价格风险最低资本、境外资产价格风险最低资本和信用风险最低资本时,应当同时计量交易对手集中度风险最低资本。设置特征因子 $k_{集中度1}$,赋值为 0.4。对于需计量大类资产集中度风险的资产,设置特征因子 $k_{集中度2}$,赋值为 0.2。对所有计量房地产价格风险的资产,设置特征因子 $k_{集中度3}$,赋值为 0.5。

第六节　市场风险和信用风险的穿透计量

一、穿透计量的概述

穿透计量规则要求按风险实质计量非基础资产的最低资本。要求险企获取非基础资产的表层资产、通道资产、底层资产等交易结构信息，并正确计量资产的风险暴露；底层资产根据风险类型和交易结构层数确定风险因子，层数每增加一级，交易结构层数特征系数就要增加 10%；若表层资产属于债权类资产，需要计量交易对手违约风险最低资本，其底层资产的交易结构层数可少计一层。除了强调"应穿尽穿"，穿透计量还设置了"豁免穿透"、"未穿惩罚"的机制。非基础资产满足豁免穿透要求，划归至货币市场类、权益类、固收类、混合类、商品及金融衍生品类中的一类，并赋予相应的基础因子。对无法穿透的资产计提资产惩罚，统一赋予 0.6 的基础因子。

1. 基础资产和非基础资产

基础资产是指风险清晰，可以直接计量最低资本的境内和境外资产。非基础资产是指不可以直接计量最低资本的资产。基础资产和非基础资产的常见类型如下表所示：

表 13 - 12　基础资产和非基础资产的常见类型

基础资产	非基础资产
现金及流动性管理工具	信托计划
定期存款、协议存款、大额存单、结构性存款	保险资产管理产品，包括债权投资计划、股权投资计划、组合类产品和银保监会规定的其他产品
债券资产，包括国债、央行票据、地方政府债、政府支持机构债券、企业债券、公司债券、金融债券、同业存单、信贷资产支持证券、资产支持票据、证券交易所挂牌交易的资产支持证券等，含可转债、可交换债	股权投资基金，包括私募股权投资基金、创业投资基金、夹层基金等
股权投资，包括上市普通股票、优先股、未上市股权和存托凭证，特殊目的载体（SPV）除外	债转股投资计划
以物权方式或项目公司股权方式直接持有的投资性房地产，房地产信托投资基金（公募）	特殊目的载体 SPV（保险公司为发行巨灾债券设立的特殊目的载体除外）
公募证券投资基金（公开募集基础设施证券投资基金除外）	银行理财产品

(续表)

基础资产	非基础资产
期货、远期、期权、互换等金融衍生品	资产支持计划
对企业或个人的债权资产	不动产金融产品
	公开募集基础设施证券投资基金

2. 穿透计量的基本原则

第一,应穿尽穿。保险公司持有的所有非基础资产均应进行穿透,计量其最低资本。

第二,穿透到底。保险公司对非基础资产进行穿透计量时,应当穿透至基础资产或豁免穿透的非基础资产。

第三,风险穿透。偿二代二期引入穿透计量的目的是准确识别和反映保险公司各项投资资产面临的风险。保险公司对非基础资产穿透计量时,应当识别各层交易结构和底层资产面临的风险,确定底层资产面临的风险类型和风险暴露,计量各项底层资产的最低资本。

第四,可靠计量。能够准确获取非基础资产的交易结构、底层资产等信息,并准确计量底层资产的风险暴露和保险公司在底层资产中持有的份额。

第五,信息穿透。对于非基础资产,保险公司应当在偿付能力报告中披露其交易结构、交易对手、底层资产等信息。

二、穿透计量方法

非基础资产最低资本穿透计量包括以下两部分内容：各项底层资产按照其风险性质并结合交易结构风险分别计量其最低资本;若表层资产为债权类资产,计量表层资产的交易对手违约风险。底层资产是指基础资产和豁免穿透的非基础资产。表层资产是指非基础资产第一层交易结构涉及的资产。

1. 底层资产最低资本的计量方法

非基础资产穿透后,其底层资产最低资本计算公式为：

$$MC_{底层资产} = EX_{底层资产_i} \times RF_{底层资产_i} = EX_{底层资产_i} \times RF_0 \times (1 + K + K_p)$$

这里,$EX_{底层资产_i}$ 为第 i 项底层资产的风险暴露。$RF_{底层资产_i}$ 为第 i 项底层资产的风险因子,K_p 为交易结构风险特征系数。$RF_{底层资产_i}$ 超过 1 时,取值为 1。

$$K_p = = \begin{cases} (n-1) \times 0.1 & \text{非基础资产为债权类资产} \\ n \times 0.1 & \text{其他非基础资产} \end{cases}$$

其中：n 为交易结构的层数，包括表层，不包括底层。对于公开募集基础设施证券投资基金，在计算底层资产最低资本时，设定特征系数 k_1，赋值为 -0.2。

底层资产的风险暴露的确定方法：① 有公开活跃交易市场的上市股票、证券投资基金、债券等，应当按照市价确定其风险暴露；② 没有公开活跃交易市场的底层资产，应当按照非基础资产的产品管理人提供的财务报表中底层资产的账面价值作为其风险暴露；③ 没有财务报表的，可以按投后报告中底层资产的投资金额作为其风险暴露。此外，保险公司应当按照合同约定，确定其在底层资产中的持有份额，以准确计量底层资产的风险暴露。

保险公司应当按照第 8 号监管规则《市场风险最低资本》、第 9 号监管规则《信用风险最低资本》确定底层基础资产的基础因子 RF_0 和特征系数 K。人身保险公司持有的非基础资产穿透后，其底层资产中的固定收益类基础资产不计量利率风险最低资本。财产保险公司持有的非基础资产穿透后，其底层资产中的境内债券资产和利率金融衍生品等基础资产应当计量利率风险最低资本。考虑底层资产的现金流与表层资产的现金流缺少必然联系，不适合用来对冲利率风险，因而将穿透后的底层资产剔除在人身保险公司计量利率风险的资产范围之外。

2. 表层资产最低资本的计量方法

非基础资产的表层资产为债权类资产的，应当单独计量表层资产的交易对手违约风险，最低资本计算公式为：

$$MC_{表层资产} = EX_{表层资产} \times RF_{表层资产} = EX_{表层资产} \times RF_0 \times (1 + K_{表层资产})$$

$EX_{表层资产}$ 为表层资产的风险暴露，按其认可价值确定；$RF_{表层资产}$ 为表层资产的风险因子。RF_0 根据非基础资产的信用评级赋值，如表 13-13 所示。非基础资产属于债权投资计划的，设定特征系数 $K_{表层资产}$，赋值为 -0.2。

表 13-13　非基础资产的表层资产基础因子 RF_0

非基础资产的信用评级	基础因子 RF_0
AAA	0.010
AA+	0.015
AA	0.020
AA-	0.025
A+/A/A-	0.075
BBB+ 及以下，无评级	0.150

非基础资产的最低资本分为各项底层资产的最低资本、表层资产的交易对手违约风险最低资本、豁免穿透的非基础资产最低资本和无法穿透的非基础资产最低资本。按照第 8 号监管规则《市场风险最低资本》、第 9 号监管规则《信用风险最低资本》规定进行市场风险最低资本汇总和信用风险最低资本汇总。

三、豁免穿透、无法穿透和部分穿透

1. 豁免穿透

非基础资产满足以下条件，可以豁免穿透。具体包括：一是全部直接投资于基础资产的组合类保险资产管理产品，且最大一笔底层资产的账面价值不超过底层账面价值总和的 20%；全部直接投资于基础资产，符合《商业银行理财业务监督管理办法》的商业银行理财产品，且最大一笔底层资产的账面价值不超过底层资产账面价值总和的 20%；底层资产大于 100 笔，且最大一笔产的账面价值不超过底层账面价值总和的 20%。现金及流动性管理工具，政府债券、政策性银行发行的金融债券和政府支持机构债券不受 20% 的限制。

豁免穿透的组合类保险资产管理产品和商业银行理财产品应当计量权益价格风险最低资本，风险暴露为其认可价值，基础因子依据第 7 号监管规则《市场风险和信用风险的穿透计量》第 26 条、第 27 条确定。豁免穿透的资产支持计划应当计量交易对手违约风险，风险暴露为其认可价值，基础因子依据第 7 号监管规则第 28 条确定。

2. 无法穿透

非基础资产若存在以下情形之一的，可划归为无法穿透的非基础资产。具体包括：一是无法识别底层资产；二是无法确定在底层资产中持有的份额；三是无法可靠计量底层资产的风险暴露。

对于无法穿透的非基础资产，第 7 号监管规则分类列示需要计量权益价格风险或交易对手违约风险最低资本的资产类型，规定以其认可价值作为风险暴露，基础因子为 0.6。

3. 部分穿透

无法穿透识别全部底层资产的非基础资产，保险公司可以按下列方式计量最低资本：对于可以识别的底层资产，按穿透计量方法分别计量其表层资产和各项底层资产额最低资本；对于无法穿透的非基础资产部分，按无法穿透非基础资产的规定计量最低资本。非基础资产无法穿透的部分占 90% 以上的，保险公司可以直接将其认定为无法穿透的非基础资产。

【穿透计量的举例说明】

ABC 保险公司将 1 000 万元投资于固收类保险资管产品，其投资结构如下

图所示,其中:

(1) 科创板上市公司股票 300 万元;

(2) 政府支持机构债券 100 万元,修正久期为 6 年,信用评级为 AAA;

(3) 不动产项目公司 400 万元,房地产项目地处上海;

(4) 其他债券 200 万元,修正久期为 5 年,信用评级为 AAA。

问:请计算该笔投资的市场风险和信用风险的最低资本。

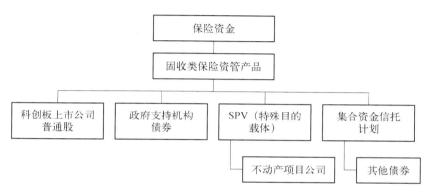

图 13 - 6　固收类资管产品的投资结构

【分析】

由于表层资产为权益类非基础资产,不计量表层资产的最低资本。穿透后有 4 个底层资产,分别为科创板上市公司普通股、政府支持机构债券、不动产项目公司和其他债券。

(1) 科创板上市公司普通股。创业板、科创板股的 $RF_0 = 0.45$,保险资金间接持有底层股票不适用涨跌幅特征系数,$k_1 = 0$,非沪深 300 指数成份股,$k_2 = 0$,交易结构的层数为 1。因此,对应的权益价格风险最低资本 $= 300 \times 0.45 \times (1 + 1 \times 0.1) = 148.5$(万元)。

(2) 政府支持机构债券。若 ABC 保险公司为财险公司,需要计量利率风险和利差风险最低资本;若 ABC 保险公司为寿险公司,仅需计量利差风险最低资本。

(a) 利率风险。

$RF_0 = D \times (-0.001\,06 \times D + 0.022) = 6 \times (-0.001\,06 \times 6 + 0.022) = 0.093\,84$,交易结构的层数为 1。因此,对应的利率风险最低资本 $= 100 \times 0.093\,84 \times (1 + 1 \times 0.1) = 10.322\,4$(万元)。

(b) 利差风险。

$RF_0 = D \times 0.001 + 0.03 = 0.036$,交易层数为 1。因此,对应的利差风险最低

资本＝100×0.036×(1＋1×0.1)＝3.96(万元)。

(3)不动产项目公司 RF_0＝0.15,房地产项目位于上海,k_1＝0,交易层数为2。因此,对应的房地产价格风险最低资本＝400×0.15×(1＋2×0.1)＝72(万元)。

(4)其他债券。

(a)利率风险。若 ABC 保险公司为财险公司,需要计量利率风险最低资本。根据修正久期 D,RF_0＝D×(−0.001×D＋0.021 7)＝5×(−0.001×5＋0.021 7)＝0.083 5,交易层数为 2。因此,对应的利率风险最低资本＝200×0.083 5×(1＋2×0.1)＝20.04(万元)。

(b)利差风险。不管 ABC 保险公司是财险公司还是寿险公司,都需要计量利差风险最低资本。根据修正久期 D 和信用评级,RF_0＝D×(0.000 6×D＋0.012)＝5×(0.000 6×5＋0.012)＝0.075,交易层数为 2。因此,需要计提利差风险最低资本＝200×0.075×(1＋2×0.1)＝18(万元)。

综上计算结果,可以得到:

若 ABC 保险公司为财险公司,投资该项固收类保险资管产品,需要计提:权益价格风险最低资本 148.5 万元;利率风险最低资本＝10.322 4＋20.04＝30.362 4(万元);房地产价格风险最低资本 72 万元;利差风险最低资本＝3.96＋18＝21.96(万元)。若 ABC 保险公司为寿险公司,除了不用计提利率风险最低资本之外,其余的各项风险最低资本均需要计提。

第七节　SARMRA 评估与控制风险最低资本

风险管理是保险公司防范化解偿付能力风险的重要手段,也是监管部门评估保险公司偿付能力的重要内容。偿二代根据我国国情与市场实际需要,设计了保险公司风险管理要求与评估(简称为 SARMRA 评估)机制,引导并激励保险公司不断提升风险管控水平。

SARMRA 评估的主要内容包括:一是明确保险公司偿付能力风险管理要求,为保险公司健全风险管理制度机制、提升风险防控能力提供标准。二是采用监管评估机制,由监管部门定期对保险公司的偿付能力和风险管理能力进行现场评估,确定反映保险公司控制风险水平的 SARMRA 评估得分。三是将SARMRA 评估得分转化为控制风险最低资本。

一、SARMRA 评估概述

监管部门根据保险公司的发展阶段、业务规模、风险特征等,将保险公司分为Ⅰ类保险公司和Ⅱ类保险公司,分别提出偿付能力风险管理要求。满足下列任意两个标准的保险公司为Ⅰ类保险公司：（1）公司成立超过 5 年。（2）财产保险公司、再保险公司最近会计年度签单保费超过 50 亿元或总资产超过 200 亿元，人身保险公司最近会计年度签单保费超过 200 亿元或总资产超过 300 亿元。签单保费是指保险公司按照保险合同约定，向投保人收取的保费。（3）省级分支机构数量超过 15 家。外国保险公司分公司及不满足上述条件的保险公司为Ⅱ类保险公司。

SARMRA 评估体系涵盖风险管理基础与环境、目标与工具、保险风险、市场风险、信用风险、操作风险、战略风险、声誉风险及流动性风险九个方面，分别编制评价量表。评估内容包括制度健全性和遵循有效性两个方面，各占 50％的权重。其中，制度健全性指保险公司的偿付能力风险管理基础与环境是否为公司风险管理提供了适当的基础，风险管理目标和工具、各类风险管理制度是否科学、全面、合规。遵循有效性指保险公司的偿付能力制度体系和工作机制是否得到持续的、有效地实施。制度健全性、遵循有效性的评估结果分为"完全符合"、"大部分符合"、"部分符合"、"不符合"和"不适用"五档，分别对应不同的得分："完全符合"得标准分值，"大部分符合"得标准分值的 80％，"部分符合"得标准分值的 50％，"不符合"得零分，"不适用"不计分。

对于评估涉及的九个方面，逐一按其评价量表确定各个维度的得分，加权平均后获得每个方面的得分，进一步加权平均后得到现场评估绝对分 S_1。 S_1 还不是计算控制风险最低资本时需要用到的 SARMRA 评估得分 S。 偿二代二期下的 SARMRA 评估得分 S 是绝对分 S_1 和相对分 S_2 的算术平均数，并且，相对分 S_2 是区分财险公司、人身险公司、再保险公司分别计算得出的。SARMRA 评估得分 S 的计算公式如下：

$$S = S_1 \times 50\% + S_2 \times 50\%$$
$$S_2 = S_1 \times K$$
$$K = \frac{m}{M}$$

其中，K 为相对分调整系数，由标准分与调整基础分确定；m 为标准分，$m = 80$；M 为调整基础分，等于当期公司所处行业评估绝对分排名前 15％的公司的平均分。相对分 S_2 起到了引入"标杆保险公司"的概念的效果，以保持全行业前 15％分数的相对平稳，方便比较标杆公司和普通公司。

监管部门每三年对保险公司偿付能力风险管理能力进行一次现场评估。监管部门根据保险公司风险状况以及监管需要，确定每年现场评估对象，制定评估计划。保险公司偿付能力风险管理能力发生重大变化时，监管部门可根据实际情况对其进行监管调整，必要时可开展临时评估。监管部门可以根据需要采用材料调阅、现场查验、问卷调查、质询谈话、穿行测试等方式，对保险公司偿付能力风险管理能力进行评估；必要时对保险公司集中核算、委托投资、信息技术服务、销售、理赔等外包业务的受托方进行延伸评估。

二、控制风险最低资本

保险公司根据偿付能力风险管理评估结果 S 和可资本化风险最低资本计算控制风险最低资本，计算公式如下：

$$MC_{控制风险} = Q \times MC_{可资本化风险}$$

其中，$MC_{控制风险}$ 为控制风险最低资本；$MC_{可资本化风险}$ 为可资本化风险最低资本总和；Q 为控制风险因子，取值由 SARMRA 评估得分 S 按下列分段函数确定：

$$Q = \begin{cases} -0.01S + 0.75 & (0 \leqslant S \leqslant 70) \\ -0.005S + 0.4 & (70 \leqslant S \leqslant 90) \\ -0.01S + 0.85 & (90 \leqslant S \leqslant 100) \end{cases}$$

显然，当 S 小于 80 时，需要计提正值的控制风险最低资本；反之，则计提负值的控制风险最低资本。

【控制风险最低资本的计量示例】

人保财险 2022 年第 4 季度的偿付能力报告披露：

（1）人保财险 2021 年的 SARMRA 得分为 80.40。其中，风险管理基础与环境 76.76，风险管理目标与工具 78.89，保险风险管理 85.44，市场风险管理 83.64，信用风险管理 79.84，操作风险管理 76.70，战略风险管理 81.43，声誉风险管理 82.58，流动性风险管理 81.92。

（2）2022 年底，人保财险的量化风险最低资本（可资本化风险最低资本）为 9 391 687.218 9 万元，控制风险最低资本为 4 752.070 8 万元。

请问：人保财险公布的 SARMRA 得分是 S_1 还是 S？控制风险最低资本是如何计算的？

【分析】

根据原银保监会发布《关于实施保险公司偿付能力监管规则（Ⅱ）有关事项的通知》时，附带的"保险公司偿付能力管理能力评估表"，SARMRA 评估得分在以下九个方面的权重分配为：风险管理基础与环境（20%），风险管理目标与工具（10%），保险风险管理（10%），市场风险管理（10%），信用风险管理（10%），操作风险管理（10%），战略风险管理（10%），声誉风险管理（10%），流动性风险管理(10%)。对人保财险 2021 年 SARMRA 评估的九个方面的得分情况，按上述权重加权的均值为 80.40，所以人保财险公布的 SARMRA 得分是 S_1。

　　计算控制风险最低资本，需要用到控制风险因子 Q，而 Q 又是由 SARMRA 评估绝对分 S_1 和相对分 S_2 的均值 S 决定的。本案例中，只有当 $S_2 = 79.397\ 6$，或者说，$M = 81.01$，即 2022 年底财险业评估绝对分排名前 15% 的公司的平均分为 81.01，才能得到偿付能力季报所披露的控制风险最低资本。验算过程如下：

$$S_2 = S_1 \times K = S_1 \times \frac{m}{M} = 80.40 \times \frac{80}{81.01} = 79.397\ 6$$

$$S = S_1 \times 50\% + S_2 \times 50\% = 79.898\ 8$$

$$Q = -0.005S + 0.4 = 0.000\ 505\ 987$$

$$MC_{控制风险} = Q \times MC_{可资本化风险} = 9\ 391\ 687.218\ 9 \times 0.000\ 505\ 987 = 4\ 752.070\ 8$$

第十四章　保险公司流动性风险管理

第十二章和第十三章讨论了偿付能力风险管理,实际上,即便保险公司能够赚钱,资本也是充足的,但仍然可能会出现流动性问题,甚至会因为流动性问题而倒闭,因此,监管机构对于保险公司的流动性风险也是严格监管,在偿二代二期文件《保险公司偿付能力监管规则第13号:流动性风险》中,提出了保险公司流动性风险监管指标和计算方法。

本章专门讨论保险公司流动性风险管理。第一节讨论保险公司经营活动现金流及其特点,第二节讨论保险公司投资、筹资活动现金流及其特点,第三节讨论保险公司总现金流变动及其特点,第四节讨论偿二代二期要求的流动性风险监管指标。

第一节　保险公司经营活动现金流量的特点

一、现金流量表的基本概念

现金流量表,描述的是公司在一定会计期间内现金或现金等价物的流入和流出状况。

现金,是指企业库存现金,以及可以随时用于支付的银行存款和其他货币资金,主要以随时可以支付的银行存款方式存在。现金等价物,是指企业持有的期限短(通常三个月内)、流动性强、易于转换为已知金额现金、价值变动风险很小的投资。通常包括三个月内到期的债券投资、三个月以内到期的买入返售金融资产等,但不包括权益性投资(因为变现金额不确定)。

不过,在现实的财务报表中,保险公司并不一定会将所有现金等价物,如三个月内到期的债券投资、三个月以内到期的买入返售金融资产列入现金流量表中的现金及现金等价物中。例如,中国人寿仅将现金、存款、结算备付金和独立账户货币资金列入了现金流量表的现金及现金等价物中,现金及现金等价物数额基本等于资产负债表中的货币资金;而平安财险则将现金、存款、三个月内到期的债券投资、原始期限三个月以内到期的买入返售金融资产列入了现金流量中的现金等价物中。表 14-1、表 14-2 是 2016 年度中国人寿、平安财险的现金及现金等价物构成。

表 14-1　2016 年中国人寿现金及现金等价物的构成　　　　单位：百万元

	2016 年度	2015 年度
列示于现金流量表的现金及现金等价物包括：		
现金	1	1
存款	32 508	30 125
结算备付金	30 083	44 618
独立账户货币资金	14	6
现金及现金等价物年末余额	62 606	74 750

表 14-2　2016 年平安财险现金及现金等价物的构成　　　　单位：元

	2016 年 12 月 31 日	2015 年 12 月 31 日
现金		
库存现金	107 328	210 000
可随时用于支付的银行存款	6 469 399 362	4 907 390 448
可随时用于支付的其他货币资金	456 179 126	1 245 529 041
小计	6 925 685 816	6 153 129 489
现金等价物		
三个月内到期的债券投资	128 657 827	50 143 102
原始期限三个月以内到期的买入返售金融资产等	2 676 417 214	19 000 127
小计	2 805 075 041	69 143 229
年末现金及现金等价物余额	9 730 760 857	6 222 272 718

　　现金流量分为经营活动现金流量、投资活动现金流量和筹资活动现金流量，本节讨论经营活动现金流量。现金流量表的编制原则是收付实现制，可以说明保险公司一定时期内"钱从哪里来"、"钱到哪里去"，揭示保险公司的现金支付能力、偿债能力和流动性风险。

二、保险公司经营活动现金流量

　　保险公司的经营活动主要是保险业务和再保险业务，或者泛指保险公司投资活动和筹资活动以外的所有交易和事项。有些保险公司会将交易性金融资产（如第四章第二节所述，保险公司资产表中的"以公允价值计量且其变动计入当期损益的金融资产"实际就是交易性金融资产）的买卖视为经营活动的一部分。

　　经营活动现金流入包括：保费收入、保户储金及投资款净增加（新保费—退保金－给付支出－手续费佣金－保户利息)、交易性金融资产(卖出变现－买入流出)等。

经营活动现金流出包括：原保险合同赔付支出、支付再保险业务现金净额(分出保费－分入保费＋分入业务手续费支出－分出业务手续费流入)、税费、手续费和佣金、保单红利、职工工资福利、保户储金及投资款净减少、交易性金融资产(购买支出－卖出变现)等。

比较特殊的是,对于保户储金及投资款净变动、再保险活动现金净变动、交易性金融资产净变动。如果总算账是净增加,就计入现金流入;如果总算账是净减少,就计入现金流出。

三、保险公司经营活动现金流量的特点

1. 寿险公司经营活动现金流量特点

图 14 - 3 给出了 2016 年度中国人寿股份公司的经营活动产生的现金流量。

表 14 - 3　中国人寿 2016 年度经营活动产生的现金流量　　单位：百万元

项　　目	附　注	2016 年度	2015 年度
经营活动产生的现金流量			
收到原保险合同保费取得的现金		432 979	379 802
保户储金及投资款净增加额		112 346	12 120
收到的其他与经营活动有关的现金		4 712	3 420
经营活动现金流入小计		550 037	395 342
支付原保险合同赔付等款项的现金		(270 148)	(236 688)
支付再保险业务现金净额		(630)	(347)
支付手续费及佣金的现金		(50 907)	(34 890)
支付保单红利的现金		(18 530)	(13 203)
支付给职工以及为职工支付的现金		(15 614)	(14 157)
支付的各项税费		(11 149)	(13 093)
支付以公允价值计量且其变动计入 　当期损益的金融资产现金净额		(70 365)	(85 983)
支付的其他与经营活动有关的现金		(21 280)	(15 067)
经营活动现金流出小计		(458 623)	(413 428)
经营活动产生的现金流量净额	**67(o)**	**91 414**	**(18 086)**

寿险业务以长险为主,趸交保费和期交保费并存,其经营活动现金流量具备以下特点：

第一,现金流入主要体现为规模保费收入,保险业务保费流入体现为"收到

原保险合同保费取得的现金",保户投资款业务现金流入是将流入流出合并统称为"保户储金及投资款净增加额",独立账户业务现金流入则并入了"收到的其他与经营活动有关的现金"。通常最大的一项是原保险合同保费流入。

第二,现金流出包括:原保险合同赔付等款项(赔付＋退保金)、手续费佣金、保单红利、职工工资福利、税费和其他。通常,最大的一项是原保险合同赔付。

第三,在寿险公司发展前期,如前 20 年,如果其保费收入在增长,经营活动现金流量净额通常为正;保费增长越快,经营活动现金流量净额越大。原因是,主营业务长期寿险、健康险和年金保险的赔付都是滞后的,保单前期保费收入多,赔付少。

第四,公司发展几十年后,只要保费持续增长或者维持不变,经营活动现金流量净额可能缓慢增长、不增长,也可能降、甚至为负值。原因是,主营业务长期寿险、健康险和年金保险的赔付都是滞后的,保单后期赔付更多。

第五,从流动性来看,正常经营的寿险公司在发展前期的经营活动现金流入远大于现金流出,资产规模逐年增加,通常无须通过出售资产来应对现金流出,只要用新流入来应对流出就可以了,除非遇到极端情况,很难出现现金流问题。但是,随着时间推移,后期的保单给付将出现高峰,如果再面临人口衰减、保费流入下降等问题,寿险公司就可能出现经营活动现金流出大于流入,需要不断出售资产来满足现金流出,流动性压力增大。

2. 财险公司经营活动现金流量特点

表 14 - 4 给出了平安财险 2016 年度经营活动产生的现金流量状况。

表 14 - 4　平安财险 2016 年度经营活动产生的现金流量　　单位:元

	附注	2016 年度	2015 年度
经营活动产生的现金流量			
收到原保险合同保费取得的现金		189 639 898 493	163 897 966 793
收到的其他与经营活动有关的现金		1 230 863 904	853 739 130
经营活动现金流入小计		190 870 762 397	164 751 705 923
支付原保险合同赔付款项的现金		(81 748 582 911)	(71 980 473 017)
再保业务产生的现金净额		555 197 311	(2 827 071 014)
保户储金及投资款净减少额		(60 870 813)	(123 072 246)
支付手续费及佣金的现金		(24 706 627 196)	(19 140 780 305)
支付给职工以及为职工支付的现金		(13 535 479 566)	(11 984 158 684)
支付的各项税费		(15 621 604 072)	(14 913 972 442)
支付的其他与经营活动有关的现金	21(3)	(29 695 898 198)	(19 823 090 853)
经营活动现金流出小计		(164 813 865 445)	(140 792 618 561)
经营活动产生的现金流量净额	21(1)	26 056 896 952	23 959 087 362

产险业务的特点是1年期为主，保费一次性交纳，其经营活动现金流量的特点是：

第一，保费增长越快，经营活动现金流量净额为正且越大，创造的未到期责任准备金和未决赔款准备金越多，公司资产规模逐年增长越快。此时，产险公司通常无须通过出售资产的方式来应对现金流出，完全可以采用经营活动现金流入来应对经营活动现金流出。

也就是说，尽管产险公司做的是短期保险，但是，在业务稳定增长的条件下，产险公司也有长期稳定的资金滞留在公司，可以进行长期投资，而且不会面临寿险公司可能遭遇的大面积退保问题，这正是巴菲特的核心经营理念之一。

第二，如果保费持续负增长，就会出现经营活动现金流量净额为负，创造未到期责任准备金、未决赔款准备金减少的情况。此时，就需要采取出售存量资产的方式应对经营活动现金流出。

3. 产、寿险公司经营活动现金流量对比

第一，正常经营情况下，由于寿险产品的保险期限长于财险产品，公司前期，寿险公司会比财险公司创造更多的经营性现金流净额，进而创造更多的准备金和资产规模。因此，从流动性来看，在公司发展前期，寿险公司的流动性压力要低于财险公司。

第二，但是，公司后期如50年后，前期销售产品的赔付高峰逐渐到来，寿险公司赔付压力比财险公司更大，经营性现金流净额下降速度可能快于财险公司。

第二节　保险公司投资、筹资
活动现金流量特点

一、保险公司投资活动产生的现金流量

我们知道，保险公司有大量的保险准备金和保户储金可用于投资，投资对象主要包括金融资产投资和房地产投资等。

投资活动的现金流入包括：收回投资（到期变现）、取得投资收益（利息、股利等）、处置资产收回的现金等。投资活动的现金流出包括：投资（将现金变为投资资产），保户质押贷款净增加，购建固定资产、无形资产或其他长期资产，支付买入返售金融资产的现金净额等。表14-5、表14-6是2016年度中国人寿和平安财险投资活动产生的现金流量表。

表 14 - 5　中国人寿 2016 年度投资活动产生的现金流量　　单位：百万元

项　　目	2016 年度	2015 年度
投资活动产生的现金流量		
收回投资收到的现金	757 769	650 469
取得投资收益收到的现金	98 596	90 760
处置固定资产、无形资产和其他长期资产收回的现金净额	114	196
处置子公司及其他营业单位收到的现金净额	—	5 550
投资活动现金流入小计	856 479	746 975
投资支付的现金	（929 647）	（652 019）
保户质押贷款净增加额	（7 483）	（11 305）
购建固定资产、无形资产和其他长期资产支付的现金	（5 075）	（2 110）
支付买入返售金融资产现金净额	（21 632）	（9 623）
投资活动现金流出小计	（963 837）	（675 057）
投资活动产生的现金流量净额	**（107 358）**	**71 918**

表 14 - 6　平安财险 2016 年度经营活动产生的现金流量　　单位：元

项　　目	2016 年度	2015 年度
投资活动产生的现金流量		
收回投资所收到的现金	111 977 778 904	103 411 737 647
取得投资收益收到的现金	12 588 261 021	9 621 116 385
处置投资性房地产、固定资产和其他长期资产收回的现金净额	67 755 914	48 900 255
收到的其他与投资活动有关的现金	79 906 641	—
投资活动现金流入小计	124 713 702 480	113 081 754 287
投资支付的现金	（136 597 316 244）	（143 875 563 303）
购建投资性房地产、固定资产、无形资产和其他长期资产支付的现金	（740 648 357）	（628 846 437）
收购子公司支付的现金净额	—	（327 304 000）
支付的其他与投资活动有关的现金	（264 359 888）	（268 350 178）
投资活动现金流出小计	（137 602 324 489）	（145 100 063 918）
投资活动产生的现金流量净额	（12 888 622 009）	（32 018 309 631）

二、保险公司投资活动现金流量特点

　　保险公司的投资资金来源于"存量资金＋增量资金"，存量资金是指存量投资资产到期后可用于再投资的资金,增量资金主要来源于经营活动产生的现金流量净额。

经营活动现金流量净额为正,这些钱(增量资金)就被用于投资,反映为投资活动的现金流出增加,此时,投资活动现金流量净额往往为负;反之,经营活动现金流量净额为负,意味着需要将存量资产变现,或者要用资产变现来满足部分经营活动现金流出,此时,投资活动现金流量净额往往为正。从这个角度来看,保险公司投资活动现金流量净额为负,反映保险公司的经营是健康的,反之则可能有不健康的状况。

我国保险公司发展历史较短,而且中国经济仍处于中高速增长阶段,寿险业和产险业保费增长都比较快,保险公司经营性现金流通常为正,投资性现金流通常为负。当然,经营差的保险公司会出现相反的状况。

未来,如果保险公司保费增长乏力,且寿险公司逐渐向后期发展,经营活动产生的现金流净额(增量投资资金)可能缩减甚至为负,由此造成投资资产(＝存量资金＋增量资金)增速下降甚至负增长,保险公司盈利能力将会下降,因为保险公司是靠“存量资产和存量负债的利差”来获利的,资产增长减速会带来盈利增长减速,资产负增长就会带来盈利下降。

三、保险公司筹资活动产生的现金流量

筹资活动是指导致保险公司的资本及债务规模和构成发生变化的活动。这里的资本既包括实收资本(股本),也包括资本溢价(股本溢价);这里的债务指对外举债,包括向银行借款、发行债券以及偿还债务等。保险公司的筹资活动除非金融企业一般的资本和债务活动外,其卖出回购业务的现金流入或流出也在筹资活动中反映。

筹资活动的现金流入包括:股东投入资本和资本公积、公司发行债券、银行借款、收到卖出回购金融资产款等。筹资活动的现金流出包括:支付卖出回购金融资产款、分配股利、分配利润、利息支出等。表 14－7、表 14－8 是 2016 年度中国人寿和平安财险的筹资活动现金流量表。

表 14－7　中国人寿 2016 年度筹资活动产生的现金流量　　　单位：百万元

项　　　目	2016 年度	2015 年度
筹资活动产生的现金流量		
发行其他权益工具收到的现金	—	7 791
收到卖出回购金融资产款现金净额	50 664	—
筹资活动现金流入小计	50 664	7 791

(续表)

项　　目	2016 年度	2015 年度
偿还债务支付的现金	(30 000)	—
支付卖出回购金融资产款现金净额	—	(14 170)
分配股利、利润或偿付利息支付的现金	(17 147)	(15 879)
筹资活动现金流出小计	(47 147)	(30 049)
筹资活动产生的现金流量净额	**3 517**	**(22 258)**

表 14 - 8　平安财险 2016 年度筹资活动产生的现金流量　　　　单位：元

项　　目	2016 年度	2015 年度
筹资活动产生的现金流量		
发行债券收到的现金	—	5 000 000 000
卖出回购业务资金净增加额	—	4 141 585 116
筹资活动现金流入小计	—	9 141 585 116
偿还债务所支付的现金	—	(2 500 000 000)
分配股利及偿付利息支付的现金	(6 607 878 173)	(338 204 451)
卖出回购业务资金净减少额	(3 117 085 681)	—
筹资活动现金流出小计	(9 724 963 854)	(2 838 204 451)
筹资活动产生的现金流量净额	(9 724 963 854)	6 303 380 665

四、筹资活动现金流量特点

经营活动(保险业务)的大幅增长会创造大量正的经营性现金流,带来投资(投资业务)大幅增长,保险业务和投资业务都会带来风险,从而要求更多的偿付能力或资本,进而产生筹资需求。此时,保险公司会通过利润留存、股东注资、发行次级债券等方式筹集资本。

如果公司发展速度极快,就必然需要通过股东注资的方式增加资本,如2013—2016 年安邦保险集团旗下各家公司的情况。如果发展速度不是太快且盈利状况良好,就可以主要通过公司盈利后创造的留存利润来增加公司资本,如中国人寿、平安财险等。

此外,卖出回购经常被保险公司用来补充流动性,所以,也列入了保险公司的筹资活动现金流量表中。保险公司通过卖出回购筹资,表现为现金流入,卖出回购资产到期时就体现为现金流出,在某会计期内,卖出回购业务资金既可能是净增加,也可能是净减少。

同时,筹资的增长也会带来投资资金的增长,会进一步降低投资活动现金流量净额。

第三节　保险公司现金及现金等价物 （净现金流）变动特点

一、现金及现金等价物变动

现金流量表描述的就是公司在一定会计期间内现金或现金等价物的流入和流出状况。在某经营期间，保险公司经营活动、投资活动和筹资活动都会带来现金流量的变动，再加上汇率变动的影响，就形成了保险公司现金流量的总变动，现金流量的总变动会造成保险公司总的现金及现金等价物的变动。

因此，在某期间内，保险公司的现金及现金等价物净变动额＝经营活动产生的现金流量净额＋投资活动产生的现金流量净额＋筹资活动产生的现金流量净额＋汇率变动对现金及现金等价物的影响额。

期初现金及现金等价物余额＋本期现金及现金等价物净变动额＝期末现金及现金等价物余额。

表 14-9、表 14-10 给出了 2016 年度中国人寿和平安财险现金及现金等价物的变动情况。

表 14-9　中国人寿 2016 年度现金及现金等价物变动　　　　单位：亿元

	2016 年度	2015 年度
经营活动产生的现金流量净额	914	−181
＋投资活动产生的现金流量净额	−1 074	719
＋筹资活动产生的现金流量净额	35	−222
＋汇率变动对现金及现金等价物的影响额	3	2
＝现金及现金等价物净增加额	−122	318
＋期初现金及现金等价物余额（期初货币资金）	748	430
＝期末现金及现金等价物余额（期末货币资金）	626	748

注：中国人寿未考虑三个月到期的债券和买入返售金融资产，因此期末、期初现金及现金等价物余额＝资产负债表中的货币资金。

如果不将 3 个月内到期的债券、买入返售金融资产列入现金流量表中的现金等价物中，此时，"期初（期末）的现金及现金等价物余额"就等于"资产负债表中的期初（期末）的货币资金"，则，现金流量表就是资产负债表中货币资金变化情况的展开，即"期初货币资金＋经营活动产生的现金流量净额＋投资活动产生的现金流量净额＋筹资活动产生的现金流量净额＋汇率变动对现金及现金等价物的影响额＝期末货币资金"。

中国人寿 2016 年度的现金及现金等价物变动就属于这样的情况,2016 年期初、期末的现金及现金等价物余额 748 亿元、626 亿元正好等于其 2016 年期初、期末的货币资金数额,2016 年度的现金流量表就是其资产负债表中货币资金变化情况的展开描述。

表 14 - 10　平安财险 2016 年度现金及现金等价物变动　　单位:亿元

	2016 年度	2015 年度
经营活动产生的现金流量净额	260	239
＋投资活动产生的现金流量净额	−129	−320
＋筹资活动产生的现金流量净额	−97	63
＋汇率变动对现金及现金等价物的影响额	1	1
＝现金及现金等价物净增加额	35	−17
＋期初现金及现金等价物余额(≠期初货币资金)	62	79
＝期末现金及现金等价物余额(≠期末货币资金)	97	62

与中国人寿不同的是,平安财险考虑了三个月到期的债券和买入返售金融资产,因此期末、期初现金及现金等价物余额≠资产负债表中的货币资金。

二、保险公司现金及现金等价物变动特点

一般而言,对于一个健康的正在成长的保险公司来说,经营活动现金流量净额应为正数,投资活动现金流量净额应为负数,筹资活动现金流量净额应是正负相间的。

在上述三个现金流量净额中,起驱动作用的是经营性活动净现金流。正是经营活动净现金流的增加创造了更多投资资金,驱动着投资活动的现金流出;也正是经营活动净现金流的增加,提升了企业的剩余风险水平,要求企业筹集资金以增加资本。因此,深入理解经营活动现金流是理解保险公司总现金流量变动的关键。

保险公司之所以能够做大资产规模,提高负债率,进而提高经营收益如ROE,主要就是通过预收保费创造了大量保险责任准备金,创造了大量的经营活动净现金流,进而做大了资产负债表规模,进而通过投资收益赚到了钱。

因此,正常发展的保险公司,经营性活动净现金流会逐渐增长,投资资产逐

渐增加，在投资收益率不变的情况下，企业资产规模增加，企业逐渐发展壮大。

如果经营活动净现金流为负，意味着企业当年的保险业务没有创造新投资资金，在投资收益不变的情况下，企业投资收益会降低，公司资产价值可能缩水，企业就走上了下坡路。

第四节　流动性风险监管指标分析

流动性风险，是指保险公司无法及时获得充足资金或无法及时以合理成本获得充足资金，以支付到期债务或履行其他支付义务的风险。由于流动性风险具有突发性的特点，流动性风险监管强调短期预警管理，确保保险公司特定时点上的清偿能力，这与监管其他风险时注重长期的偿付能力有很大的区别。

偿二代二期规则从资产端、负债端和资产负债端三个方面，采用定量监管指标与定性监管要求相结合的方式，及时监测保险公司的流动性风险状况，引导保险建立健全流动性风险管理体系，提升流动性风险管理的科学性和有效性。

一、定量监管指标

在定量监管方面，偿二代二期设置了监管指标和监测指标，要求保险公司多维度计量、全方位识别流动性风险。监管指标共有 3 个：流动性覆盖率、经营活动净现金流回溯不利偏差率、净现金流。监测指标用于预警保险公司的流动性风险，对财险、寿险和再保险公司作了区分设置，从资产端和负债端两个维度识别、监测保险公司的流动性风险状况。保险公司计算流动性风险监管指标和监测指标时，均以母公司财务报表为基础进行计算；但是，不仅仅依靠财务报表信息，还需要借助于现金流测试结果。

1. 监管指标

（1）流动性覆盖率。流动性覆盖率旨在评估保险公司基本情景和压力情景下未来一年内不同期限的流动性水平。流动性覆盖率的计量思路是将保险公司的流行性来源比上流动性需求。保险公司应当以现金流测试结果为基础，考虑现金及现金等价物、流动性资产储备等因素的影响，计算不同期限（未来 3 个月、未来 12 个月）基本情景下公司整体流动性覆盖率 LCR_1、压力情景下公司整体流动性覆盖率 LCR_2 和压力情景下不考虑资产变现情况的流动性覆盖率 LCR_3。 具体的计算公式如下：

$$LCR_1 = \frac{基本情景下公司现金流入 + 现金及现金等价物评估时点账面价值}{基本情景下公司现金流出} \times 100\%$$

$$LCR_2 = \frac{\begin{array}{c}压力情景下公司现金流入 + 现金及现金等价物\\评估时点账面价值 + 流动性资产储备变现金额\end{array}}{压力情景下公司现金流出} \times 100\%$$

$$LCR_3 = \frac{压力情景下公司现金流入 + 现金及现金等价物评估时点账面价值}{压力情景下公司现金流出} \times 100\%$$

偿二代二期对流动性覆盖率达标要求规定如下：基本情景下公司整体流动性覆盖率（LCR_1）、压力情景下公司整体流动性覆盖率（LCR_2）不低于100%，压力情景下不考虑资产变现情况的流动性覆盖率（LCR_3）不低于50%。

（2）经营活动净现金流回溯不利偏差率。经营活动净现金流回溯不利偏差率（RDR）反映保险公司基本情景下经营活动净现金流预测结果和实际结果之间的不利偏差比率。保险公司应当计算最近两个季度的经营活动净现金流回溯不利偏差率。保险公司最近两个季度的经营活动净现金流回溯不利偏差率不得连续低于−30%。

$$RDR = \frac{经营活动净现金流实际值 - 经营活动净现金流预测值}{ABS(经营活动净现金流预测值)} \times 100\%$$

其中，ABS表示绝对值。

（3）净现金流。净现金流指标反映保险公司过去两年及当年累计的公司整体净现金流状况。保险公司过去两个会计年度及当年累计的净现金流不得连续小于零。

2. 监测指标

流动性风险监测指标分为负债端和资产端两大类，分别关注保险公司负债端或资产端的潜在流动性风险场景，设计相关观测指标，辅助用于流动性风险的识别、监测与预警。负债端监测指标考虑的潜在流动性风险场景有保费下降或赔付增加、特定业务（如融资性信用保证保险）规模加大、大规模退保、集中到期给付、巨灾赔付、应收分保账款逾期等。由于财险、人身险和再保险公司会有差异化的风险场景呈现，对它们设置了差异化的监测指标，具体参见表14-11。资产端监测指标考虑的潜在流动性风险场景有交易对手大量违约、资本市场枯竭、融资渠道少或无效、资产变现能力弱等。财险、人身险和再保险公司适用一套相同的资产端监测指标体系，如表14-12所示。

表 14-11　流动性风险负债端监测指标

公司类别	指　标	指　标　定　义
财产险	经营活动净现金流	经营活动现金流入本年累计数－经营活动现金流出本年累计数
	百元保费经营活动净现金流	经营活动净现金流÷保费收入×100%
	特定业务现金流支出占比	（特定业务赔付支出＋特定业务已发生已报案未决赔款准备金）÷（公司整体赔付支出＋公司整体已发生已报案未决赔款准备金）×100%
	规模保费同比增速	（当年累计规模保费－去年同期累计规模保费）÷去年同期累计规模保费×100%
人身险	经营活动净现金流	经营活动现金流入本年累计数－经营活动现金流出本年累计数
	综合退保率	（退保金＋保户储金及投资款的退保金＋投资连结保险独立账户的退保金）÷（期初长期险责任准备金＋保户储金及投资款期初余额＋独立账户负债期初余额＋本年度签单保费）×100%
	分红/万能账户业务净现金流	分红账户经营活动现金流入本年累计数－分红账户经营活动现金流出本年累计数
	规模保费同比增速	（当年累计规模保费－去年同期累计规模保费）÷去年同期累计规模保费×100%
再保险	经营活动净现金流	经营活动现金流入本年累计数－经营活动现金流出本年累计数
	特定业务现金流支出占比	（特定业务赔付支出＋特定业务已发生已报案未决赔款准备金）÷（公司整体赔付支出＋公司整体已发生已报案未决赔款准备金）×100%
	应收分保账款率	逾期180天以上的应收分保账款期末账面价值÷应收分保账款期末账面价值×100%

表 14-12　流动性风险资产端监测指标

指　标	指　标　定　义
现金及流动性管理工具占比	现金及流动性管理工具期末账面价值÷期末总资产×100%
季均融资杠杆比例	季度内各月末同业拆借、债券回购等融入资金余额合计算术平均值÷期末总资产×100%

（续表）

指　标	指　标　定　义
AA 级（含）以下境内固定收益类资产占比	AA 级（含）以下境内固定收益类资产期末账面价值÷期末总资产×100％
持股比例大于 5％的上市股票投资占比	持股比例大于 5％的上市股票投资的账面价值合计÷期末总资产×100％
应收款项占比	（应收保费＋应收分保账款）÷期末总资产×100％
持有关联方资产占比	持有的交易对手为关联方的投资资产总和÷期末总资产×100％

二、定性监管要求

偿二代二期规则对保险公司规范流动性风险管理做出了定性监管要求。要求保险公司建立健全与其业务规模、性质和复杂程度相适应，与其总体战略目标和风险偏好相一致的流动性风险管理体系，包括流动性风险管理的治理架构，管理策略、政策和程序，流动性风险的识别、计量、监测和控制制度等。

在流动性风险管理治理架构方面，主要包括：一是建立完善的流动性风险管理治理结构，明确董事会及其下设的专门委员会、高级管理层，以及相关部门在流动性风险管理中的职责和报告路线，并建立相应的考核及问责机制；二是强调董事会对流动性风险管理承担最终责任，并明确了董事会的职责；三是明确高级管理层在董事会授权下履行的流动性风险管理职责；四是建立健全流动性风险管理的工作程序和工作流程，要求指定一名高级管理人员负责流动性风险管理工作，并明确流动性风险管理牵头部门及相关部门的职责分工。

在流动性风险管理策略、政策和程序方面，主要包括：一是制定流动性风险管理策略，明确管理目标、管理模式、主要政策和程序等；二是根据业务规模、产品结构、风险状况和市场环境等因素，在充分考虑其他风险对流动性风险的影响和公司整体风险偏好的基础上，确定流动性风险偏好和容忍度；三是根据流动性风险偏好和容忍度设定流动性风险限额，并建立流动性风险限额管理制度；三是制定并持续完善流动性风险管理政策和流程，做好流动性风险管理工作。

在流动性风险识别、计算、监测和控制制度方面，主要包括：一是要识别关注可能引发流动性风险的重大事件，及时分析其对流动性水平的影响；二是识别、评估和监测保险风险、市场风险、信用风险、操作风险、战略风险、声誉风险等风险对公司流动性水平的影响，防范其他风险向流动性风险转化；三是加强对传统保险账户、分红保险账户、投资连结保险账户、万能保险账户流动性水平的计量和监测，及时识别和控制流动性风险；四是在日常现金流管理、制订业务计划、制订投资策略和投资计划、投资管理、融资管理、再保险业务等经营活动中，加强对流动性风险的识别与监测；五是制订有效的流动性应急计划。

第十五章　保险公司偿付能力报告解读

前面几章已对偿二代二期的主要监管规则作了介绍,本章将以此为基础解读保险公司偿付能力报告。依据偿二代二期规则,保险公司需要充分、及时披露偿付能力信息,且披露的信息较偿二代一期时更多更广,这无疑能提升信息透明度,并便于市场利益相关方(包括社会公众、保单持有人、评级机构、审计机构)发挥外部监督约束作用。首先,本章将介绍保险公司的偿付能力报告的内容框架和信息公开披露要求。其次,将选取人身险公司和财险公司各1家,对其偿付能力季度报告摘要进行解读分析。

第一节　保险公司偿付能力报告概述

一、偿付能力报告的内容框架

保险公司向监管部门报送的偿付能力报告包括偿付能力季度报告、偿付能力季度快报和偿付能力临时报告。偿付能力季度报告是保险公司披露偿付能力风险状况的相关信息的正式报告。偿付能力季度快报可视作季度报告的精简版,在每个季度结束后12日内,保险公司通过偿付能力监管信息系统报送季度快报;季度快报包括基本信息和主要指标两部分内容,报告核心和综合偿付能力充足率、实际资本及其分级、最低资本及其构成等关键指标。偿付能力临时报告是保险公司出现偿付能力不足的情况时需要向监管部门报送的特殊报告,报告内容包括当前流动性状况、流动性风险产生的原因、已采取和拟采取的应急措施等。

保险公司对外公开披露的是偿付能力季度报告摘要,其由以下部分组成:

(1)公司信息。

(2)董事会和管理层声明。公司董事会和管理层保证对报告内容的真实性、准确性、完整性和合规性负责。

(3)基本情况。列报以下信息:股权结构和股东,以及报告期内的变动情况;董事、监事和总公司高级管理人员;子公司、合营企业和联营企业;报告期内违规及受处罚情况。

（4）主要指标。列示的主要指标包括：偿付能力充足率指标、流动性风险监管指标和监测指标以及主要经营指标。

（5）风险管理能力。公司列报如下信息：所属的公司类型，监管部门对本公司最近一次偿付能力风险管理要求与评估（SARMRA 评估）的结果，报告期内采取的风险管理改进措施以及各项措施的实施进展情况，偿付能力风险管理自评估有关情况。

（6）风险综合评级（分类监管）。风险综合评级（分类监管）是对保险公司可资本化风险和难以资本化风险的综合评价，是对保险公司整体风险的评价。偿二代根据保险公司偿付能力风险的整体状况，将保险公司的综合评级评定为 A 类（细分为 AAA 类、AA 类和 A 类）、B 类（细分为 BBB 类、BB 类和 B 类）、C 类、D 类四个监管类别，并在市场准入、产品管理、资金运用和现场检查等方面，对不同评级的保险公司实施差异化监管政策。关于风险综合评级，公司需要披露的信息有：最近两次风险综合评级结果，公司已经采取或者拟采取的改进措施，操作风险、战略风险、声誉风险和流动性风险自评估有关情况。

（7）重大事项。公司需要列报报告期内新获批筹建和开业的省级分支机构、重大再保险合同、重大赔付事项（仅适用于财产保险公司）、重大投资行为、重大投资损失、重大融资事项、重大关联交易、重大诉讼事项、重大担保事项和对公司目前或未来的偿付能力有重大影响的其他事项。

（8）管理层分析与讨论。公司管理层对报告期内偿付能力充足率、流动性风险监管指标和风险综合评级结果的变化及其原因的讨论与分析。

（9）外部机构意见。会计师事务所、资产评估机构、精算咨询机构、信用评级机构等第三方对保险公司出具的审计意见、审核意见、信用评级结果、验资报告、资产评估报告等。

（10）实际资本。列报实际资本各项指标的本季度数和上季度可比数。

（11）最低资本。列报最低资本各项指标的本季度数和上季度可比数。

二、偿付能力信息公开披露要求

非上市保险公司应当在每季度结束后 30 日内，披露偿付能力季度报告摘要。上市保险公司及其子公司应当在第 1 季度和第 3 季度结束后 30 日内，披露偿付能力季度报告摘要；在披露半年度财务报告和年度财务报告的同时，披露第 2 季度和第 4 季度的偿付能力季度报告摘要。

保险公司不能按时公开披露偿付能力信息的，应当在规定的公开披露期限之前，在公司官方网站首页公布不能按时披露的原因及预计披露的时间。延迟披露的时间不得超过 15 日。

保险公司通过公司官方网站和中国保险行业协会网站披露偿付能力季度报告摘要。偿付能力季度报告摘要在保险公司网站上保留至少 10 年。

第二节　人身险公司偿付能力报告解读：以中国人寿为例

通过阅读季度偿付能力报告摘要，社会公众或利益相关方能够全面了解保险公司的偿付能力风险状况，便于他们做出合理的经济决策。我们选取中国人寿作为寿险公司的分析样本，以其 2022 年四季度偿付能力报告摘要为例，开展季度偿付能力报告的解读分析。从中国人寿 2022 年四季度偿付能力报告摘要中，摘选出偿付能力充足率指标、主要经营指标、认可资产、认可负债、实际资本、最低资本等数据表格，用作解读分析的基础。

一、偿付能力充足率指标

1. 核心偿付能力充足率和综合偿付能力充足率

2022 年底，中国人寿的核心偿付能力充足率和综合偿付能力充足率均远高于相应的监管阈值 50% 和 100%，风险综合评级为 AA 类，表明偿付能力很充足。但是，核心偿付能力充足率为 143.59%，综合偿付能力充足率 206.78%，两者相较于上季度末分别下降 18.35% 和 23.48%，公司偿付能力下降明显。偿付能力充足率下滑跟最低资本上升、核心资本和实际资本下降有关。如表 15-1 所示，最低资本比上季度末增加了 298.47 亿元，实际资本比上季度末下降了 457.13 亿元，同期核心资本下降了 410.69 亿元。核心偿付能力充足率变动可以分解为：最低资本增加导致核心偿付能力充足率下降 $9.37\%\left(=\left(\frac{699\,689}{487\,290}-\frac{699\,689}{457\,443}\right)\times100\%\right)$，核心资本下降导致核心偿付能力充足率下降 $8.89\%\left(=\left(\frac{699\,689}{457\,443}-\frac{740\,758}{457\,443}\right)\times100\%\right)$。同样，可将综合偿付能力充足率的变动分解为：最低资本增加引发综合偿付能力充足率下降 13.49% $\left(=\left(\frac{1\,007\,601}{487\,290}-\frac{1\,007\,601}{457\,443}\right)\times100\%\right)$，实际资本下降引发综合偿付能力充足率下降 $9.99\%\left(=\left(\frac{1\,007\,601}{457\,443}-\frac{1\,053\,314}{457\,443}\right)\times100\%\right)$。最低资本和实际资本的不利变动叠加，使得核心偿付能力溢额（＝核心资本－最低资本）、综合偿付能力溢额（＝实际资本－最低资本）都出现了较大的下降。此外，从基本情景下的下季度预测值判断,偿付能力充足率的下滑趋势还将延续下去,这显然不是一个好的发展信号。

表 15 - 1　中国人寿 2022 年第四季度偿付能力充足率指标　（单位：百万元）

项　　目	本季度数	上季度数	基本情景下的下季度预测数
认可资产	5 173 709	5 043 019	5 456 013
认可负债	4 166 108	3 989 705	4 438 884
实际资本	1 007 601	1 053 314	1 017 129
核心一级资本	651 956	687 078	658 284
核心二级资本	47 733	53 680	35 304
附属一级资本	305 977	310 437	321 505
附属二级资本	1 935	2 119	2 036
可资本化风险最低资本	494 962	464 645	518 097
控制风险最低资本	−7 672	−7 202	−8 031
附加资本	—	—	—
最低资本	487 290	457 443	510 066
核心偿付能力溢额	212 399	283 315	183 522
综合偿付能力溢额	520 311	595 871	507 063
核心偿付能力充足率	143.59%	161.93%	135.98%
综合偿付能力充足率	206.78%	230.26%	199.41%

表 15 - 2　中国人寿 2022 年第四季度认可资产　（单位：百万元）

项　　目	本季度数			上季度数		
	账面价值	非认可价值	认可价值	账面价值	非认可价值	认可价值
现金及流动性管理工具	159 020	—	159 020	110 892	—	110 892
投资资产	4 375 374	1 352	4 374 022	4 264 821	1 352	4 263 469
在子公司、合营企业和联营企业中的权益	183 553	−9 814	193 367	190 379	−470	190 849
再保险资产	7 840	−27 549	35 389	8 600	−39 717	48 317
应收及预付款项	334 764	—	334 764	359 033	—	359 033
固定资产	49 381	—	49 381	49 165	—	49 165
土地使用权	7 304	—	7 304	7 320	—	7 320
独立账户资产	7	—	7	7	—	7
其他认可资产	28 551	8 096	20 455	17 568	3 601	13 967
合计	5 145 794	−27 915	5 173 709	5 007 785	−35 234	5 043 019

2. 认可资产

分析认可资产及其构成项目,了解公司可用于偿债的资产的来源与分布情况。如表 15 - 2 所示,2022 年底,中国人寿的认可资产的认可价值为 51 737.09 亿元,账面价值为 51 457.94 亿元。投资资产是认可资产中金额最大的项目,其认可价值为 43 740.22 亿元,占比 84.54%。"在子公司、合营企业和联营企业中的权益"和"再保险资产"两个项目上,认可价值远超账面价值,使得公司认可资产的认可价值超过了账面价值。

具体而言,第一,"在子公司、合营企业和联营企业中的权益"的认可价值高出其账面价值的 98.14 亿元,即长期股权投资的认可价值与账面价值的差额,充实了中国人寿的核心一级资本。这是由于中国人寿在会计上和监管上对子公司的长期股权投资采用不同的计量方法引致的。偿二代二期规定对子公司的长期股权投资按权益法计量,后续计量时对被投资单位应享有的投资收益(无论是否分配)需要被确认为认可价值,若投资收益为正,长期股权投资的认可价值与账面价值就有正向的差额。第二,再保险资产的认可价值为 353.89 亿元,账面价值则仅为 78.4 亿元,这意味着中国人寿通过再保分出从再保险接受人那里"融入"了实际资本 275.49 亿元。另据表 15 - 4,长期寿险再保险合同增加的资本都没有计入核心二级资本和附属资本,说明它都被计入了核心一级资本,体现在由净资产调整为核心一级资本的"银保监会规定的其他调整项目"①中。

表 15 - 3　中国人寿 2022 年第四季度认可负债　　（单位：百万元）

项　　目	本季度数	上季度数
准备金负债	3 281 601	3 222 091
金融负债	515 361	437 889
应付及预收款项	273 452	234 353
预计负债	—	—
独立账户负债	7	7
资本性负债	13 717	12 415
其他认可负债	81 970	82 950
合计	4 166 108	3 989 705

3. 认可负债

分析认可负债及其构成项目,了解保险公司需要偿还的债务总量及其组成情况。截止 2022 年第四季度末,中国人寿的认可负债为 4 1661.08 亿元,金额位

① "银保监会规定的其他调整项目"主要表现为 3 年后方可终止且相关风险和资产真实转移的再保险合同相应增加的资本。

居前三的项目：准备金负债(保险合同负债)32 816.01 亿元,占比 78.77%；金融负债 5 153.61 亿元,占比 12.37%；应收及预付款项 2 734.52 亿元,占比 6.56%。另据 2022 年报,金融负债主要是由保户储金及投资款(3 747.42 亿元)、卖出回购金融资产款(1 405.87 亿元)组成的。此外,投连险业务对应的独立账户负债为 0.07 亿元。准备金负债比 2022 年报披露的保险合同准备金(＝未到期责任准备金＋未决赔款准备金＋寿险责任准备金＋长期健康险责任准备金)3 8801.60 亿元要低很多,原因是企业会计准则和偿二代监管规则对寿险合同的未到期责任准备金采取了不同的计量办法。尤其需要关注的是,会计计量比偿二代监管计量多计入了保单隐含的未来利润(即剩余边际),监管上将其称为保单未来盈余,并按照保单剩余期限分级计入实际资本。从表 15-4 可知,2024 年末中国人寿确认并计入实际资本的保单未来盈余为 5 028.71 亿元[1],其中,计入核心一级资本、核心二级资本、附属一级资本和附属二级资本的保单未来盈余依次为 1 971.58 亿元、477.33 亿元[2]、2 560.45 亿元和 19.35 亿元。

4. 实际资本

分析实际资本的变动原因,为优化保险公司的偿付能力管理提供方向。2022 年第四季度末认可资产较上季度末增加 1 306.90 亿元,但认可负债较上季度末增加 1 764.03 亿元,使得实际资本比上季度末下降 457.13 亿元。这揭示出公司需要加强资产端和负债端的协同联动,做好资产和负债的动态匹配管理。如表 15-2 所示,认可资产的增量主要源自投资资产,投资资产较上个季度增加 1 105.53 亿元。如表 15-3 所示,认可负债的增量主要是由金融负债和准备金负债共同增加触发的,其中金融负债增加 774.72 亿元,准备金负债增加 595.10 亿元。投资资产账面价值的增加可能跟投资资产公允价值增值、投资资产有效配置、新增准备金负债驱动投资规模增大等有关。准备金负债增加可能的原因是新增保险业务、续期业务保险责任的累积、偿付能力准备金评估利率下行等,而金融负债增加可能的原因是万能险账户规模增长引发的保户储金及投资款增加、流动性管理的需要而增加卖出回购证券等。保险公司需要挖掘认可资产和认可负债变动的深层原因,找准承保端和投资端精细化管理的发力点,促进资产负债匹配管理,确保实际资本充裕。

---

① 保单未来盈余＝财务报表下寿险合同负债账面价值－偿付能力下寿险合同负债认可价值－现金价值保证－所得税准备。

② 第 1 号监管规则《实际资本》规定,计入核心资本的保单未来盈余不得超过核心资本的 35%(2013 年 9 月 10 日起调整为 40%)。如表 15-4 所示,不设限额时可计入核心二级资本的保单未来盈余为 614.5 亿元,但设置限额后至多计入 477.33 亿元,确保计入核心资本的保单未来盈余/核心资本≤(1 971.58＋477.33)/(6 519.56＋477.33)＝35%。

表 15-4　中国人寿 2022 年第四季度实际资本　　（单位：百万元）

项　目	本季度数	上季度数
核心一级资本	**651 956**	**687 078**
净资产	441 818	454 686
对净资产的调整额	210 138	232 392
各项非认可资产的账面价值	−9 448	−4 953
长期股权投资的认可价值与账面价值的差额	9 814	470
投资性房地产(包括保险公司以物权方式或通过子公司等方式持有的投资性房地产)的公允价值增值(扣除减值、折旧及所得税影响)	—	—
递延所得税资产(由经营性亏损引起的递延所得税资产除外)	−14 935	−8 426
对农业保险提取的大灾风险准备金	—	—
计入核心一级资本的保单未来盈余	197 158	205 585
符合核心一级资本标准的负债类资本工具且按规定可计入核心一级资本的金额	—	—
银保监会规定的其他调整项目	27 549	39 716
核心二级资本	**47 733**	**53 680**
优先股	—	—
计入核心二级资本的保单未来盈余	61 450	66 095
其他核心二级资本	—	—
减：超限额应扣除的部分	13 717	12 415
附属一级资本	**305 977**	**310 437**
次级定期债务	—	—
资本补充债券	34 997	34 996
可转换次级债	—	—
递延所得税资产(由经营性亏损引起的递延所得税资产除外)	14 935	8 426
投资性房地产(包括保险公司以物权方式或通过子公司等方式持有的投资性房地产)公允价值增值可计入附属一级资本的金额(扣除减值、折旧及所得税影响)	—	—
计入附属一级资本的保单未来盈余	256 045	267 015
其他附属一级资本	—	—
减：超限额应扣除的部分	—	—
附属二级资本	**1 935**	**2 119**
应急资本等其他附属二级资本	—	—
计入附属二级资本的保单未来盈余	1 935	2 119
减：超限额应扣除的部分		
实际资本合计	**1 007 601**	**1 053 314**

5. 最低资本

分析最低资本的构成项目及其变动情况,认识保险公司的风险暴露概貌。2022年第四季度末,中国人寿的最低资本为4 872.9亿元,等于量化风险最低资本(4 949.62亿元)和控制风险最低资本(—76.72亿元)之和。由于中国人寿的SARMRA评估得分S超过了80分,控制风险最低资本取负值,对最低资本起到减免效果。量化风险最低资本的构成项目:寿险业务保险风险最低资本(22.74%)、非寿险业务保险风险最低资本(2.38%)、市场风险最低资本(94.02%)、信用风险最低资本(15.65%)、量化风险分散效应(—24.79%)和特定类别保险合同损失吸收效应(—10.01%)。显然,市场风险暴露水平主导着中国人寿最低资本的高低走势。寿险业务保险风险暴露对最低资本的影响反而位居次席。这貌似有些意外,但符合人身险公司的经营特点,业务以长期储蓄性保险为主,积累起可观的准备金负债,并转化为高额的投资资产,造成市场风险最低资本也高企不下。

接下来,分析最低资本的变动情况,以便把握保险公司的风险暴露的演化动向。2022年第四季度末,中国人寿的最低资本比上季度末增加了298.47亿元,引发综合偿付能力充足率下降13.49%。最低资本的增加主要受寿险业务保险风险最低资本和市场风险最低资本的增加而带动的。寿险业务保险风险最低资本增加了154.54亿元,导致综合偿付能力充足率下降7.20%;市场风险最低资本增加239.89亿元,导致综合偿付能力充足率下降10.31%。[①] 寿险业务保险风险最低资本增加的主要源自损失发生风险最低资本的增加,损失发生风险最低资本较上季度末增加212.94亿元,导致综合偿付能力充足率下降9.80%。中国人寿在资产负债表日变更寿险业务的精算假设(包括折现率、死亡率、发病率、退保率、费用假设、保单红利假设等),致使寿险业务保险风险最低资本的增加。利率风险最低资本和权益价格风险最低资本较上季度末分别增加218.32亿元和188.23亿元,它们是市场风险最低资本增加的主要推手,分别导致综合偿付能力充足率下降9.42%和6.59%。

---

① 采用连环替代法对最低资本引发的综合偿付能力充足率的变动进行归因分析。即在许多最低资本因素对综合偿付能力充足率综合发生作用的情况下,依次把其中一个最低资本因素当作可变因素,把其他因素当作不变因素,而后逐个进行替换,计算并对比替换前后的综合偿付能力充足率,确定各个最低资本因素变动对综合偿付能力充足率变动的影响程度。

表 15 - 5　中国人寿 2022 年第四季度最低资本　　（单位：百万元）

项　　目	本季度数	上季度数
量化风险最低资本	**494 962**	**464 645**
**　寿险业务保险风险最低资本合计**	**112 576**	**97 122**
寿险业务保险风险-损失发生风险最低资本	86 344	65 050
寿险业务保险风险-退保风险最低资本	56 419	58 390
寿险业务保险风险-费用风险最低资本	14 532	14 359
寿险业务保险风险-风险分散效应	44 719	40 677
**　非寿险业务保险风险最低资本合计**	**11 773**	**12 219**
非寿险业务保险风险-保费及准备金风险最低资本	11 773	12 219
非寿险业务保险风险-巨灾风险最低资本	—	—
非寿险业务保险风险-风险分散效应	—	—
**　市场风险-最低资本合计**	**465 382**	**441 393**
市场风险-利率风险最低资本	208 029	186 197
市场风险-权益价格风险最低资本	426 851	408 028
市场风险-房地产价格风险最低资本	15 812	14 827
市场风险-境外固定收益类资产价格风险最低资本	191	219
市场风险-境外权益类资产价格风险最低资本	34 044	32 984
市场风险-汇率风险最低资本	5 628	5 788
市场风险-风险分散效应	225 173	206 650
**　信用风险-最低资本合计**	**77 485**	**78 939**
信用风险-利差风险最低资本	40 774	40 099
信用风险-交易对手违约风险最低资本	56 480	58 706
信用风险-风险分散效应	19 769	19 866
量化风险分散效应	**122 699**	**115 087**
特定类别保险合同损失吸收效应	**49 555**	**49 941**
损失吸收调整-不考虑上限	49 555	49 941
损失吸收效应调整上限	206 611	209 521
控制风险最低资本	**−7 672**	**−7 202**
附加资本	**—**	**—**
逆周期附加资本	—	—
D-SII 附加资本	—	—
G-SII 附加资本	—	—
其他附加资本	—	—
最低资本	**487 290**	**457 443**

二、主要经营指标

偿付能力报告还披露了 2022 年第四季度末中国人寿的主要经营指标（参见表 15-6）。2022 年，国内经济发展环境的复杂性、严峻性、不确定性上升，人身险业处于深度调整和转型期，行业保费收入增速进一步放缓。中国人寿的总资产为 5.15 万亿元，保险合同负债为 3.88 万亿元。2022 年，复杂严峻的内外部环境对资本市场持续形成扰动，国内债券收益率走低，A 股市场深度调整。中国人寿实现投资收益率 4.10%，考虑当期计入其他综合收益的可供出售金融资产公允价值变动净额后，综合投资收益率仅为 2.02%。

表 15-6　中国人寿 2022 年第四季度主要经营指标　　（单位：百万元）

指 标 名 称	本季度数	本年度累计数
保险业务收入	61 085	615 190
净利润	4 705	39 315
总资产	5 145 794	5 145 794
净资产	441 818	441 818
保险合同负债	3 880 160	3 880 160
基本每股收益（元）	0.04	1.14
净资产收益率[1]	1.05%	8.56%
总资产收益率[2]	0.09%	0.79%
投资收益率[3]	0.97%	4.10%
综合投资收益率[4]	0.42%	2.02%

注：① 净资产收益率＝净利润÷[（期初净资产＋期末净资产）÷2]×100%。
② 总资产收益率＝净利润÷[（期初总资产＋期末总资产）÷2]×100%。
③ 投资收益率＝（投资收益＋公允价值变动损益＋汇兑损益－投资资产减值损失－投资业务的税金及附加－利息支出）÷报告期资金运用平均余额×100%。
④ 综合投资收益率＝（投资收益＋公允价值变动损益＋汇兑损益＋可供出售金融资产的公允价值变动净额－投资资产减值损失－投资业务的税金及附加－利息支出）÷报告期资金运用平均余额×100%。

三、流动性风险监管和监测指标

在 2022 年第四季度的偿付能力报告中，中国人寿披露了如下的流动性风险监管和监测指标。关注这些流动性风险监管和监测指标的取值及其变化，可以了解中国人寿的流动性风险暴露情况。

1. 流动性风险监管指标

中国人寿除了披露监管规定的 3 个流动性覆盖率指标之外，还附加披露了

2 个自测压力场景下流动性覆盖率指标。监管规定的 3 个流动性覆盖率指标均达标。基本情景下公司整体流动性覆盖率（LCR_1）较 3 季度变化不大，其余压力场景下的流动性覆盖率（LCR_1 或 LCR_2）改进明显，表明 2022 年底中国人寿的流动性水平呈现向好发展趋势。

表 15-7　中国人寿 2022 年第四季度流动性风险指标　　（单位：万元）

指　标　名　称	本季度数	上季度数
流动性覆盖率		
基本情景下公司整体流动性覆盖率[1]（LCR_1）		
未来三个月	132%	140%
未来十二个月	114%	110%
必测压力情景下公司整体流动性覆盖率[2]（LCR_2）		
未来三个月	593%	363%
未来十二个月	199%	152%
必测压力情景下不考虑资产变现情况的流动性覆盖率[3]（LCR_3）		
未来三个月	141%	91%
未来十二个月	90%	91%
自测压力情景下公司整体流动性覆盖率[2]（LCR_2）		
未来三个月	2 147%	1 373%
未来十二个月	793%	577%
自测压力情景下不考虑资产变现情况的流动性覆盖率[3]（LCR_3）		
未来三个月	555%	377%
未来十二个月	392%	370%
经营活动净现金流回溯不利偏差率[4]	113%	53%
本年度累计净现金流	65 443	40 749
上一会计年度净现金流	2 901	2 901
上一会计年度之前的会计年度净现金流	1 890	1 890
经营活动净现金流[5]	395 035	316 542
分红账户业务净现金流[6]	30 237	25 280
万能账户业务净现金流[7]	48 039	40 382
现金及流动性管理工具占比[8]	3.18%	2.25%
季均融资杠杆比例[9]	2.21%	2.00%
AA 级（含）以下境内固定收益类资产占比[10]	0.04%	0.08%
持股比例大于 5% 的上市股票投资占比[11]	0.77%	0.86%
应收款项占比[12]	0.41%	0.84%
持有关联方资产占比[13]	2.48%	2.24%

　　经营活动净现金流回溯不利偏差率由 3 季度的 53% 上升到 4 季度的113%，远高于监管阈值 -30%，表明中国人寿的经营活动的净现金流实际值高

于预测值,形成了有利偏差且表现出增大的趋势。

中国人寿的过去两个会计年度及当年累计的净现金流都大于零,本年累计净现金流较 3 季度增加人民币 246.94 亿元,反映出近 3 年来中国人寿的流动性充裕性在增强。

2. 流动性风险监测指标

中国人寿披露的 9 个流动性风险监测指标都处于合理范围。经营活动净现金流、分红账户业务净现金流和万能账户业务净现金流均大于零,说明公司在所有保险业务、分红保险业务、万能保险业务上都能够实现现金流入超过现金支出,利于业务经营稳定。现金及流动性管理工具占比小幅上升,说明公司短期偿付能力增强。季均融资杠杆比例略有上涨,说明公司借助于同业拆借、债券回购等融入资金增加。AA 级(含)以下境内固定收益类资产占比极低,且较 3 季度下降一半,表明公司严控固定收益类资产的信用风险。持股比例大于 5% 的上市股票投资占比低于 1%,表明股权投资的集中度风险不明显。应收款项占比仅为 0.41%,说明原保险业务和分保业务涉及的各种拖欠款项较少。持有关联方资产占比稍有增加,应属于正常波动,需要追踪连续多期才能判断关联投资是否有增大迹象。

表 15‑8　中国人寿 2022 年第四季度退保金居前三位的产品

（单位：百万元）

产 品 名 称	产品类型	销售渠道	本季度		本年度累计	
			退保金	退保率	退保金	退保率
国寿美满一生年金保险（分红型）	分红	个人代理等	525	0.33%	2 245	1.40%
康宁终身保险	传统	个人代理等	500	0.13%	2 080	0.55%
国寿福禄双喜两全保险（分红型）	分红	个人代理等	351	0.19%	1 324	0.72%

在披露监测指标时,中国人寿没有报告综合退保率、规模保费同比增速的指标信息。但是,可以从偿付能力报告中,查看报告期内退保金额和综合退保率居前三位的产品信息,详见表 15‑8 和表 15‑9。表格中的退保率就是按照综合退保率的计算公式测算的。中国人寿 2022 年报公布的退保率是 0.95%,同比下降 0.25%,退保金为 371.22 亿元,同比下降 10.7%。尽管部分分红保险产品退保相对活跃,但整体而言中国人寿的退保表现正常,不会构成流动性压力。

表 15‑9　中国人寿 2022 年第四季度退保率居前三位的产品

（单位：百万元）

产品名称	产品类型	销售渠道	本季度		本年度累计	
			退保金	退保率	退保金	退保率
国寿优享金生年金保险	传统	个人代理等	0.002 8	4.69%	0.006 9	10.58%
国寿鑫福 E 生年金保险	传统	个人代理等	0.114 35	3.61%	0.292 0	6.90%
国寿附加安欣无忧提前给付重大疾病保险(2015 版)	传统	个人代理等	0.003 0	3.53%	0.007 1	0.72%

第三节　财险公司偿付能力报告解读：以平安财险为例

偿付能力报告是披露保险公司偿付能力信息的重要载体,偿二代二期规则规范了保险公司向社会公众或利益相关方等信息使用者披露偿付能力信息的行为,提升了信息透明度,有利于市场利益相关方发挥好监督约束作用。下面以平安财险 2022 年第四季度偿付能力报告摘要为例,开展财险公司的偿付能力报告的解读分析。

一、偿付能力充足率指标

1. 核心偿付能力充足率和综合偿付能力充足率

2022 年第四季度末,平安财险的风险综合评级为 BBB 类,偿付能力充足率指标远超过监管阈值,表明其偿付能力很充足。2022 年第四季度末,综合偿付能力充足率为 220.0%,较上季度末 241.7% 下降了 21.7%;核心偿付能力充足率 177.6%,较上季度末 191.2% 下降了 13.6%。实际资本下降、最低资本上升共同促使偿付能力充足率下滑。如表 15‑10 所示,最低资本比上季度末增加了 12.67 亿元,实际资本比上季度末下降了 92.99 亿元,同期核心资本下降了 53.40 亿元。核心偿付能力充足率的变动可以分解为:最低资本增加导致核心偿付能力充足率下降 $4.0\%\left(=\left(\dfrac{10\ 119\ 266}{5\ 697\ 644}-\dfrac{10\ 119\ 266}{5\ 570\ 967}\right)\times 100\%\right)$,核心资本下降导致核心偿付能力充足率下降 $9.6\%\left(=\left(\dfrac{10\ 119\ 266}{5\ 570\ 967}-\dfrac{10\ 653\ 295}{5\ 570\ 967}\right)\times 100\%\right)$。综合偿付能力充足率的变动可以分解为：最低资本增加引发综合偿付能力充足率下降 $5.0\% \left(= \left(\dfrac{12\,533\,697}{5\,697\,644} - \dfrac{12\,533\,697}{5\,570\,967}\right) \times 100\%\right)$，实际资本下降引发综合偿付能力充足率下降 $16.7\% \left(= \left(\dfrac{12\,533\,697}{5\,570\,967} - \dfrac{13\,463\,612}{5\,570\,967}\right) \times 100\%\right)$。此外，综合偿付能力溢额和核心偿付能力溢额都出现降低。需要进一步诊断实际资本和最低资本的变动原因，梳理偿付能力管理的薄弱点。

表 15 - 10　平安财险 2022 年第四季度偿付能力充足率指标　（单位：万元）

类　　型	本季度末	上季度末	下季度末（预测）
认可资产	50 456 005	51 044 518	49 065 744
认可负债	37 922 307	37 580 906	36 345 600
实际资本	12 533 697	13 463 612	12 720 144
核心一级资本	10 119 266	10 653 295	10 166 595
核心二级资本	—	—	—
附属一级资本	2 414 431	2 810 317	2 553 548
附属二级资本	—	—	—
最低资本	5 697 644	5 570 967	6 085 604
量化风险最低资本	5 829 686	5 700 074	6 226 638
寿险业务保险风险最低资本	—	—	—
非寿险业务保险风险最低资本	4 273 890	3 981 798	4 711 443
市场风险最低资本	2 723 994	2 720 783	2 873 948
信用风险最低资本	1 427 984	1 641 441	1 310 881
量化风险分散效应	2 596 182	2 643 949	2 669 635
特定类别保险合同损失吸收效应	—	—	—
控制风险最低资本	−132 042	−129 107	−141 033
附加资本	—	—	—
核心偿付能力溢额	4 421 622	5 082 328	4 080 991
核心偿付能力充足率	177.6%	191.2%	167.1%
综合偿付能力溢额	6 836 053	7 892 645	6 634 539
综合偿付能力充足率	220.0%	241.7%	209.0%

2. 认可资产

表 15 - 11 和表 15 - 12 分别列明了认可资产和认可负债的组成项目,据此可以看出认可资产的下降和认可负债的上涨共同引发实际资本的降低。

表 15 - 11　平安财险 2022 年第四季度认可资产　　　　（单位：万元）

项　　目	期末数			期初数		
	账面价值	非认可价值	认可价值	账面价值	非认可价值	认可价值
现金及流动性管理工具	1 450 428	664	1 449 765	1 190 761	227	1 190 533
投资资产	35 556 223	138 744	35 417 479	35 269 483	138 906	35 130 577
定期存款	2 736 640	——	2 736 640	2 647 600	——	2 647 600
协议存款	2 103 000	——	2 103 000	2 403 000	——	2 403 000
政府债券	13 596 182		13 596 182	12 668 521		12 668 521
金融债券	823 987		823 987	908 888		908 888
企业债券	972 837	2 019	970 817	1 077 284	2 019	1 075 264
公司债券	114 122	——	114 122	109 570		109 570
权益投资	10 208 765	——	10 208 765	10 164 724	——	10 164 724
保险资产管理产品	1 676 737		1 676 737	1 834 496		1 834 496
信托计划	1 769 159	120 673	1 648 486	2 046 852	120 673	1 926 178
基础设施投资	720 232	16 737	703 495	709 414	17 092	692 322
投资性房地产	832 951	—686	833 637	696 852	—878	697 730
衍生金融资产	1 612	——	1 612	2 283		2 283
在子公司、合营企业和联营企业中的权益	2 494 752	204 884	2 289 867	2 479 634	—45 301	2 524 934
再保险资产	2 773 475	——	2 773 475	2 888 901		2 888 901
应收分保准备金	2 164 933		2 164 933	2 269 052		2 269 052
应收分保账款	608 539		608 539	619 845		619 845

（续表）

项　目	期末数			期初数		
	账面价值	非认可价值	认可价值	账面价值	非认可价值	认可价值
存出分保保证金	4	—	4	4	—	4
应收及预付款项	6 741 617	7 429	6 734 188	7 355 522	6 998	7 348 524
应收保费	5 503 519	—	5 503 519	6 155 310		6 155 310
应收利息	147 420	7 429	139 991	137 437	6 998	130 439
应收股利	803	—	803	4 444		4 444
存出保证金	471	—	471	541		541
其他应收和暂付款	—	—	−2 019	1 057 790		1 057 790
固定资产	170 555	—	—	221 635	—	221 635
土地使用权	41 562	—	41 562	106 664	—	106 664
独立账户资产	—					
其他认可资产	1 608 971	29 858	1 579 112	1 665 755	33 005	1 632 750
认可资产合计	50 837 584	381 579	50 456 005	51 178 353	133 835	51 044 518

表 15‑12　平安财险 2022 年第四季度认可负债　　　（单位：万元）

项　目	认可价值期末数	认可价值期初数
准备金负债	28 967 447	28 433 324
金融负债	2 409 214	3 007 069
应付及预收款项	6 545 646	6 140 513
预计负债	—	—
独立账户负债	—	—
资本性负债	—	—
其他认可负债	—	—
认可负债合计	37 922 307	37 580 906

认可资产较上季度末下降 58.85 亿元,主要受以下组成项目变动的影响:应收及预付款项下降 61.43 亿元,在子公司、合营企业和联营企业中的权益下降 23.51 亿元,再保险资产下降 11.54 亿元,投资资产增加 28.69 亿元,现金及流动性管理工具增加 25.92 亿元。

具体而言,① 应收保费下降了 61.58 亿元,引发应收及预付款项的下降,收回应收保费有利改善平安财险的认可资产的质量。② 非认可价值大幅上升引起长期股权投资认可价值的下降,这应该与长期股权投资出现亏损或减值有关。"在子公司、合营企业和联营企业中的权益"的账面价值在期初和期末变动很小,但非认可价值由期初的 −4.53 亿元增至期末的 20.49 亿元。这里的非认可价值指向的是长期股权投资的认可价值与账面价值的差额、处置受到限制的长期股权投资的账面价值等。长期股权投资的认可价值与账面价值的差额,包括子公司的认可价值按权益法计量的调整金额,以及对合营企业、联营企业减值调整金额等。主要产生于对子公司的长期股权投资按成本法计量的账面价值与按权益法计量的认可价值的差额,以及对合营企业和联营企业的长期股权投资计提减值。例如,当子公司出现亏损时,平安财产可以分享的子公司可辨认净资产公允价值份额为负值,导致对子公司的长期股权投资的认可价值下降;一旦认可价值低于账面价值,对子公司的长期股权投资的非认可价值会由负值转为正值。表 15 - 13 列出第四季度的长期股权投资的认可价值与账面价值的差额恰好为 20.49亿元,这表明第四季度的长期股权投资的非认可价值单纯源自其认可价值与账面价值的差额。③ 应收分保准备金下降 10.41 亿元是引发再保险资产下降的主因,这说明平安财险的保险责任分出下降。④ 投资资产增加 28.69 亿元,主要受以下子项目变动的影响:政府债券增加 92.77 亿元,投资性房地产增加 13.59 亿元,定期存款增加 8.90 亿元,基础设施投资增加 1.12 亿元,协议存款下降 30 亿元,信托计划下降 27.77 亿元,保险资产管理产品下降 15.78 亿元,企业债券下降 10.44 亿元,金融债券下降 8.49 亿元。投资资产的增加是由于投资配置调整引发的。2022 年末无风险利率有所上行,促使公司加大对政府债券的投资比重;资本市场低位震荡,公司扩大对投资性房地产、基础设施投资的投资比重。⑤ 现金及流动性管理工具的增加应该跟应收保费的大量回笼有关。

表 15 - 13　平安财险 2022 年第四季度实际资本　　（单位:万元）

行　次	项　　目	期末数	期初数
1	**核心一级资本**	10 119 266	10 653 295
1.1	净资产	11 908 085	12 229 983

(续表)

行　次	项　　目	期末数	期初数
1.2	对净资产的调整额	−1 788 819	−1 576 688
1.2.1	各项非认可资产的账面价值	−176 694	−180 014
1.2.2	长期股权投资的认可价值与账面价值的差额	−204 884	46 179
1.2.3	投资性房地产(包括保险公司以物权方式或通过子公司等方式持有的投资性房地产)的公允价值增值(扣除减值、折旧及所得税影响)	—	—
1.2.4	递延所得税资产(由经营性亏损引起的递延所得税资产除外)	−1 414 431	−1 460 317
1.2.5	对农业保险提取的大灾风险准备金	7 191	17 464
1.2.6	计入核心一级资本的保单未来盈余	—	—
1.2.7	符合核心一级资本标准的负债类资本工具且按规定可计入核心一级资本的金额	—	—
1.2.8	银保监会规定的其他调整项目	—	—
2	**核心二级资本**	—	—
3	**附属一级资本**	2 414 431	2 810 317
4	**附属二级资本**	—	—
5	**实际资本合计**	12 533 697	13 463 612

3. 认可负债

平安财险的认可负债的组成项目只有三项：准备金负债2 896.74亿元，占比为76.39%；金融负债240.92亿元，占比为6.35%；应付及预收款项654.56亿元，占比为17.36%。从各项占比看，平安财险的认可负债以保险合同负债及其派生出的应付款项为主，以流动性管理为主要用途的金融负债占比很低，这与平安财险的保险业务几乎都是保障型业务密不可分。2022年第四季度末，认可负债相比第三季度末增加了34.14亿元，三个组成项目的变动如下：准备金负债增加53.41亿元，金融负债下降59.79亿元，应付及预收款项增加40.51亿元。新业务带动未到期责任准备金增加，存量业务的未决赔款准备金累积，可能推动了准备金负债的增加。应付及预收款项的增加估计跟业务规模增长有关。

4. 实际资本

梳理完认可资产和认可负债后，可以分析实际资本的变动和分级情况。

264

2022 年度第四季度末,平安财产的实际资本比上季度末下降了 92.99 亿元,这是同期认可资产、认可负债的变动叠加的结果。具体表现为,认可负债相比第三季度末增加 34.14 亿,而认可资产较第三季度末下降 58.85 亿元,负债端和资产端的反向变动对实际资本构成了剪刀差,原因可归结为资本市场不景气对公司的资产负债动态匹配管理的冲击。如表 15-13 所示,平安财产的实际资本被分级为:核心一级资本 1 011.93 亿元,占比为 80.74%;附属一级资本 241.44 亿元,占比 19.26%。不同于人身险公司,保单剩余期限 30 年(含)以上的保单未来盈余可以计入核心一级资本,使得核心一级资本可以高于净资产。财险公司不经营长期险业务而没有保单未来盈余,通常核心一级资本低于净资产。由净资产确定核心一级资本时,平安财险的调减项有:递延所得税资产(由经营性亏损引起的递延所得税资产除外)141.44 亿元、非认可资产 17.67 亿元、长期股权投资的认可价值与账面价值的差额 20.49 亿元,而调增项只有一项,即对农业保险提取的大灾风险准备金 0.72 亿元,使得实际资本低于净资产 178.88 亿元。平安财险的附属一级资本由下面两项构成:从净资产中调整过来的递延所得税资产(由经营性亏损引起的递延所得税资产除外)141.44 亿元,资本补充债券 100 亿元[①]。另据表 15-12,平安财险 2022 年第四季度末资本性负债的认可价值为零,表明平安财险发行的资本补充债券全部被确认为实际资本。资本补充债券计入实际资本后,使得平安财险的实际资本超过了净资产,这对公司的业务发展和偿付能力充足率指标均起到了积极的促进作用。

5. 最低资本

偿二代二期规则下,保险公司需要在季度偿付能力报告摘要中列出最低资本的构成项目表,这为我们排查最低资本变动的原因提供了数据基础。2022 年第四季度末,平安财险的最低资本较上个季度增长了 12.67 亿元,量化风险最低资本上涨 12.96 亿元,促成了最低资本的增加。然而,量化风险最低资本的上涨,由其子项目的变动引发,具体包括:非寿险业务保险风险最低资本增加 29.21 亿元,市场风险最低资本增加 0.32 亿元,信用风险最低资本下降 21.35 亿元,量化风险分散效应下降 4.78 亿元。保费及准备金风险最低资本增长 30.12 亿元,促成非寿险业务保险风险最低资本的增加,这说明平安财险的保险业务在增长。

---

① 根据平安财险 2022 年报披露,2022 年末,平安财险有未到期的资本补充债券,该笔债券于 2019 年发行,期限 10 年,带有赎回条款。在第 5 个计息年度末,平安财险享有对剩余资本补充债券的赎回权;若不赎回的话,票面利率跳升 100 个基点,由前 5 年的 4.64% 增到后 5 年的 5.64%。根据第 1 号监管规则《实际资本》第 26 条的规定,赎回日之前和赎回日之后的票面未超过 100 个基点,按到期日计算剩余期限。由于该笔债券的剩余期限至少在 6 年以上,不用对它确认并计量认可负债,按资本分级标准计入附属一级资本。

表 15 - 14　平安财险 2022 年第四季度最低资本　　　（单位：万元）

行　　次	项　　　目	期末数	期初数
1	**量化风险最低资本**	5 829 686	5 700 074
1.1	寿险业务保险风险最低资本合计	—	—
1.1.1	寿险业务保险风险-损失发生风险最低资本	—	—
1.1.2	寿险业务保险风险-退保风险最低资本	—	—
1.1.3	寿险业务保险风险-费用风险最低资本	—	—
1.1.4	寿险业务保险风险-风险分散效应	—	—
1.2	**非寿险业务保险风险最低资本合计**	4 273 890	3 981 798
1.2.1	非寿险业务保险风险-保费及准备金风险最低资本	3 891 766	3 590 577
1.2.2	非寿险业务保险风险-巨灾风险最低资本	1 043 717	1 043 550
1.2.3	非寿险业务保险风险-风险分散效应	661 593	652 330
1.3	**市场风险-最低资本合计**	2 723 994	2 720 783
1.3.1	市场风险-利率风险最低资本	1 330 284	1 245 761
1.3.2	市场风险-权益价格风险最低资本	2 037 009	2 014 232
1.3.3	市场风险-房地产价格风险最低资本	127 552	135 923
1.3.4	市场风险-境外固定收益类资产价格风险最低资本	—	—
1.3.5	市场风险-境外权益类资产价格风险最低资本	863 016	927 486
1.3.6	市场风险-汇率风险最低资本	121 897	138 859
1.3.7	市场风险-风险分散效应	1 755 765	1 741 477
1.4	**信用风险-最低资本合计**	1 427 984	1 641 441
1.4.1	信用风险-利差风险最低资本	40 132	43 687
1.4.2	信用风险-交易对手违约风险最低资本	1 417 422	1 629 974
1.4.3	信用风险-风险分散效应	29 570	32 220
1.5	**量化风险分散效应**	2 596 182	2 643 949

(续表)

行　次	项　　　目	期末数	期初数
1.6	**特定类别保险合同损失吸收效应**	—	—
1.6.1	损失吸收调整-不考虑上限	—	—
1.6.2	损失吸收效应调整上限	—	—
2	**控制风险最低资本**	－132 042	－129 107
3	**附加资本**		
3.1	逆周期附加资本	—	—
3.2	D-SII 附加资本	—	—
3.3	G-SII 附加资本	—	—
3.4	其他附加资本	—	—
4	**最低资本**	5 697 644	5 570 967

　　虽然市场风险最低资本变动极低,但其内部组成子项发生了很大变动,只是不同子项的正向或负向变动相互中和了。市场风险各个子项风险的最低资本变动如下:利率风险最低资本增加 8.45 亿元,权益价格风险最低资本增加 2.28 亿元,房地产价格风险最低资本下降 0.84 亿元,境外权益类资产价格风险最低资本下降 6.45 亿元,汇率风险最低资本下降 1.70 亿元,风险分散效应增加 1.43 亿元。平安财险调整保险资金的投资组合配置,引发了以上的市场风险各个子项风险的最低资本的变动。信用风险最低资本的下降是因交易对手违约风险最低资本的降低引致的。平安财险更新了应收管理办法,完善应收款项催缴、核销的管理流程,使得应收保费在四季度出现大量回笼,加之减持信托计划,致使交易对手违约风险暴露明显降低。此外,控制风险最低资本下降了 0.29 亿元,但仍取负值,说明控制风险最低资本能对其余风险的最低资本要求起到抵消作用。平安财险的 SARMRA 评估绝对分 S_1 为 85.06 分,沿用 2021 年评估结果。已知可资本化风险(量化风险)最低资本上升、S_1 维持不变,控制风险最低资本反而降低,只能推断出 SARMRA 评估相对分 S_2 降低了,说明四季度财险业 SARMRA 评估绝对分排名前 15% 的公司平均分增加了。

二、主要经营指标

　　偿付能力报告列出了平安财险的主要经营指标的本季度数和本年度累计

数。如图 15‐15 所示,平安财险 2022 年第四季度和全年的保险业务收入分别为 760.18 亿元和 2 980.74 亿元。尽管四季度出现经营亏损,净利润为－4.19 亿元,导致净资产收益率和总资产收益率取负值,但全年实现净利润 111.81 万元,使得 2022 年的净资产收益率和总资产收益率分别为 9.59％和 2.29％。承保端和投资端的双重承压导致了导致平安财险的净利润大幅下降。在承保端,综合成本率偏高,达到了 99.64％,其中的综合费用率和综合赔付率分别为 29.77％和 69.87％,使得承保端的获利空间严重收窄。再看投资端,投资收益率和综合投资收益率分别为 3.21％和 2.61％,投资业绩表现不够理想。整体而言,尽管平安财险在 2022 年保险业务收入相对稳定,但受到市场遭遇疫情反复冲击、外部经济下行、房地产行业持续收缩、极端天气、自然灾害等不利因素叠加影响,平安财险的经营效益出现较大下滑。

表 15‐15　平安财险 2022 年第四季度主要经营指标

指　标　名　称	本季度数	本年度累计数
1. 主要指标		
保险业务收入(万元)	7 601 781	29 807 448
净利润(万元)	－41 865	1 118 050
总资产(万元)	50 837 584	50 837 584
净资产(万元)	11 908 085	11 908 085
保险合同负债(万元)	28 967 447	28 967 447
基本每股收益(元)	－0.02	0.53
净资产收益率(％)	－0.35％	9.59％
总资产收益率(％)	－0.08％	2.29％
投资收益率(％)	0.90％	3.21％
综合投资收益率(％)	0.72％	2.61％
2. 效益类指标		
综合成本率(％)	—	99.64％
综合费用率(％)	—	29.77％
综合赔付率(％)	—	69.87％
手续费及佣金占比(％)	—	11.56％
业务管理费占比(％)	—	17.35％

（续表）

指　标　名　称	本季度数	本年度累计数
3. 规模类指标		
签单保费（万元）	8 038 771	31 519 692
车险签单保费（万元）	5 894 303	21 337 625
非车险前五大险种的签单保费（万元）	1 559 358	7 922 114
第一大险种的签单保费（万元）	445 135	2 259 324
第二大险种的签单保费（万元）	495 486	2 326 597
第三大险种的签单保费（万元）	253 938	1 501 996
第四大险种的签单保费（万元）	145 810	870 734
第五大险种的签单保费（万元）	218 989	963 463
车险车均保费（万元）	0.3	0.3
各渠道签单保费（万元）	8 038 771	31 519 692
代理渠道签单保费（万元）	6 064 539	22 852 083
直销渠道签单保费（万元）	1 073 397	4 794 688
经纪渠道签单保费（万元）	900 834	3 872 920
其他渠道签单保费（万元）	——	——

三、流动性风险监管和监测指标

在偿付能力报告中，平安财险对流动性风险监管指标和监测指标分列两个表格披露。下面就结合平安财险 2022 年第四季度的偿付能力报告，讨论财险公司流动性风险监管和监测指标的分析思路。

1. 流动性风险监管指标

平安财险的流动性覆盖率指标情况良好，基本情景和压力情景下未来 3 个月和未来 12 个月的流动性覆盖率均符合指标阈值要求，说明基本及压力情景下公司未来一年内不同期限的流动性充裕，能够有效覆盖相应期间的现金流出。此外，与上季度报告数相比较，发现第四季度的所有流动性覆盖率指标均有增加，说明公司的流动性水平在提升。

虽然经营活动净现金流回溯不利偏差率的指标值达标，但呈现出逐季下降的态势。指标值从第二季度的 151.8% 降至第三季度的 96.3%，再降到第四季度的 41.6%。值得深入分析指标值下滑的原因，避免有利偏差扭转为不利偏差。

表 15 - 16　平安财险 2022 年第四季度流动性风险监管指标　（单位：万元）

序　号	指　标　名　称	本季度报告数	上季度报告数
1	流动性覆盖率		
1.1	基本情景下、必测压力情景下的流动性覆盖率		
1.1.1	基本情境下，未来 3 个月 LCR_1	111.7%	108.4%
1.1.2	基本情境下，未来 12 个月 LCR_1	102.9%	102.1%
1.1.3	必测压力情境下，未来 3 个月 LCR_2	173.5%	149.0%
1.1.4	必测压力情境下，未来 12 个月 LCR_2	100.1%	100.2%
1.2	必测压力情景下不考虑资产变现情况的流动性覆盖率		
1.2.1	未来 3 个月 LCR_3	91.0%	75.5%
1.2.2	未来 12 个月 LCR_3	77.9%	77.5%
2	经营活动净现金流回溯不利偏差率		
2.1	本季度经营活动净现金流回溯不利偏差率	41.6%	96.3%
2.2	上季度经营活动净现金流回溯不利偏差率	96.3%	151.8%
3	公司净现金流		
3.1	保险公司过去两个会计年度中净现金流为正的年数	1	1
3.2	保险公司本年累计的净现金流	419 263	119 486
3.3	保险公司本年累计的经营活动净现金流	2 896 261	1 497 964

　　净现金流指标方面，平安财险过去两个会计年度及当年累计的净现金流未连续小于零，且经营端净现金流持续保持充裕，说明公司整体现金流情况稳定。

　　2. 流动性风险监测指标

　　平安财险披露的流动性风险监测指标共计 10 个，从资产端和负债端两个层面关注流动资金波动及稳定情况，及时监测流动性风险水平。经营活动净现金流增至上季度的 2 倍左右，有利于提高公司整体的流动性。百元保费经营活动净现金流为 9.72 元，较上季度有小幅增加，说明百元保费收入创造的经营活动净现金流在增加，这显然有助于充实公司的流动性。特定业务现金流支出占比较上季度有增长，这跟发生集中或大额赔付有关。偿付能力报告提到，四季度市场"受自然灾害、疫情反复等因素影响部分险种盈利仍面临较大压力"。规模保费同比增速达到 10.37%，反映出公司业务具有良好的成长性。现金及流动性管理工具占比略有上升，季均融资杠杆比例则略有降低，两者都处于正常波动范围，说明公司的现金流结构是平稳的。AA 级（含）以下境内固定收益类资产占比为零,表明平安财产投资的固收类资产都具有高信用评级。持股比例大于 5%的上市股票投资为 2.26%,说明股权投资不存在集中度风险。应收款项占比为 12.02%,表明原保险业务和分保业务涉及的各种欠款的资金占用较多。同期,太保财险和人保财险的应收款项占比分别为 13.8%和 9.32%,这反映出财险行业的应收款项占比普遍偏高。持有关联方资产占比较低,说明大股东控制下的关联套利问题不大会出现。

表 15-17　平安财险 2022 年第四季度流动性风险监测指标

指 标 名 称	本季度(末)数	上季度(末)数
一、经营活动净现金流	2 896 261	1 497 964
二、百元保费经营活动净现金流	9.72	6.75
三、特定业务现金流支出占比	12.80%	11.86%
四、规模保费同比增速	10.37%	11.38%
五、现金及流动性管理工具占比	2.99%	2.49%
六、季均融资杠杆比例	5.83%	6.38%
七、AA级(含)以下境内固定收益类资产占比	0.00%	0.00%
八、持股比例大于 5%的上市股票投资占比	2.26%	2.22%
九、应收款项占比	12.02%	13.24%
十、持有关联方资产占比	1.58%	1.70%

注:经营活动净现金流的单位是万元;百元保费经营活动净现金流的单位是元。

第 六 部 分

保险公司估值

第十六章　保险公司估值

公司估值是投融资、交易的前提,公司估值,就是对公司的内在价值进行评估,内在价值取决于公司的资产及其获利能力。

本章讨论保险公司的估值方法,第一节讨论传统估值方法及其缺陷,第二节讨论寿险公司特有的估值方法——内含价值法。

第一节　传统的公司估值方法及其缺陷

传统的公司估值方法主要包括绝对估值法和相对估值法。

一、绝对估值法:收入的资本化定价方法

常见的绝对估值法包括股利折现模型、自由现金流折现模型等。

1. 股利折现模型

股利折现模型,是指通过预测公司未来的股利,将其折现得到公司股票的内在价值。即

$$V = \frac{D_1}{1+k} + \frac{D_2}{(1+k)^2} + \frac{D_3}{(1+k)^3} + \cdots$$

其中,V 代表股票的内在价值;D_1、D_2、D_3 代表第一、二、三年年末可获得的股利,以此类推;k 代表折现率。

2. 自由现金流折现模型

自由现金流折现模型,是指通过预测公司未来的自由现金流,将其折现得到公司股票的内在价值。

如果将 D_1、D_2、D_3 定义为自由现金流,股利折现模型就变成了自由现金流折现模型。自有现金流是指公司税后经营现金流扣除当年追加的投资金额后所剩余的价值。

绝对估值法的优点在于看起来能够较为精确地揭示公司股票的内在价值,

但如何正确预测和选择参数比较困难。未来股利的预测偏差、未来现金流的预测偏差、折现率的选择偏差,都会极大地影响估值的准确性。

二、相对估值方法

相对估值法中常用的指标是市盈率和市净率,在已知每股收益、每股净资产的条件下,根据市盈率、市净率就可以估算每股价格。依据的公式为:

$$市盈率＝每股价格/每股收益$$

$$市净率＝每股价格/每股净资产$$

通过相对估值法,可以判断公司股票目前的价格是处于相对较高的水平还是处于较低的水平。通过对行业内不同公司的比较,可以找出市场上估值相对较低的公司。当然市盈率或市净率高的公司也不一定就是被高估的公司,因为这样的公司可能被投资者认为有独特的竞争优势和相对较好的发展前景。

因此,在采用相对估值指标进行分析时,需要结合宏观经济、行业发展与公司基本面的情况,具体公司具体分析。

相对估值方法的优点是比较简单,易于被普通投资者掌握,同时也揭示了市场对公司价值的评价。但是,在市场波动较大时,市盈率、市净率的波动也比较大,有可能对公司的价值评估产生误导。

三、传统估值方法的缺陷

1. 传统方法适用于财险公司但不大适用于寿险公司

财险公司主要做1年期及1年期以下的保险业务,可以使用市盈率法或市净率进行估值。

但传统估值方法不大适用于寿险业务和寿险公司。主要是因为传统估值方法,如市盈率法、市净率法,依赖的是会计利润和账面价值,无法反映寿险公司的长期业务的实际价值。

为什么年度会计利润无法反映寿险公司长期业务的实际价值呢? 原因主要有三点:

第一,寿险公司有效业务(已销售未到期保单)对股东的利润贡献,不仅包括已实现的会计利润,还包括未来保险期限年内逐年创造的利润,这些利润虽然尚未实现,但其实已经掌握在了寿险公司手中。

第二,由于长期保单相关的大部分费用(手续费佣金、管理费等)都是在保单期初发生的,这导致新业务在首年很难创造利润,甚至是亏损的,但其实这种业务会贡献很多的未来利润。这导致一家公司,新业务越多,创造的未来利润越高,但当期会计利润越低,甚至亏损越多。

第三,单一年度的会计利润受到会计准则的严重影响。例如,2016年、2017年,750日移动平均国债到期收益下降,导致"普通寿险准备金提转差"大幅增加,大幅降低了寿险公司的利润。但这种利率的短期下降对普通寿险业务的长期价值可能影响不大,因为从长期来看,或从未来保单期限来看,利率总是有升有降的,不能根据某一年降低了的或升高了的市场利率来评估寿险业务的长期价值。

2. 市盈率、市净率法很可能使投资者低估寿险公司价值

因此,对于不大理解寿险业务特征的人士来说,市盈率、市净率法很可能会使其错误估计寿险公司的价值,可能低估也可能高估,尤其是可能低估。

具体而言,忽略现有业务的未来价值可能会使大家低估寿险公司的价值;未考虑新业务对会计利润的负面影响和对长期价值的正面影响,可能会使大家低估寿险公司的价值;市场利率水平或750日移动平均国债到期收益的下降,造成寿险公司利润下降,可能会使大家低估寿险公司的价值;反之,市场利率水平或750日移动平均国债到期收益的上升,造成寿险公司利润上升,可能会使大家高估寿险公司的价值。

3. 一个小案例:体会长期寿险业务经营特点

周国端先生在其《保险财务管理:理论、实务与案例》中给出了一个定期寿险保单利润情况的案例,可以生动地展示寿险业务业绩的特殊性,如表16-1所示。

表16-1　定期寿险保单利润情况示例　　　　　　　　　　　　(单位:元)

保单年度	各项费用对应序号	1	2	3	4	5	6
保费收入	1	724	579	526	499	474	0
投资收益	2	18	43	64	92	114	112
手续费佣金	3	72	35	11	10	9	0
业务管理费	4	227	18	17	16	16	8
赔款退保	5	79	76	74	101	125	124
准备金提转差	6	371	436	447	413	378	−67
税后利润	7=1+2−3−4−5−6	−8	56	42	51	60	47
偿付能力成本	8	45	14	16	14	12	−4
可分配利润	9=7−8	−52	42	26	36	48	51

可以看出：① 由于该保险业务第一年的手续费佣金支出高达 72 元，业务管理费高达 227 元，导致该业务首年利润为负值。即一家寿险公司新业务越多，当年利润可能越低；② 除第一年外，后面年份的手续费佣金支出和业务管理费支出下降幅度很大，而且越来越低，保险公司每年都可以获得一定的利润，这些利润都是第一年进来的业务在未来会创造的。

显然，如果不考虑上述寿险业经营特点，按照市盈率法和市净率法对寿险公司估值时，就出现比较大的偏差，尤其容易低估那些高速发展的寿险公司的价值。

第二节　寿险公司估值：内含价值法

内含价值和新业务价值的含义在第十一章"保险公司盈利指标"中已经详细介绍过了，这里直接讨论内含价值估值法。

一、内含价值法的含义和运用

内含价值，是保险公司引用"经济价值"概念，采用精算方法，反映截至评估日的、包含所有未到期保单未来利润在内的公司价值，内含价值反映了寿险业特有的长期业务的特点。内含价值＝经调整的净资产价值＋扣除要求资本成本后的有效业务价值。

新业务价值是采用内含价值思路计算的，在报告期间销售的新保单在签单时的价值之和，新业务价值包括新业务预期续保和预期合同变动的价值。计算新业务价值时，要扣除要求资本成本。可以大致认为，一年新业务价值是内含价值的一部分，但不确切，因为一年新业务价值是指新保单签单时的价值之和，而内含价值是当年年末，如 2016 年 12 月 31 日所有有效保单的价值之和，两者的评估时点有所不同。

历史上，20 世纪六七十年代，由于传统估值方法使得寿险公司市场估值较低，引发了对寿险公司的恶意收购，1984 年，英国皇家控股保险公司开始采用内含价值法来评估寿险业务的真实价值。

内含价值（Embedded Value，EV）和新业务价值已经成为英国人寿险公司的主要财务汇报基准，并普遍被原英联邦地区和国家采用。从友邦保险集团（香港上市）年报的业绩摘要（见表 16 - 2）可以看出，友邦在介绍自身经营业绩时，摆在前面的最重要的指标就是新业务价值和内含价值。

表 16 - 2　友邦保险集团 2016 年报业绩摘要　　　单位：百万美元

百万美元(除另有说明外)	2016 年	2015 年	按年变动 (固定汇率)	按年变动 (实质汇率)
新业务价值				
新业务价值	**2 750**	2 198	**28%**	25%
新业务价值利润率	**52.8%**	54.0%	**(1.3)个百分点**	(1.2)个百分点
年化新保费	**5 123**	3 991	**31%**	28%
内涵价值				
内涵价值营运溢利	**5 887**	5 068	**19%**	16%
内涵价值权益	**43 650**	39 818	**11%**	10%
有效保单业务价值	**25 570**	23 009	**12%**	11%
经调整资产净值	**16 544**	15 189	**11%**	9%
内涵价值	**42 114**	38 198	**12%**	10%
每股内涵价值营运盈利(美仙)	**49.17**	42.34	**19%**	16%
每股内涵价值权益(美仙)	**362.06**	330.49	**11%**	10%
国际财务报告准则				
税后营运溢利	**3 981**	3 556	**15%**	12%
总加权保费收入	**22 133**	19 876	**14%**	11%
每股营运盈利(美仙)				
—基本	**33.25**	29.71	**15%**	12%
—摊薄	**33.16**	29.62	**15%**	12%
股息及资本				
每股股息(港仙)				
—末期	**63.75**	51.00	不适用	25%
—总额	**85.65**	69.72	不适用	23%
AIA Co.香港保险公司条例 偿付能力充足率	**404%**	428%	不适用	(24)个百分点

其他地区也越来越多地采用内含价值和新业务价值报告寿险公司业绩,我国寿险公司年报近几年也都开始披露内含价值和新业务价值,读者可参看第十一章的相关内容。

寿险公司披露内含价值和新业务价值,有利于引导财务分析师和评级机构使用内含价值法对其进行估值。

二、内含价值估值：绝对估值法

1. 绝对估值法

绝对估值的含义就是要采用内含价值思路直接计算出寿险公司的价值,计

算公式为,

$$寿险公司估值＝内含价值＋未来各期一年新业务价值现值之和$$

其中,内含价值表示当下该寿险公司的价值,内含价值＝经调整的净资产价值＋扣除要求资本成本后的有效业务价值;未来各期一年新业务价值之和,表示该公司未来的新业务能创造的价值,等于各年的新业务为公司股东创造的净利润现值之和。

在实际估值中,会考虑未来寿险公司新业务增长率的变化情况,对各期新业务采用不同的增长率进行计算。此外,还需要对寿险公司经营持续期做出假设。

2. 示例：简化的中国人寿估值

2016 年 12 月 31 日,已知此时中国人寿的内含价值为 6 251 亿元,假定中国人寿未来永续经营,未来每年未折现的新业务净利润不变,均为 493.1 亿元,风险调整后的折现率为 10%,则 2016 年 12 月 31 日,采用绝对估值法,中国人寿的估值为：

$$
\begin{aligned}
中国人寿估值 &＝内含价值＋未来各期一年新业务价值现值之和 \\
&＝6\,251＋493.1/10\% \\
&＝6\,251＋4\,931 \\
&＝10\,182\ 亿元
\end{aligned}
$$

三、内含价值估值：相对估值法

相对估值法,是采用股价与内含价值的比率(P/EV)和新业务价值倍数作为评估指标对寿险公司进行估值。相关公式为：

$$P/EV＝每股价格/每股内含价值$$

$$新业务价值倍数＝(每股价格－每股内含价值)/每股新业务价值$$

在实际估值中,对指标的选取相当重要,股价既可以选取评估时刻的当日股价,也可以选取年平均股价;此外,在计算内含价值和新业务价值时,新业务价值增长率、折现率和投资收益率的假设同样重要。

例如,如果按照 P/EV＝2 进行估值,则 2016 年 12 月 31 日

$$
\begin{aligned}
中国人寿的估值 &＝公司内含价值\times2 \\
&＝6\,251\times2 \\
&＝12\,502\ 亿元
\end{aligned}
$$

四、寿险公司价值的影响因素

采用内含价值法评估寿险公司价值，无论是绝对估值法还是相对估值法，关键都是对内含价值和未来新业务价值的评估，尤其是对未来新业务价值的评估。所以，估计一家寿险公司的未来新业务价值就成为寿险公司估值最大的问题。

一家寿险公司的未来新业务价值，取决于其未来的保单销售能力和所销售保单的内含利润水平，销售高利润保单的能力越强，其未来新业务价值越高，该寿险公司的估值就越高。

就寿险公司的销售能力而言，一是观察其销售队伍或代理人队伍的销售能力，二是观察其利用互联网、人工智能等新技术的能力，这两方面的能力越强，其销售能力越强。就保单利润水平而言，第一是观察其销售长期保障性保单的能力，通常，保单保障性越强，内含利润水平越高；第二是观察其对长期储蓄性保单的设计能力，通常，通过设计满足客户情感偏好的复杂现金流设计，或将产品与某些消费者向往的美好事物对接，可以在控制资金成本的条件下，使产品获得客户的好感，而这种对人性的把握和满足能力越强，长期储蓄性保单的利润水平越高。

第七部分

新会计准则简介

第十七章 新会计准则简介

从 2023 年 1 月 1 日开始，上市保险公司基本都同时执行了新保险会计准则（IFRS17 和财政部 25 号准则）和新金融工具准则（财政部 22、23、24、37 号准则）①。

本章对保险业实施的这两项新准则及其带来的主要变化进行简要介绍，第一、二、三节介绍新保险会计准则的主要内容及其带来的主要变化，第四节介绍新金融工具准则的主要内容及其带来的主要变化。

第一节 新保险会计准则简介：保险合同的确认、分拆和计量

本节对新保险会计准则中的保险合同确认、保险合同分拆和保险合同计量方法进行简要介绍。

一、保险合同确认

保险合同确认的目的，是确定保险企业签发的新单是否属于保险合同。属于保险合同的，按新保险会计准则计量，非保险合同按其他准则计量。

确认方法是重大保险风险测试，只有通过测试的，才能被确认为保险合同。根据新准则要求，同时满足以下两个条件的单项保险合同（不是针对合同组合或合同组，而是针对单项保险合同进行测试），可通过测试：

（1）当且仅当保险事故发生时，保险公司需要支付重大附加利益，而且只要在保险期限内任一时点满足"保险事故发生、支付重大附加利益"这一要求即可。所谓支付重大附加利益，是指保险事故发生时保险公司需要支付比未发生保险事故情况下更多的金额或额外金额，支付附加利益意味着保险公司承担了实质性的保险风险。附加利益的程度要求与老准则下基本相同，通常

---

① 特别地，中国平安在 2018 年就实施了新金融工具准则；2023 年，中国人寿在 H 股财报中实施了新保险会计准则和新金融工具准则，在 A 股财报中推迟实施了新保险会计准则和新金融工具准则。

只要"$\dfrac{\text{保险事故发生时保险公司需要支付的金额}}{\text{未发生保险事故情况下保险公司可以支付的金额}} \geqslant 105\%$"即可。

（2）保险风险需要具有商业实质。所为具有商业实质，是指某些保单虽然满足上述条件（1），但其实并未向客户提供任何保障，不具备保险的商业实质。例如，某投连险保单规定："如果被保险人身故，身故赔偿金为'客户已交保费'与'保单账户价值'之间的较高者。"于是，若被保险人在保单成立后前几年身故，鉴于保障账户价值低于客户已交保费，身故赔偿金＝已交保费；若被保险人死亡晚一些，保单账户价值超过客户已交保费时，身故赔偿金＝保单账户价值。这样的保单其实并未向客户提供任何保障，不具有保险实质。由此，或许可以将条件（2）简单描述为"保险赔付一定要高于客户所交保费"。

此外，由于承保了长寿风险，支付年金直至被保险人死亡的年金保险属于保险合同，无需进行重大保险风险测试。

二、保险合同分拆

分拆的目的，主要是指针对已经被确认的保险合同，拆出其中的"可明确区分的投资成分（distinct investment component）"，进而对剩余部分按新保险会计准则进行计量。

何为"可明确区分的投资成分"呢？IFRS17说，当且仅当同时满足以下两个条件时，该投资成分属于可明确区分的投资成分：① 投资成分与保险成分非紧密关联；② 市场上有、或可以有单独的、与投资成分相同的合同销售，销售主体可以是售卖该保险的保险公司，也可以是其他机构。

条件②很容易满足，关键看条件①。到底如何界定投资成分与保险成分是否紧密关联呢？IFRS17进一步解释说，如下两种情形中的任一情形下，投资成分与保险成分是紧密关联的，进而无需拆分，整体按新保险会计准则计量：

（1）一种成分的价值，随另一种成分的价值的变动而变动，导致保险公司在计量相关的资产负债科目和收入支出科目时，无法在不考虑投资成分（或保险成分）的条件下单独计量保险成分（或投资成分）。市场上的典型案例是经典的保障性很强的终身寿险（区别于当下市场上流行的保障性极弱的增额终身寿险）或终身重大疾病保险，保单的现金价值（投资成分）与风险保额（保障成分）相互影响，尤其在保单交费期结束后，风险保费要从现金价值中支出，投资成分的价值显然在随保险成分的价值的变动而变动，如果拆出投资成分，保障成分也就无法存在了，因此，需要整体按照新保险会计准则计量。另一个案例是终身领取的养老年金，如果在年金积累期将投资成分拆出，未来的长寿风险保障也就消失了。

（2）一种成分的失效或到期，会造成另一种成分的失效或到期（同时失效或到期)，导致保单持有人无法在保险成分(或投资成分)不在的条件下单独从投资成分(或保险成分)上获益。我的感觉，上一条要求还比较高，这一条要求就放宽太多了，因为，市场上几乎所有的保障储蓄性保险都是人身保险(而非财产与责任保险)，而且几乎都是承保死亡风险的寿险产品和意外险产品(而非健康保险和养老年金产品)，而几乎所有的人身保险都有同样的特征："被保险人死亡会使保单终止"。这意味着，几乎所有的保障储蓄性保险都具有同样的特征："被保险人死亡会造成保险成分的失效或到期，进而造成投资成分的失效或到期"。这意味着几乎所有的保障储蓄性保险都无需分拆投资成分，整体按照新保险会计准则计量。

基于以上分析，尤其是考虑到"同时失效或到期"的影响，大致可以这样认为，几乎所有保险合同都没有"可明确区分的投资成分"。

这一分拆结果与老准则下的分拆结果大相径庭。读者可能记得，在老准则下，保险企业需要拆出万能险的保户投资款新增交费和投连险的独立账户新增交费，保户投资款新增交费形成保户储金及投资款负债，独立账户新增交费形成独立账户负债。但在新准则下，只要万能险和投连险通过了重大保险风险测试，通常是无需拆出保户投资款新增交费和独立账户新增交费的，这会导致保费收入和保险合同负债的增加。

三、保险合同计量方法

新保险会计准则约束下，保险合同(包括分入再保险合同)通常使用"通用模型法(General Measurement Model，简称 GMM)或要素法(Building Block Approach，简称 BBA)"进行计量。

对于一些有特殊性的保险合同，如具有直接参与分红特征的保险合同(简称直接分红保险合同)、亏损保险合同，新准则对通用模型法进行了一些修改，使其适应上述保险合同的特征。对短期保险合同以及未来履约现金流与期初预期基本一致的保险合同，新准则允许保险公司使用保费分配法进行简化计量。

1. 通用模型法

所谓通用模型法或要素法，就是面向未来估算保险合同现金流，进而将保险合同负债分解为未来现金流量现值、非金融风险调整和合同服务边际(类似但又不完全相同于老准则下的合理估计负债、风险边际和剩余边际)三个要素进行计量的方法。通用模型法体现了新准则的核心思维方式。

2. 通用模型法特例一：浮动收费法

鉴于直接分红保险合同具有独特的显著特征(储蓄为主、合同条款指定清晰基础项目、客户收益与基础项目公允价值变动挂钩并将得到基础项目公允价值变动的相当大部分),保险公司的盈利模式也非常独特(主要通过基于基础项目公允价值变动的浮动收费来盈利),新保险会计准则对通用模型法进行了一些修订,主要是对每期合同服务边际的调整项目做了修订,以适应直接分红保险合同的特点,并专节发布了"具有直接参与分红特征的保险合同组计量的特殊规定"。

鉴于保险公司经营直接分红保险合同主要通过浮动收费来盈利,就将其计量方法称为"浮动收费法(Variable Fee Approach,简称 VFA)"。所谓浮动收费,是指经营直接分红保险合同,保险公司主要提供投资相关服务,并赚取随基础项目(通常指对应投资资产)公允价值变动而变动的收费。

3. 通用模型法特例二:亏损合同的计量

鉴于亏损合同的计量过程有一定的特殊性,新准则对亏损合同(包括"非直接分红保险合同的亏损合同"和"直接分红保险合同的亏损合同")计量中的特殊部分做了专节介绍。

所谓亏损合同计量的特殊性,主要是指保险公司需要将基于未来现金流估计的保单预期亏损立即确认,通过计入损益的方式由股东出资补足保险合同负债(由此形成了保险合同负债中的亏损部分)以保证客户利益。由此,在新准则下,亏损合同的保险合同负债将被分为两部分:"亏损部分"和"其他部分(或非亏损部分)",这两部分都会随着保险公司逐期履约而不断释放和调整,由此衍生出一系列特殊的会计处理方法。

4. 保费分配法

新准则特别规定,鉴于通用模型法比较复杂,可以对保险期限不超过 1 年的短险合同组和未来履约现金流量没啥变化(或保单未来运行状况与初始预期基本一致)的长险合同组采用"保费分配法(Premium Allocation Approach,简称 PAA)"进行简化计量。

所谓保费分配法,是指直接将保费(包括已收保费和预计收取的保费)按某种方式(如按时间)分配在保险责任期限内确认当期保险服务收入和期末未到期责任负债的方法。当然,由于新准则允许保险企业对未到期责任负债进行计息调整,因此,保费分配法很可能是将"保费及计息调整之和"按某种方式分配进而确认当期保险服务收入和未到期责任负债,这是与老准则下短险计量的不同之处。

四、分出再保险合同的计量方法

鉴于分出再保险合同与保险合同有很大差异,新准则对其计量方法给出了专门规定。

分出再保险合同与保险合同的差异主要有如下几点:① 现金流入流出的差

异。在保险合同中,现金流入是保费,现金流出是赔付和费用;但在分出再保险合同中,现金流入是摊回赔付和摊回分保费用,现金流出是分出保费。② 对资产负债表影响的差异。保险合同通常会形成保险合同负债,而分出再保险合同通常会形成分出再保险合同资产。③ 盈亏差异。保险合同通常会给公司带来潜在利润,合同服务边际通常为正;但分出再保险合同通常会给公司带来潜在亏损,合同服务边际通常为负。

对分出再保险合同组而言,仍然主要采用通用模型法计量,满足一定条件(要么分出再保险合同责任期不超过 1 年,要么未来履约现金流量不会发生重大变化)时可采用保费分配法进行简化计量。

采用通用模型法计量时,分出再保险合同计量的特殊性主要包括:① 原保险合同组的合同服务边际≥0(当原保险合同组亏损时,合同服务边际＝0),分出再保险合同组的合同服务边际可负;② 对应原保险合同组有亏损(和亏损转回)时,分出再保险合同组会有相应的亏损摊回(和亏损摊回的转回)。

第二节　新保险会计准则简介：保险合同负债的分类和构成要素

本节对新保险会计准则中保险合同负债的计量单元、分类和构成要素进行简要介绍。

一、计量单元：合同组

新准则明确,保险公司应该以合同组作为计量单元,在合同组初始确认时和资产负债表日,计量每个合同组的保险合同负债,并在合同组层面于资产负债表日调整合同服务边际和释放利润。

首先,保险公司要将卖掉的保单归类为保险合同组合(portfolio of insurance contracts)。新准则规定,保险公司应当将具有相似风险且统一管理的保险合同归为同一保险合同组合。

其次,保险公司应根据保单的现金流入流出状况,将保险合同组合内的保单进一步归类为:初始确认时存在亏损(体现为净流出)的合同组、初始确认时盈利且无显著可能性在未来发生亏损(体现为净流入较大)的合同组、该组合中剩余合同(体现为净流入但净流入较小)组成的合同组。剩余合同,其实就是那些初始确认时盈利,但在未来保险期限内可能变为亏损的合同,即初始盈利程度较为薄弱的合同。由此,可将上述三类合同组分别简称为亏损组、厚利组和薄利组。

此外,新准则还要求,保险公司不得将签发时间间隔超过 1 年的合同归入同一合同组。

因此,大致在每一会计年度,保险公司会按产品线或其他标准将自己签发的所有保险业务分为不同的合同组合,在每一合同组合内根据盈利性评估分为亏损组、厚利组和薄利组,如表 17 - 1 所示。

表 17 - 1　保险合同分组方法

所有签单业务在初始确认时进行合同分组						
合同组合 1			合同组合 2			…
签发时间间隔不超过一年的 合同分在一起			签发时间间隔不超过一年的 合同分在一起			…
亏损组	厚利组	薄利组	亏损组	厚利组	薄利组	…

二、保险合同负债的分类和构成要素

新准则下,保险合同负债分为未到期责任负债(Liability for remaining coverage)和已发生赔款负债(Liability for incurred claims),读者可以联想到老准则下的未到期责任准备金和未决赔款准备金。

1. 初始计量时保险合同负债的构成要素

合同组初始计量时,自然只有未到期责任负债,不可能有已发生赔款负债。由于,未到期责任负债=履约现金流量+合同服务边际,履约现金流量=未来现金流量现值+非金融风险调整,因此,

初始计量时的保险合同负债=未到期责任负债=未来现金流量现值+非金融风险调整+合同服务边际。

读者可以在脑中将"未来现金流量现值、非金融风险调整和合同服务边际"这三项保险合同负债要素与老准则下未到期责任准备金的"合理估计负债、风险边际和剩余边际"相对应。

2. 后续计量时保险合同负债的构成

到后续的资产负债表日时,若保险合同尚未到期,自然会有未到期责任负债,合同组内有那么多的保险合同,前期自然会有一定数量的保险事故发生,这些事故不可避免地会有一定程度的赔付延迟,这就有了已发生赔款负债。

于是,后续计量时的保险合同负债=未到期责任负债+已发生赔款负债。其中,

未到期责任负债=履约现金流量+合同服务边际=未来现金流量现值
　　　　　　　　+非金融风险调整+合同服务边际;

已发生赔款负债＝（与已发生赔案及其相关费用有关的）履约现金流量

＝未来现金流量现值＋非金融风险调整。

3. 后续计量保险合同负债时新、老准则的重大差异：吸收与不吸收

大家知道，后续计量时，保险企业需要根据计量日当时的相关信息（如未来的死亡率、发病率、退保率、折现率等）重新估计履约现金流量，进而重新估计未到期责任负债（或未到期责任准备金），这里会体现出新准则和老准则的重大差异：

（1）新准则下，合同服务边际会吸收履约现金流量（未来现金流量现值＋非金融风险调整）因死亡率、发病率、退保率等保险风险变动引起的变动，因此，除非发生了极端的不利变动，导致合同服务边际因吸收大量不利变动而被"清零"，死亡率、发病率、退保率等保险风险变动通常仅会引发未到期责任负债内部三要素金额的相对变化，未到期责任负债总额不变。

（2）在老准则下，剩余边际不会吸收合理估计负债和风险边际因死亡率、发病率、退保率等保险风险变动引起的变动，因此，死亡率、发病率、退保率等保险风险变动通常会引发未到期责任准备金的等额变动。

此外，新准则的合同服务边际和老准则的剩余边际都不会吸收履约现金流量因折现率变动而导致的变动，这意味着，折现率变动时，新准则下的未到期责任负债和老准则下的未到期责任准备金都会随之变动。

4. 保费分配法下的保险合同负债的构成要素

上面讨论的是按通用模型法计量的保险合同负债的分类和构成。

如果采用保费分配法计量，保险合同负债＝未到期责任负债＋已发生赔款负债。其中，已发生赔负债＝（与已发生赔案及其他相关费用有关的）履约现金流量＝未来现金流量现值＋非金融风险调整；鉴于未到期责任负债是通过"保费分配"得到的，就无法也不需要继续细分其内部要素了。

三、小案例：采用通用模型法做初始计量并分解保险合同负债三要素

假设在第0年末，美能达寿险公司同时签发了1 000张完全一样的3年期定期寿险保单，每张保单均为趸交保费3元，保额均为600元，保费收入合计3 000元。佣金支出占保费的10％，共计300（＝3 000×10％）元。预计每年末会有1个被保险人死亡，美能达寿险公司在被保险人死亡时向其受益人立即支付600元，3年共计赔付1 800元。保单维持和管理费用每年190元，3年合计570元，忽略其他税费支出。初始确认时估计的非金融风险调整为120元。

将上述1 000张保单归为一个合同组，忽略货币时间价值和金融风险，假设

折现率为 0%,在保费即将收到时,请帮助美能达寿险公司采用通用模型法做初始计量并分解负债三要素。

分析与计算:

(1) 折现率为 0%,则,未来现金流量现值＝未来净流出现值＝流出－流入＝(佣金＋赔付＋维持管理费)－保费＝(300＋1 800＋570)－3 000＝－330(元)。

(2) 非金融风险调整＝120(元)。

(3) 履约现金流量＝未来现金流量现值＋非金融风险调整＝(－330)＋120＝－210(元)。即,"未来现金净流入现值"超过"非金融风险调整"达 210 元,意味着考虑未来现金流不确定性基础上的净流入为 210 元。

(4) 合同服务边际＝210(元)。考虑未来现金流不确定性基础上的净流入为 210 元,意味着 210 元即为该合同组初始确认时的潜在利润,美能达寿险公司可将其确认为合同服务边际。

初始计量的保险合同负债＝未到期责任负债＝未来现金流量现值＋非金融风险调整＋合同服务边际＝(－330)＋120＋210＝0(元)。

第三节　新保险会计准则简介:保险服务业绩和投资业绩

本质而言,保险公司主要提供保险服务和投资服务,于是,新保险会计准则下,保险公司的主要收支将被划分为两部分:保险服务部分和投资服务部分。其中,保险服务的收支会形成保险服务业绩,投资服务部分的收支会形成投资业绩,保险服务业绩和投资业绩是保险公司的两大利润来源。下面对保险服务业绩和投资业绩进行介绍。

一、保险服务业绩

保险合同组确认后,就会形成保险负债,经过任一会计期间后,保险公司会因在该会计期间为客户提供保险服务而产生保险服务费用(insurance service expenses),同时,保险合同负债会因向客户提供保险服务而释放出保险服务收入(insurance revenue)。

1. 保险服务费用

某一会计期间的保险服务费用,是指该期间保险公司实际提供给客户的保险服务所花费的费用,包括:

(1) 当期发生赔款(剔除投资成分)及其他相关费用。当期发生赔款,是指当期事故所导致的赔款,包括当期事故发生后支付的赔款和应支付但延期支付的已发生赔款(或未决赔款)，但要剔除投资成分。

其他相关费用，是指当期发生的赔款之外的各种费用支出，如理赔处理费用、保单管理和维持费用、其他的公司固定费用和可变费用等，但不包括保险获取成本(新准则要求对保险获取成本进行摊销处理且单列)。

(2) 保险获取现金流量的摊销。新准则要求对保险获取成本进行摊销处理且单列。保险获取现金流量是指因销售、核保和承保已签发或预计签发的合同组而产生的，可直接归属于其对应合同组合的现金流量。"保险获取现金流量摊销"是指保险公司应该按新准则第 32 条规定，将保险获取现金流量按时间流逝系统分摊至合同组保险责任期内的每个财务报告期，计入各期的保险服务费用。

(3) 已发生赔款负债相关履约现金流量的变动。指往期的已发生未支付赔款，延续到本期也未支付，因事故进展和物价变化等原因，本期末的估计值发生了变化，这部分变化自然会增加或降低保险公司的赔付成本，应被计入当期保险服务费用。

(4) 亏损部分的确认和转回。按新准则第 46 条，合同组在初始确认时发生的首日亏损，保险公司应当确认亏损并将其计入当期保险服务费用。此外，在合同组后续计量中，如果因履约现金流量增加而产生新增亏损，保险公司也应确认亏损并将其计入保险服务费用。

如果在前期的保险服务费用中有被确认的亏损，则后期的保险服务费用中会产生"亏损转回"，而且，未来每期亏损转回额之和大致等于之前确认的亏损额之和(亏损转回的原理请参看《IFRS17 内在原理及新财务报告》第六章中的相关内容)。

由此，任一会计期间，亏损部分的确认和转回＝(当期)亏损确认－(当期)亏损转回。

2. 保险服务收入

当期保险服务收入，反映的是保险公司提供合同承诺的当期保险服务而有权获得的预期对价。对任一保险合同组而言，其在当期创造的保险服务收入包括两部分：

(1) 与提供当期保险合同服务相关的未到期责任负债减少额。可以想象，未到期责任负债就是针对未来履约责任而准备的，合同组过了一个会计期间，意味着合同组未到期责任负债中的履约责任少了一个会计期间的，于是，应该将对应这一会计期间履约责任的未到期责任负债(预期对价)确认为当期保险服务收入。

未到期责任负债包括未来现金流量、非金融风险调整和合同服务边际三部分,按照"因提供当期保险合同服务导致未到期责任负债账面价值的减少额"这一思路,可将未到期责任负债释放出的当期保险服务收入细分为:① 期初预计的当期会发生的保险服务费用(上期末计量未到期责任负债时预计的当期赔款及其他费用,但不包括保险获取现金流量);② 期初预计的当期非金融风险调整释放额;③ 当期合同服务边际摊销额。

(2) 保险获取现金流量摊销额。按照新准则第 32 条规定,保险公司应该将上面提到的计入保险服务费用的"保险获取现金流量摊销额",同时计入保险服务收入。

3. 保险服务业绩

如前所述,保险服务收入＝期初预计的当期会发生的保险服务费用＋当期非金融风险调整释放额＋当期合同服务边际摊销额＋保险获取现金流量摊销额;保险服务费用＝当期发生赔款及其他相关费用＋保险获取现金流量摊销额＋已发生赔款负债相关履约现金流量变动＋(亏损确认－亏损转回)。则,若不考虑分出保险,

保险服务业绩

＝保险服务收入－保险服务费用

＝(期初预计的当期会发生的保险服务费用－当期发生赔款及其他相关费用)＋当期非金融风险调整释放额＋当期合同服务边际摊销额－已发生赔款负债相关履约现金流量变动－(亏损确认－亏损转回)

＝当期营运偏差＋当期非金融风险调整释放额＋当期合同服务边际摊销额－已发生赔款负债相关履约现金流量变动－(亏损确认－亏损转回)。

其中,当期营运偏差＝期初预计的当期会发生的保险服务费用－当期发生赔款及其他相关费用

若忽略保险服务费用中的后两项"已发生赔款负债相关履约现金流量变动"和"亏损确认－亏损转回",则,保险服务业绩＝当期营运偏差＋当期非金融风险调整释放额＋当期合同服务边际摊销额,这三项大致就是保险服务业绩的主要来源,也是一家保险公司的主要利润来源。

当然,若考虑分出保险,保险服务业绩＝(保险服务收入－分出保费的分摊)－(保险服务费用－摊回保险服务费用)。

二、投资业绩

前面讨论了保险服务的收支和利润,这里讨论投资服务的收支和利润。

1. 投资服务的收入：资产投资收益

所谓投资收益，是说保险公司通过签发保单、收取保费形成保险负债，然后，公司会将保险负债资金与公司净资产一起去投资，形成投资资产，进而在每期产生投资收益或投资收入。

2. 投资服务的成本：保险财务损益

所谓投资服务的成本，是说保险公司利用保险负债资金去投资是有资金成本的，这个成本就是保险财务损益。

资金成本通常被称为财务费用，保险负债资金的成本应称为"保险财务费用"，为何这里称为"保险财务损益"呢？下面从"保险负债的利息增值"和"折现率变动导致的保险负债变动"出发，层层递进讨论何为保险财务损益，以及为何投资服务的成本是保险财务损益。

（1）保险负债的利息增值是投资服务的资金成本。按照保险负债的计量方法，保险负债在每一会计期内都会计息增值，这些计息增值会随同保险负债的逐期释放（释放时要扣除所有投资成分）形成保险服务收入，然后，其中的大部分都会随着保险赔付和退保而部分给到客户手中，一少部分会形成公司费用，一少部分会随着（非金融风险调整释放和）合同服务边际摊销而形成保险服务业绩。因此，大致可以说，保险负债的计息增值就是保险公司向客户借钱的资金成本，属于保险财务费用。

而且，从上述分析可见，保险负债的利息增值已经全部体现在了保险服务收入中，进而形成客户利益、公司费用和保险服务业绩，或者说，保险服务业绩就是在假定保险负债会计息增值的条件下核算得到的，因此，在核算投资业绩时，不应将资产投资收益直接视为投资业绩，而是应该从资产投资收益中扣除（已经在保险服务业绩核算中计入的）保险负债的利息增值。由此可以说，保险负债的利息增值，可视为或属于保险公司提供投资服务的资金成本。

（2）折现率变动导致的保险负债变动也是投资服务的资金成本。后续计量保险负债时，计算履约现金流量（未来现金流量现值和非金融风险调整现值之和）要用折现率，该折现率要基于当前可观察市场数据确定，这是要求保险公司在每个资产负债表日都要按照当时的相关市场数据来调整折现率。市场总在变化，于是，每个会计期末，折现率几乎都会发生变动，这会导致履约现金流量（包括未来现金流量现值和非金融风险调整）发生变动，该变动不会被合同服务边际吸收，进而会导致保险负债（未到期责任负债和已发生赔款负债）发生变动。具体而言，当折现率下降时，履约现金流量或保险负债会增加；当折现率上升时，履约现金流量或保险负债会下降。

上述期末保险负债的一次性变动，自然也是保险负债资金成本的一次性变动,应该将其计入当期投资服务的资金成本中。具体而言,折现率下降引发的保险负债增加额(实际是保险负债中的履约现金流量增加额)是成本,折现率上升引发的保险负债减少额(实际是保险负债中的履约现金流量减少额)是收入。

因此,折现率变动导致的保险负债变动,也可视为或属于保险公司提供投资服务的成本或收入。

(3) 保险合同金融变动额应该是投资服务的资金总成本。新准则第 33 条规定:"企业应当将货币时间价值及金融风险的影响导致的未到期责任负债和已发生赔款负债账面价值变动额,作为保险合同金融变动额",而货币时间价值及金融风险对保险负债账面价值的影响就体现为如上两个方面,一是保险负债的利息增值,二是期末折现率变动导致的保险负债变动。因此,

保险合同金融变动额=保险负债的利息增值+期末折现率变动导致的保险负债变动。

由上所述可知,保险合同金融变动额,就是保险公司通过保险合同向客户提供投资服务的资金总成本。

(4) 保险财务损益是实际计入损益的投资服务的资金总成本。鉴于在某些会计期间形成的保险合同金融变动额可能非常巨大(尤其是在市场利率变动很大的时期),如果将其全部计入当期的保险负债资金成本,会导致保险公司利润的大幅变动,为此,新准则第 34 条为保险公司提供了"其他综合收益选择权",保险公司可以据此对计入损益的保险合同金融变动额进行平滑处理(具体处理方式参见《IFRS17 内在原理及新财务报告》第四章),平滑处理后计入损益的保险合同金融变动额就被称为"保险财务损益"。

如新准则第 34 条所述,所谓保险财务损益(Insurance finance income or expenses),是指计入当期及以后期间损益的保险合同金融变动额。保险财务损益,包括企业签发的保险合同的"承保财务损益"和分出的再保险合同的"分出再保险财务损益"。

因此,当期保险财务损益,才是最终计入当期损益的保险公司提供投资服务的资金总成本。

(5) 为何称为保险财务损益而不是保险财务费用? 这是因为,保险合同金融变动额中,保险负债的利息增值通常会形成投资服务的资金成本,形成"保险财务费用(Insurance finance expenses)",但期末折现率变动导致的保险负债变动,则既可能是正向变动,也可能是负向变动,进而既可能形成"保险财务费用",也可能形成"保险财务收益(Insurance finance income)"。

因此,新准则将保险公司通过保险合同提供投资服务的资金成本称为"保险财务损益"而非"保险财务费用"。

3. 投资服务业绩

保险公司提供投资服务获得的收入是资产投资收益,提供投资服务的成本是保险财务损益,提供投资服务的业绩就是资产投资收益与保险财务损益之差,即,

投资服务业绩＝资产投资收益－保险财务损益

＝资产投资收益－(承保财务损益－分出再保险财务损益)。

若不考虑分出再保险业务,则,

投资服务业绩＝资产投资收益－承保财务损益。

仔细一想,这里的投资服务业绩其实是"利差收益"或"净投资收益",类似于商业银行利润表中的营业收入中的"利息净收入"。当然,保险负债是有资金成本的,保险财务损益反映的就是这个成本,但保险公司的用于投资的净资产是没有会计意义上的资金成本的。

第四节　新金融工具准则下保险公司的金融资产结构

新金融工具准则的内容很多,但与保险企业的财务报告最相关的,是金融资产从老准则下的四分类变成了新准则下的三分类,计量方法也有所变化,进而导致保险企业资产端的金融资产的分类和各类金融资产占比发生了很大变化。事实上,保险企业对金融资产进行重分类的时候,不但会受到新金融工具准则(主要指财政部 22 号准则)的影响,而且会受到新保险会计准则的影响。

一、金融资产从四分类变成三分类

1. 老准则下的四分类及其计量方法

(1) 以公允价值计量且其变动计入当期损益的金融资产(Fair value through profit or loss,简称 FVTPL)。其计量方法为：资产账面价值以公允价值计量；浮盈浮亏计入利润表中的公允价值变动损益；股利、利息计入利润表中的投资收益；资产出售时,将"卖出价－上期末公允价值"计入利润表中的投资收益,同时将本期公允价值变动损益中该资产的浮动盈亏调出。

(2) 可供出售金融资产(Available for sale securities,简称 AFS)。其计量方法为：资产账面价值以公允价值计量；浮盈浮亏计入利润表中的其他综合收益；股利、利息计入利润表中的投资收益；资产出售时,买卖差价计入利润表中的

投资收益,同时将其他综合收益中该资产的浮动盈亏调出。

（3）持有至到期投资（Held-to-maturity securities,简称 HTM）。其计量方法为:资产账面价值以摊余成本计量;以实际利率法核算利息收入并计入利润表中的投资收益;通常会持有至到期,如因特殊情况中期卖掉了,将"卖出价－账面价值"计入投资收益。

（4）贷款和应收款项类投资（Loans and receivables,简称 LR）。其计量方法为:资产账面价值以摊余成本计量,以实际利率法核算利息收入并计入利润表中的投资收益;卖出时将"卖出价－账面价值"计入投资收益。

此外,企业应当在资产负债表日对 FVTPL（该资产的减值已经通过"公允价值变动损益"计入了损益表）以外的其他三类金融资产的账面价值进行检查,有客观证据表明该金融资产发生减值的（如股价大跌不可能再涨回的,债券很可能违约的）,应当计提资产减值准备,并将其计入利润表中的"资产减值损失"。

2. 新准则下的三分类及其计量方法

（1）以摊余成本计量的金融资产（Amortized cost,简称 AC）。在资产表中列示为"金融投资:债权投资"。其计量方法为:资产账面价值以摊余成本计量;以实际利率法核算利息并计入利润表中的利息收入;通常会持有至到期,如因特殊情况中期卖掉了,将"卖出价－账面价值"计入利润表中的投资收益。

（2）以公允价值计量且其变动计入当期损益的金融资产（Fair value through profit or loss,简称 FVTPL）。在资产表中列示为"金融投资:交易性金融资产"。其计量方法为:① 按公允价值计算账面价值,公允价值变动计入利润表中的公允价值变动损益;② 债权资产按实际利率法核算利息并计入利润表中的投资收益,权益资产的股利或分红也计入利润表中的投资收益;③ 资产出售时,将"卖出价－上期末公允价值"计入利润表中的投资收益,同时将本期浮盈浮亏从公允价值变动损益中调出。

（3）以公允价值计量且其变动计入其他综合收益的金融资产（Fair value through other comprehensive income,简称 FVOCI）。在资产表中列示为"金融投资:其他债权投资"和"金融投资:其他权益工具投资"。其计量方法为:① 按公允价值计算账面价值,公允价值变动计入利润表中的其他综合收益;② 债权资产按实际利率核算利息并计入利润表中的利息收入,权益资产的股利或分红计入利润表中的投资收益;③ 债权资产出售或终止确认时,将之前计入其他综合收益的累积公允价值变动转出,计入利润表中的投资收益;④ 权益资产出售或终止确认时,将之前计入其他综合收益的累积公允价值变动转出,计入股东权益中的留存收益（注意,不是计入利润表中的投资收益,不影响公司利润,与之前可供出售金融资产计量有重大差异）。

新准则规定,初始确认时:第一,企业可以(根据 22 号准则第十九条)将非交易性权益投资指定为 FVOCI;第二,如果能够消除或显著减少会计错配,企业可以(根据 22 号准则第二十条)将(各类)金融资产指定为 FVTPL。

此外,在减值方面,新金融工具准则有关减值的要求适用于 AC 和 FVOCI。新金融工具准则要求采用预期信用损失模型(以替代原先的已发生信用损失模型)计提信用损失准备并确认信用损失。所谓预期信用损失模型,是指保险企业以金融资产发行方未来可能的违约事件造成的损失的期望值来计量当前(资产负债表日)应当确认的减值准备。与金融资产减值准备相关的损益科目是"信用减值损失",信用减值损失是保险企业按照新金融工具准则计提金融工具信用损失准备所确认的当期信用损失。具体而言,保险企业应当在资产负债表日计算金融工具预期信用损失,如果该预期信用损失大于该工具当前减值准备的账面金额,企业应当将其确认为减值损失;如果该预期信用损失小于该工具当前减值准备的账面金额,企业应当将其确认为减值利得。此外,保险企业还需要将"当期针对 FVOCI 计提的损失准备"计入其他综合收益,列示为"将重分类进损益的其他综合收益:其他债权投资信用损失准备"。

二、新金融工具准则下金融资产的分类方法

1. 权益类金融资产的归类方法

权益资产通常以公允价值计量,可选择归类为 FVOCI 或 FVTPL。具体如何归类呢?

首先将权益资产分为交易性权益资产和非交易性权益资产,对交易性权益资产,通常将其归入 FVTPL,公允价值变动影响利润。

其次,对非交易性权益资产,保险企业可以在 FVOCI 或 FVTPL 之间进行选择:① 如果(根据 22 号准则第 19 条)将其指定为 FVOCI,则该决策不可撤销,只有权益分红可计入损益,处置时买卖价差要计入留存收益。这样的话,一是影响保险公司利润,二是保险公司无法像老准则下那样在会计期末通过出售"可供出售金融资产"来调节投资收益进而调节利润。② 如果(为减少会计错配,根据 22 号准则第 20 条)将其指定为 FVTPL,FVTPL 越多,公允价值变动损益就越多,公司利润波动幅度越大。保险企业需要根据自己的情况进行权衡和选择。

2. 债权类金融资产的归类方法

在该债权资产的合同现金流量特征为"仅含本息"(或仅以收取本息为目标)条件下:如果保险公司打算将其持有至到期(无出售意图),可将其归入 AC,资产表中列示为"金融投资:债权投资";如果保险公司既可能将其持有至到期也

可能将其出售，可将其归入 FVOCI，在资产表中列示为"金融投资：其他债权投资"。

未归入 AC 和 FVOCI 的债权资产，可将其全部归入 FVTPL。如前所述，如果能够消除或显著减少会计错配，企业可以（根据 22 号准则第 20 条）将（各类）金融资产指定为 FVTPL。

三、新金融工具准则下保险公司金融资产结构的变化

四分类（FVTPL、AFS、HTM 和 LR）变为三分类（AC、FVTPL、FVOCI）后，从上市险企 2023 半年报可以看出，保险企业的金融资产结构主要有如下两点变化。

第一，无论寿险公司还是财险公司，FVTPL 通常都会大幅增加。主要原因是，新准则下大多数权益资产都会被归入 FVTPL，而在老准则下有大量权益资产被归入 AFS。为何在新准则下大多数权益资产都会被归入 FVTPL 呢？原因包括：① 交易性权益资产通常都会被归入 FVTPL（而不会被归入 FVOCI）；② 大多数非交易性权益资产也会被归入 FVTPL，原因是，如果（根据 22 号准则第十九条）将其指定为 FVOCI，只有权益分红可计入损益，处置时买卖价差不得计入损益，计入留存收益，而新准则允许险企（为减少会计错配）将（任何）金融资产指定为 FVTPL。

第二，对寿险公司而言，以公允价值计量的债权资产大幅增加。相较于老准则下以摊余成本计量的债权资产（包括 HTM 和 LR），新准则下以摊余成本计量的债权资产（AC）大幅减少，更大量的债权资产被归入 FVOCI 以公允价值计量，在资产表中列示为"金融投资：其他债权资产"。寿险公司这样分类的主要目的，是为了与负债端大量的以浮动收费法计量的"具有直接参与分红特征的保险合同"的保险合同负债相匹配，按照新保险会计准则规定，"具有直接参与分红特征的保险合同"的基础项目或对应投资资产应以公允价值计量。

总体而言，对所有保险公司而言，FVTPL 大幅增加；对寿险公司而言，以公允价值计量的金融资产（FVTPL＋FVOCI）大幅增加，以摊余成本计量的金融资产大幅减少。

四、新金融工具准则下金融资产投资收入科目的变化

老准则下，金融资产的投资收益在利润表中主要体现为：营业收入中的投资收益和公允价值变动损益；营业支出中的资产减值损失；其他综合收益中的可供出售金融资产公允价值变动。

新准则下，金融资产的投资收益在利润表中主要体现为：营业收入中的利

息收入、投资收益和公允价值变动损益；营业支出中的信用减值损失；其他综合收益中的其他权益工具投资公允价值变动、其他债权投资公允价值变动和其他债权投资信用损失准备。其中，利息收入反映保险企业对 AC 和 FVOCI 按照实际利率法计算的利息收入(如前所述，FVTPL 中债权资产的利息收入要记入投资收益)；信用减值损失是指针对 AC 和 FVOCI 采用预期信用损失模型计提信用损失准备所确认的当期信用损失。(其他综合收益中的相关科目的解释见下一章第二节"利润表列示的主要变化"。)

第十八章　实施新准则后保险公司财报列示的主要变化

从 2023 年 1 月 1 日开始,上市保险公司基本都同时执行了新保险会计准则(IFRS17 和财政部 25 号准则)和新金融工具准则(财政部 22、23、24、37 号准则)。

本章对保险公司实施这两项新准则后财报列示的主要变化进行简要介绍,第一节介绍资产负债表列示的主要变化,第二节介绍利润表列示的主要变化。

第一节　资产负债表列示的主要变化

不考虑与保险合同计量和金融资产计量无关的科目,如资产表中的长期股权投资、投资性房地产、在建工程、固定资产等,负债表中的各种与保险合同无关的短期或长期借款(如卖出回购金融资产款、应付债券等),仅考虑与保险合同计量和金融资产计量相关的科目,新、老准则下的资产负债表大致如表 18‒1 所示。

表 18‒1　新、老准则下的资产负债表列示差异
(忽略与保险合同计量和金融资产计量无关的科目)

新准则下的资产负债表

资产:	负债:
金融投资:	预收保费
交易性金融资产	保险合同负债
债权投资	分出再保险合同负债
其他债权投资	
其他权益工具投资	
保险合同资产	
分出再保险合同资产	

（续表）

老准则下的资产负债表

资产：	负债：
以公允价值计量且其变动计入当期损益的 金融资产 可供出售金融资产 持有至到期投资 归入贷款及应收款的投资 应收保费 应收分保账款 保户质押贷款 应收分保未到期责任准备金 应收分保未决赔款准备金 应收分保寿险责任准备金 应收分保长期健康险责任准备金 独立账户资产	预收保费 应付分保账款 应付赔付款 应付保单红利 保户储金及投资款 未到期责任准备金 未决赔款准备金 寿险责任准备金 长期健康险责任准备金 独立账户负债

　　从表 18-1 可以看出，与老准则下的资产负债表相比，新准则下的资产负债表主要发生了四个变化：一是金融资产从四分类变成了三分类；二是保险合同负债和分出再保险合同资产不再详细列报；三是出现了保险合同资产和分出再保险合同负债；四是与保单现金流相关的应收、应付等科目大幅减少。

一、变化 1：金融资产从四分类变成了三分类

　　老准则下，金融资产分为：① 以公允价值计量且其变动计入当期损益的金融资产；② 可供出售金融资产；③ 持有至到期投资；④ 归入贷款及应收款的投资。

　　新准则下，金融资产分为：①"金融投资：债权投资"，对应的是以摊余成本计量的金融资产（AC）；②"金融投资：交易性金融资产"，对应的是以公允价值计量且其变动计入当期损益的金融资产（FVTPL）；③"金融投资：其他债权投资"和"金融投资：其他权益工具投资"，对应的是以公允价值计量且其变动计入其他综合收益的金融资产（FVOCI）。

二、变化 2：保险合同负债和分出再保险合同资产不再详细列报保单

　　老准则下：① 保险合同负债分为未到期责任准备金、未决赔款准备金、寿险责任准备金和长期健康险责任准备金，此外还有从保险合同中拆出的投资成分形成的保户储金及投资款和独立账户负债，这些科目在负债表中分别列示。

② 分出再保险合同资产分为应收分保未到期责任准备金、应收分保未决赔款准备金、应收分保寿险责任准备金和应收分保长期健康险责任准备金,且在资产表中分别列示。

新准则下:① 保险合同负债分为未到期责任负债和已发生赔款负债,但在负债表中总额列示,即只列示保险合同负债总额。② 分出再保险合同资产分为分保摊回未到期责任资产和分保摊回已发生赔款资产,但在资产表中总额列示,即只列示分出再保险合同资产总额。

此外,新准则下资产负债表中的保险合同负债,无论对于何种保险合同(非直接分红保险合同或直接分红保险合同),无论采用何种计量方法(通用模型法浮动收费法或保费分配法),均可分为未到期责任负债和已发生赔款负债。在附注中,一是会列出未到期责任负债金额和已发生赔款负债金额;二是对于未采用保费分配法计量的合同,会列出保险合同负债三要素,即未来现金流量、非金融风险调整和合同服务边际的金额;三是详细展示保险合同负债是如何从期初变到期末的。

类似地,新准则下资产负债表中的分出再保险合同资产,无论对分出再保险合同采用何种计量方法(通用模型法或保费分配法),均可分为分保摊回未到期责任资产和分保摊回已发生赔款资产。在附注中,一是会列出分保摊回未到期责任资产金额和分保摊回已发生赔款资产金额;二是对于未采用保费分配法计量的分出再保险合同,会列出分出再保险资产三要素,即未来现金流量、非金融风险调整和合同服务边际的金额;三是详细展示分出再保险合同资产是如何从期初变到期末的。

三、变化 3：新出现了保险合同资产和分出再保险合同负债

新准则第 84 条说:"企业签发的保险合同组合账面价值为借方余额的,列示为保险合同资产;分出再保险合同组合账面价值为贷方余额的,列示为分出再保险合同负债。"

也就是说,保险公司签发的保险合同组合,通常会使保险公司的负债增加,其账面价值为贷方余额,列示为保险合同负债。但是,如果保险公司签发的某些保险合同组合,会使保险公司的负债减少,其账面价值为借方余额,就会形成或列示为保险合同资产。

类似地,保险公司的分出再保险合同组合,通常会使保险公司的资产增加,其账面价值为借方余额,列示为分出再保险资产。但是,如果有分出再保险合同组合,会使保险公司的资产减少,其账面价值为贷方余额,就会形成或列示为分出再保险合同负债。

下面以保险合同资产的形成为例来做一案例说明。

1. 老准则下可能出现"负准备金"进而使公司负债减少的情形

其实,在老准则下,对期交保费长期保障性保险或长期保障储蓄性保险而言,即便其剩余边际为正,只要首年保险获取成本超过首年保费,就会出现"负准备金"进而导致公司负债减少的情形。

例如,某终身重疾险保单,客户选择 20 年期交保费,年交保费 1 万元,首年的保单销售和订立费用为 2 万元。假定签单并交纳首期保费后的合理估计负债为－4 万元,风险边际为 1 万元。则,

(1) 该保单的首日利得＝(1－2)－(－4＋1)＝－1－(－3)＝2 万元。[被减项(1－2)代表签单首日保险公司到手的钱,减项(－4＋1)代表签单首日保险公司欠客户的钱,前者减去后者,就得到首日利得。]

(2) 剩余边际＝首日利得＝2 万元。

(3) 首日长期健康险责任准备金＝合理估计负债＋风险边际＋剩余边际＝－4＋1＋2＝－1 万元。

这就出现了－1 万元的准备金,估计要到第 3 期保费进来后,该保单的准备金才能转正。由此,细心且常看保险公司财报的读者可能看到过,一些成立不久的寿险公司的负债表中会有"负的长期健康险责任准备金"的情形。

可以想象,如果上述保单采用趸交保费,就不会出现负准备金的情况。

2. 新准则下也会出现保险合同负债为负进而形成保险合同资产的情形

(1) 保险合同负债可能为负。还是上面的案例情形,只是采用新准则下的术语对案例重新描述如下:某终身重疾险合同,20 年期交保费,年交保费 1 万元,保单签发后责任期立即开始,责任期开始的同时,收到首年保费 1 万元,并支出保险获取成本 2 万元。

假定保险公司在同一日签发了 1 万单这样的合同,组成一个合同组合。该合同组合收到首年保费 1 亿元、支出保险获取成本 2 亿元后,公司估计的未来现金流量为净流入 4 亿元,非金融风险调整为 1 亿元。

则,保单签发(但未收到首年保费 1 亿元和支出保险获取成本 2 亿元)时的保险合同负债初始计量结果为:① 合同服务边际＝所有现金净流入现值＝所有现金流入现值－所有现金流出现值＝(1＋4)－(2＋1)＝2(亿元)。(前面括号里的 1 亿元是指首年保费,后面括号里的 1 亿元是指非金融风险调整)② 保险合同负债＝未来现金流量现值(流出现值－流入现值)＋非金融风险调整＋合同服务边际＝(保险获取成本－首年保费－未来净流入现值)＋非金融风险调整＋合同服务边际＝(2－1－4)＋1＋2＝0 亿元。

收到首年保费 1 亿元并支出保险获取成本 2 亿元后,保险合同负债计量结

果为：

保险合同负债＝未来现金流量现值＋非金融风险调整＋合同服务边际＝（−4）＋1＋2＝−1亿元。

这就出现了−1亿元的保险合同负债。同样地，估计要到第3期保费进来后，该保险合同组合的保险合同负债才能转正。

（2）形成保险合同资产。与老准则下的计量结果类似，新准则下也可能出现保险合同负债计量结果为负的情形，即，保险公司签发的某些保险合同组合，可能会使保险公司的负债减少，其账面价值为借方余额。

老准则下，保险公司可以将新单的负准备金与存量业务的正准备金在资产负债表右边"正负相抵"，除新公司外，很可能会导致报表使用者看不到负准备金的存在。但是，在新准则下，如上所述，如果保险公司签发的某些保险合同组合，会使保险公司的负债减少，其账面价值为借方余额，就要在资产负债表左侧列示为保险合同资产，对报表使用者而言清晰可见。

可以想见，对保险公司而言，直保业务组成的新单保险合同组合，若采取趸交保费方式，该保险合同组合通常会形成保险合同负债；若采用期交保费模式，该保险合同组合可能会形成保险合同负债，也可能会形成保险合同资产，具体结果取决于保费收取模式与赔付、费用支付模式之间的比较，以及盈利能力水平、保险获取现金流量等其他因素。

四、变化4：与保单现金流相关的应收、应付等科目大幅减少

从表18-1可见，新准则下与保单现金流相关的应收、应付等资产负债表科目大幅减少或者发生了变化。资产科目中，应收保费、应收分保账款和保户质押贷款消失了。负债科目中：第一，应付分保账款、应付赔付款、应付保单红利消失了；第二，预收保费的内涵变窄了，仅反映资产负债日保险公司已收到但尚未确定与哪组已确认保险合同履约直接相关的保费，即尚未确认的保险合同的保费。

上述变化的主要原因，是将保单相关科目合并到了保险合同负债（或资产）和分出再保险合同资产（或负债）中。具体而言：

（1）应收保费、保户质押贷款、应付赔付款、应付保单红利等不再单独列报，而是体现在保险合同负债（或资产）余额中。例如，应收保费不再单独列报或消失后，计量未到期责任负债时就按未收到保费处理，与之前的按收到保费计量未到期责任负债相比，保险合同的未来现金流入增加了，因未来现金流出不变，保险合同的未来净流出就减少了，自然会使保险合同负债减少。再比如，应付赔付款消失后，计量未到期责任负债时就按未支付赔付款处理，与之

前的按支出赔付款计量未到期责任负债相比,保险合同的未来现金流出增加了,因未来现金流入不变,保险合同的未来净流出就增加了,自然会使保险合同负债增加。

(2)应收分保账款、应付分保账款不再单独列报,如果与分出再保险合同有关,体现在分出再保险合同资产(或负债)余额中,如果与分入再保险合同有关,体现在保险合同负债(或资产)余额中。例如,对应分出业务的应收分保账款(应收分保费用或应收摊回赔款)不再单独列报或消失后,计量分出再保险合同资产时就按未收到分保账款(分保费用或摊回赔款)处理,与之前的计量方式相比,分出再保险合同的未来现金流入增加了,因未来现金流出不变,分出再保险合同的未来净现金流入增加了,自然会增加分出再保险合同资产。再比如,对应分出业务的应付分保账款(如应付分出保费)消失后,计量分出再保险合同资产时就按未支付分保账款(如分出保费)处理,与之前的计量方式相比,分出再保险合同的未来现金流出增加了,因未来现金流入不变,分出再保险合同的未来净现金流入减少了,自然会减少分出再保险合同资产。

(3)除非预收保费找不到对应的已确认保险合同,一般都会直接形成保险合同负债。对于已收保费但保单责任期尚未开始的保单,老准则下一定会形成预收保费但通常不会形成保险合同负债,但在新准则下,即便保险责任期尚未开始,预收保费的保险合同也要在收到保费时刻就进行初始计量并形成保险合同负债。

第二节　利润表列示的主要变化

新准则带来的重大变化,绝大多数都会体现在利润表的变化中,因此,与老准则下的利润表相比,新准则下的利润表发生了翻天覆地的变化。第一部分讨论营业收入相关科目的变化,第二部分讨论营业支出相关科目的变化,第三部分讨论其他综合收益中出现的新科目。

一、营业收入列示的变化

表18-2给出了新准则财报和老准则财报中营业收入的差异。

1. 新金融工具准则带来的变化

新金融工具准则实施后,金融资产从四分类变成了三分类,核算营业收入中与投资收入相关的科目发生了一些变化。

表 18‑2　营业收入列示：新准则财报和老准则财报的差异

新准则财报的营业收入构成	老准则财报的营业收入构成
保险服务收入 利息收入 投资收益（损失以"－"号填列） 　其中：对联营企业和合营企业的投资收益 　　　　以摊余成本计量的金融资产终止 　　　　确认产生的收益 净敞口套期收益（损失以"－"号填列） 其他收益（损失以"－"号填列） 公允价值变动收益（损失以"－"号填列） 汇兑收益（损失以"－"号填列） 其他业务收入 资产处置收益（损失以"－"号填列）	已赚保费 　保险业务收入 　　其中：分保费收入 　减：分出保费 　　提取未到期责任准备金 投资收益 　其中：对联营企业和合营企业的投资收益 其他收益 公允价值变动损益 汇兑损益 资产处置损益 其他业务收入

　　老准则下与投资收入核算相关的主要科目为营业收入中的"投资收益、公允价值变动损益（以及营业支出中的资产减值损失，其他综合收益中的可供出售金融资产公允价值变动）"。这里的"投资收益"包含了保险企业所有投资资产产生的除"FVTPL 公允价值变动和 AFS 公允价值变动"之外的所有投资收入，包括利息收入、股利收入和买卖价差等。

　　新准则下与投资收入核算相关的主要科目为营业收入中的"利息收入、投资收益、公允价值变动损益（以及营业支出中的信用减值损失和其他资产减值损失，其他综合收益中的其他权益工具投资公允价值变动和其他债权投资公允价值变动）"。第一，这里的"利息收入"，是指保险企业对 AC 和 FVOCI 按照实际利率法计算的利息（FVTPL 中债权资产的利息收入要记入投资收益）。第二，这里的"投资收益"，是指除"FVTPL 公允价值变动和 FVOCI 公允价值变动"和前述利息收入之外的所有投资收入。比较特殊的是，被指定为 FVOCI 的权益资产出售时，之前计入其他综合收益的累计利得或损失从其他综合收益转出，计入留存收益，不计入利润表中的投资收益。第三，这里的"信用减值损失"是指金融资产按新金融工具准则相关规定确认的信用损失；这里的"其他资产减值损失"是指除"信用减值损失"之外的其他资产的减值损失。

　　2. 新保险会计准则带来的变化：已赚保费变为保险服务收入

　　新准则财报的营业收入科目与老准则财报的营业收入科目只有一个差异：新准则财报用"保险服务收入"取代了当前财报的"已赚保费"。

　　已赚保费＝保险业务收入（含分入保费）－分出保费－提取未到期责任准备金；保险服务收入＝与提供当期保险合同服务相关的未到期责任负债减少额＋

保险获取现金流量摊销额＝期初预计的当期会发生的保险服务费用＋当期非金融调整释放额＋当期合同服务边际摊销额＋保险获取现金流量摊销额。

保险服务收入与已赚保费的主要区别有如下五点：

第一，由于新准则下的重大保险风险评估相对老准则下较为严格，导致部分业务(如部分社保委托业务、部分团体保险业务)无法被确认为保险合同，这会导致核算保险服务收入的基础保费与核算已赚保费的基础保费相比有所减少。

第二，保险服务收入是严格按照权责发生制核算的，仅将对应于当期保险合同责任的未到期责任负债释放额(不包括保险获取现金流量)与保险获取现金流量之和作为当期保险服务收入；但已赚保费未严格按照权责发生制核算，直接将当期原保费收入扣除"针对短期保险的提取未到期责任准备金"后，作为了当期的已赚保费。

第三，保险服务收入不包含任何投资成分，但只要原保险业务有储蓄性，已赚保费中就一定包含投资成分。

第四，核算保险服务收入时，未扣减其中的分出保费对应的部分(分出保费的分摊)；但在核算已赚保费时，扣减了分出保费。

第五，保险服务收入是未到期责任负债中释放出来的，包含未到期责任负债中计息部分的释放；但在核算已赚保费时，无论长险还是短险，均未包含任何计息释放成分。

上述五点差异对产险公司营收和寿险公司营收的影响有所不同，如表 18‑3 所示。

表 18‑3 由已赚保费与保险服务收入的差异引起的营收变化

	产险公司的营收变化		寿险公司的营收变化	
第一点差异	由于新准则下的重大保险风险评估较为严格，导致核算保险服务收入的基础保费减少	变低	由于新准则下的重大保险风险评估较为严格，导致核算保险服务收入的基础保费减少	变低
第二点差异	业务以短险为主，已赚保费和保险服务收入的核算均已贯彻权责发生制	无变化	业务以长险为主，核算已赚保费时未贯彻权责发生制，核算保险服务收入时严格贯彻权责发生制	新公司变低；老公司不确定；行业总体变低
第三点差异	业务均为纯保障性产品，无需扣除投资成分	无变化	业务以储蓄性产品为主，核算保险服务收入需要扣除大量投资成分	大幅变低

	产险公司的营收变化		寿险公司的营收变化	
第四点差异	分出保费占比较高,核算已赚保费时扣除分出保费,核算保险服务收入时未扣除分出保费的分摊	变高	分出保费占比很小,核算已赚保费时扣除了分出保费,核算保险服务收入时未扣除分出保费的分摊	变高了一点
第五点差异	核算已赚保费时不考虑未到期责任负债计息部分的释放;核算保险服务收入时可以考虑未到期责任负债计息部分的释放	变高	核算已赚保费时不考虑未到期责任负债计息部分的释放;核算保险服务收入时考虑未到期责任负债计息部分的释放	变高
结论	若不考虑第一点差异,保险服务收入高于已赚保费,营收有所增长		总体而言,保险服务收入大幅低于已赚保费,营收大幅降低	

可见,对于产险公司而言,由已赚保费变为保险服务收入后,营业收入可能变大也可能变小,若不考虑第一点差异,保险服务收入高于已赚保费,营收有所增长。对寿险公司而言,由已赚保费变为保险服务收入后,营业收入肯定大幅变小了,原因主要有如下两点:一是核算保险服务收入时严格贯彻了权责发生制;二是核算保险服务收入时需要扣除大量投资成分。

二、营业支出列示的变化

表 18-4 给出了新准则财报和老准则财报中营业支出的差异。

表 18-4　营业支出列示:新准则财报和老准则财报的差异

新准则财报的营业支出	老准则财报的营业支出
保险服务费用	退保金
分出保费的分摊	赔付支出
减:摊回保险服务费用	减:摊回赔付支出
承保财务损失	提取保险责任准备金
减:分出再保险财务收益	减:摊回保险责任准备金
利息支出	保单红利支出
手续费及佣金支出	税金及附加
税金及附加	手续费及佣金支出
业务及管理费	业务及管理费
信用减值损失	减:摊回分保费用
其他资产减值损失	其他业务成本
其他业务成本	资产减值损失

注:保险服务费用＝当期发生赔款及其他相关费用(不含投资成分)＋保险获取现金流量的摊销＋已发生赔款负债相关履约现金流量变动＋亏损部分的确认和转回。

可以看出,关于营业支出,受新保险会计准则影响,新准则财报与老准则财报相比,主要发生了如下几点变化:

第一,在新保险会计准则下,保险服务费用已经包含了赔付支出,而且保险服务费用中不得包含任何投资成分,因此,老准则财报中的"赔付支出中的投资成分"、退保金和保单红利支出,均不会形成新准则财报中的营业支出。

第二,尽管新准则财报和老准则财报中均包含"手续费及佣金支出、税金及附加、业务及管理费",但其内涵大相径庭。在新保险会计准则下,保险服务费用已经包含了保险业务(或保险合同边界内)的手续费佣金支出、税金及附加、业务及管理费,因此,新准则财报中的手续费及佣金支出、税金及附加、业务及管理费是指保险合同边界外的三项支出,远低于老准则财报中的手续费及佣金支出、税金及附加、业务及管理费。

第三,在新准则财报中,将分出保费的分摊列入了营业支出;而在老准则财报中,在核算已赚保费时,已经将分出保费扣减。

第四,在新准则财报中,由于核算保险服务收入和保险服务费用时已经严格贯彻了权责发生制,因此在营业支出中就不需要出现"提取保险责任准备金"了。

第五,在新准则财报中,增加了"承保财务损失－分出再保险财务收益",这是新保险会计准则倡导利润表要反映投资业绩的结果。IFRS17 建议保险公司在利润表中反映保险服务业绩和投资业绩,保险服务业绩＝(保险服务收入－分出保费的分摊)－(保险服务费用－摊回保险服务费用),投资业绩＝投资收益－(承保财务损失－分出再保险财务收益)。我国财政部 2023 年度保险公司财务报表格式没有完全采用 IFRS17 建议的做法,将投资收益按照习惯放在了营业收入中,将"承保财务损失－分出再保险财务收益"放在了营业支出中。

显然,采用新准则财报后,营业支出也会由于不考虑任何投资成分,而使寿险公司的营业支出大幅减少,财险公司的营业支出会由于计入"分出保费的分摊"等原因而变大了一些。

三、其他综合收益列示的变化

表 18－5 给出了新准则财报和老准则财报中其他综合收益相关科目的对比。

表 18 - 5　其他综合收益：新准则财报和老准则财报的差异

新准则财报的其他综合收益	老准则财报中的其他综合收益
不能重分类进损益的其他综合收益　其他权益工具投资公允价值变动　不能转损益的保险合同金融变动　将重分类进损益的其他综合收益　其他债权投资公允价值变动　其他债权投资信用损失准备　可转损益的保险合同金融变动　可转损益的分出再保险合同金融变动　权益法下可转损益的其他综合收益　外币财务报表折算差额	将重分类进损益的其他综合收益　可供出售金融资产公允价值变动损益　减：前期计入其他综合收益当期转入损益的金额　可供出售金融资产公允价值变动对保险合同准备金和保户储金及投资款的影响　权益法下在被投资单位可转损益的其他综合收益及其对保险合同准备金和保户储金及投资款的影响　外币财务报表折算差额

注：新准则财报相关科目与新华保险 2023 半年报相同，老准则财报相关科目与新华保险 2022 年报相同。

新准则财报的其他综合收益中：

第一，FVOCI 类金融资产的公允价值变动分为"其他权益工具投资公允价值变动"和"其他债权投资公允价值变动"。如前所述，新准则下，FVOCI 中的其他债权投资的买卖差价计入利润表中的投资收益，而 FVOCI 中的其他权益工具投资的买卖差价只能计入留存收益，因此，"其他债权投资公允价值变动"属于"将重分类进损益的其他综合收益"，而"其他权益工具投资公允价值变动"属于"不能重分类进损益的其他综合收益"。而在老准则下，"可供出售金融资产公允价值变动损益"全部属于"将重分类进损益的其他综合收益"

第二，关于"可转损益的保险合同金融变动"和"可转损益的分出再保险合同金融变动"的理解。新保险会计准则允许保险公司实施"其他综合收益选择权"，即采用某种分摊方法确定计入合同组合剩余保险期限内各个期间保险财务损益的金额，并将其与保险合同金融变动的差额计入其他综合收益。实施"其他综合收益选择权"后，各期计入其他综合收益的保险合同金融变动（分出再保险合同金融变动）之和为零，或者可视为会被转入损益（读者可参看《IFRS17 内在原理及新财务报告》第 80 页表 4 - 9）。在上述过程中，各期计入其他综合收益的保险合同金融变动就属于"可转损益的保险合同金融变动"，各期计入其他综合收益的分出再保险合同金融变动就属于"可转损益的分出再保险合同金融变动"。

第三，关于"不能转损益的保险合同金融变动"的理解。财政部 2023 年度保险公司财务报表格式将其解释为："反映保险公司采用浮动收费法计量保险公司持有基础项目的、具有直接参与分红特征的保险合同组，并选择将保险合同金融变动额分解计入保险财务损益和其他综合收益时，与基础项目不能重分类进损益的其他综合收益对应的、计入其他综合收益的保险合同金融变动额。"这个解释不易理解，这里翻译一下：对采用浮动收费法计量的直接分红保险合同而言，其基础项目或对应投资资产会以公允价值计量，应该是 FVTPL 和 FVOCI 构成的组合，这样，以浮动收费法计量的保险合同负债和对应投资资产均以公允价值计量，实现资产负债匹配。在合同运行过程中，FVOCI 的公允价值变动会被归入其他综合收益（进而不影响利润），为使利润表中核算投资业绩的"资产投资收益"与"保险负债成本（或保险合同金融变动）"相匹配（以便降低利润波动），在负债端，寿险公司很可能会实施"其他综合收益选择权"，将直接分红保险合同的保险合同金融变动分解计入保险财务损益和其他综合收益，（影响保险负债成本的）计入其他综合收益的保险合同金融变动应该大致与（影响资产投资收益的）计入其他综合收益的 FVOCI 公允价值变动相匹配。进一步地，计入其他综合收益的 FVOCI 公允价值变动可分为"其他权益工具投资公允价值变动"和"其他债权投资公允价值变动"，前者属于"不能重分类进损益的其他综合收益"，后者属于"将重分类进损益的其他综合收益"，所谓"不能转损益的保险合同金融变动"，应该是指计入其他综合收益的保险合同金融变动中与"不能重分类进损益的其他综合收益：其他权益工具投资公允价值变动"对应的部分。

四、新准则下利润表的几点变化

将表 18 - 2、表 18 - 4、表 18 - 5 合并起来，就可看到新、老准则下的利润表，如表 18 - 6 所示。

表 18 - 6　利润表列示：新准则财报和老准则财报的差异

新准则财报的利润表	老准则财报的利润表
营业收入： 　保险服务收入 　利息收入 　投资收益（损失以"－"号填列） 　　其中：对联营企业和合营企业的投资 　　　　收益 　　　　以摊余成本计量的金融资产终 　　　　止确认产生的收益 　净敞口套期收益（损失以"－"号填列） 　其他收益（损失以"－"号填列） 　公允价值变动收益（损失以"－"号填列） 　汇兑收益（损失以"－"号填列） 　其他业务收入 　资产处置收益（损失以"－"号填列）	**营业支出：** 　已赚保费 　　保险业务收入 　　　其中：分保费收入 　　减：分出保费 　　　　提取未到期责任准备金 　投资收益 　　　其中：对联营企业和合营企业的投资 　　　　　收益 　其他收益 　公允价值变动损益 　汇兑损益 　资产处置损益 　其他业务收入

（续表）

新准则财报的利润表	老准则财报的利润表
营业支出： 　保险服务费用 　分出保费的分摊 　减：摊回保险服务费用 　承保财务损失 　减：分出再保险财务收益 　利息支出 　手续费及佣金支出 　税金及附加 　业务及管理费 　信用减值损失 　其他资产减值损失 　其他业务成本	营业支出： 　退保金 　赔付支出 　减：摊回赔付支出 　提取保险责任准备金 　减：摊回保险责任准备金 　保单红利支出 　税金及附加 　手续费及佣金支出 　业务及管理费 　减：摊回分保费用 　其他业务成本 　资产减值损失
营运利润： 　加：营业外收入 　减：营业外支出	营运利润： 　加：营业外收入 　减：营业外支出
利润总额 　减：所得税费用	利润总额 　减：所得税费用
净利润	净利润
其他综合收益的税后净额： 　不能重分类进损益的其他综合收益 　　其他权益工具投资公允价值变动 　　不能转损益的保险合同金融变动 　将重分类进损益的其他综合收益 　　其他债权投资公允价值变动 　　其他债权投资信用损失准备 　　可转损益的保险合同金融变动 　　可转损益的分出再保险合同金融变动 　　权益法下可转损益的其他综合收益 　　外币财务报表折算差额	其他综合收益的税后净额： 　将重分类进损益的其他综合收益 　　可供出售金融资产公允价值变动损益 　　减：前期计入其他综合收益当期转入 　损益的金额 　　可供出售金融资产公允价值变动对保 　　险合同准备金和保户储金及投资款 　　的影响 　　权益法下在被投资单位可转损益的其他 　　综合收益及其对保险合同准备金和保 　　户储金及投资款的影响 　　外币财务报表折算差额
综合收益总额	综合收益总额

相对于老准则，新准则下的保险公司利润表主要有如下三点变化：

1. 收入与其他行业具有一定的可比性

从保费收入与营业收入的关系看：老准则下核算营业收入时，一是没有扣除保费收入中的投资成分；二是对一年期以上保险业务的已赚保费核算没有贯彻权责发生制,直接将一年期以上保险业务的当期保费收入计入了营业收入。新准则下核算营业收入时,一是全面贯彻了权责发生制,保险服务收入仅反映对应当期保险服务的保费收入;二是保险企业可以在考虑利息增值的条件下将保费收入逐期确认为收入;三是扣除了保费收入中的投资成分。这样,经营保险业务带来的保险服务收入与一般企业(如工业企业)的营业收入具有一定的可比性。

不过,在核算与投资收入相关的营业收入时,老准则财报和新准则财报均直接将资产投资收入计入了营业收入,未在营业收入中扣除保险合同负债的资金成本。这使得保险公司经营投资业务带来的营业收入与商业银行业经营存贷款业务的利息净收入之间仍然不具有可比性。

2. 容易分别核算保险服务利润和投资服务利润

尽管新准则财报的利润表未按照IFRS17的建议直接列示保险服务业绩和投资业绩,但IFRS17要求的相关科目均列示在了利润表中,这样,财报读者可以很容易地根据相关科目自行核算保险服务业绩和投资业绩。

保险服务业绩,是在假设保险合同负债和分出再保险资产均会按照计量假设折现率计息增值的条件下,保险公司因提供当期保险服务而实现的当期利润。保险服务业绩＝保险服务收入－保险服务费用＋摊回保险服务费用－分出保费的分摊。

投资业绩,是指保险公司所有的资产投资收益扣除保险财务损益后的余额。如果将保险财务损益视为保险负债(扣除分出再保险资产后)的资金成本,就可以将投资业绩视为保险公司的利差收益。投资业绩＝(利息收入＋投资收益＋公允价值变动损益－信用减值损失－其他投资资产减值损失)－(承保财务损益－分出再保险财务损益)。

而在老准则下的利润表中,保险服务和投资服务是混在一起核算的,我们无法将其彻底分开,很难分别核算出保险服务利润和投资服务利润。

3. 期末会计估计变更对当期利润的冲击减少

老准则下,在期末评估保险合同准备金时,无论是与保险风险相关的会计估计变更(如死亡率、发病率、退保率等),还是与货币时间价值和金融风险相关的折现率变更,都会影响期末保险合同准备金,进而影响营业支出中的提取保险责任准备金,进而影响公司利润的高低。尽管不随任何会计估计变更而调整的剩余边际的摊销可能会抵消部分会计估计变更的影响,但任一年的抵消程度应该是有限的。

新准则下,与保险风险相关的会计估计变更(如死亡率、发病率、退保率等)对未来履约现金流量的影响,通常会被合同服务边际吸收(进而影响合同服务边际摊销的各期利润水平),期末保险合同负债通常不受影响,只有期末折现率的变动会影响保险合同负债金额,进而可能影响保险财务损益,对利润造成影响。但是,即便是期末折现率变动对利润的影响,保险公司也可以根据新准则第 34 条行使其他综合收益选择权,对其影响进行平滑。

因此,在新准则下,会计估计变更对公司当期利润的冲击大幅减弱甚至完全被平滑了。

附　　录

一、中国人寿保险股份有限公司 2016 年度财务三表

1. 资产负债表（本公司）

2016 年 12 月 31 日公司资产负债表

（除特别注明外，金额单位为人民币百万元）

资　　产	附注	2016 年12 月 31 日	2015 年12 月 31 日
资产			
货币资金	67（a）	62 592	74 744
以公允价值计量且其变动计入当期损益的金融资产	67（b）	204 048	135 725
买入返售金融资产	67（c）	43 093	21 461
应收利息	67（d）	55 758	49 092
应收保费	14	13 421	11 913
应收分保账款	15	123	37
应收分保未到期责任准备金		125	87
应收分保未决赔款准备金		103	50
应收分保寿险责任准备金		182	82
应收分保长期健康险责任准备金		1 601	1 164
其他应收款	67（e）	4 998	7 615
贷款	67（f）	221 535	203 152
定期存款	67（g）	535 361	560 807
可供出售金融资产	67（h）	758 802	766 799
持有至到期投资	67（i）	594 054	503 489
长期股权投资	67（j）	125 587	56 554
存出资本保证金	22	5 653	5 653
投资性房地产		1 247	1 296
在建工程		10 387	7 544
固定资产		18 858	18 521
无形资产		5 768	5 900
其他资产		3 986	3 428
独立账户资产	64（c）	12	14
资产总计		**2 667 294**	**2 435 127**

2016 年 12 月 31 日公司资产负债表(续)

（除特别注明外，金额单位为人民币百万元）

负债及股东权益	附注	2016 年 12 月 31 日	2015 年 12 月 31 日
负债：			
卖出回购金融资产款		81 032	30 368
预收保费		35 252	32 266
应付手续费及佣金		3 713	2 598
应付分保账款	15	436	196
应付职工薪酬		7 120	5 406
应交税费		1 761	5 740
应付赔付款	32	39 038	30 092
应付保单红利	33	87 725	107 774
其他应付款		7 731	5 173
保户储金及投资款	35	195 694	84 092
未到期责任准备金	36	10 492	7 944
未决赔款准备金	36	11 538	9 268
寿险责任准备金	36	1 762 932	1 652 763
长期健康险责任准备金	36	63 024	46 010
应付债券	38	37 998	67 994
递延所得税负债		7 774	16 979
其他负债		11 436	9 542
独立账户负债	64(c)	12	14
负债合计		**2 364 708**	**2 114 219**
股东权益：			
股本	42	28 265	28 265
其他权益工具	67(k)	7 791	7 791
资本公积		54 350	54 317
其他综合收益	67(n)	4 912	30 284
盈余公积		58 343	52 978
一般风险准备		26 954	25 027
未分配利润		121 971	122 246
股东权益合计		**302 586**	**320 908**
负债及股东权益总计		**2 667 294**	**2 435 127**

2. 利润表（本公司）

2016 年度公司利润表

（除特别注明外，金额单位为人民币百万元）

项　　目	附注	2016 年度	2015 年度
一、营业收入		**548 247**	**509 747**
已赚保费		426 230	362 301
保险业务收入	67(1)	430 498	363 971
其中：分保费收入		3	2
减：分出保费		（1 758）	（978）
提取未到期责任准备金		（2 510）	（692）
投资收益	67(m)	120 451	145 152
其中：对联营企业和合营企业的投资收益		5 859	2 862
公允价值变动损益		（4 034）	（2 077）
汇兑损益		651	745
其他业务收入		4 949	3 626
二、营业支出		**（524 853）**	**（464 846）**
退保金	51	（73 922）	（106 672）
赔付支出	52	（205 143）	（134 491）
减：摊回赔付支出		864	394
提取保险责任准备金	53	（129 434）	（111 799）
减：摊回保险责任准备金	54	590	349
保单红利支出		（15 883）	（33 491）
税金及附加		（648）	（4 546）
手续费及佣金支出		（52 022）	（35 569）
业务及管理费		（31 563）	（27 122）
减：摊回分保费用		110	122
其他业务成本		（15 120）	（10 663）
资产减值损失		（2 682）	（1 358）
三、营业利润		**23 394**	**44 901**
加：营业外收入		91	186
减：营业外支出		（316）	（279）
四、利润总额		**23 169**	**44 808**
减：所得税费用		（3 895）	（10 428）
五、净利润		**19 274**	**34 380**

（续表）

项　目	附注	2016 年度	2015 年度
六、其他综合收益	67(n)	（25 372）	6 948
以后会计期间在满足规定条件时将重分类进损益的其他综合收益（扣除所得税）		（25 372）	6 948
可供出售金融资产产生的利得/（损失）金额		（33 319）	40 207
减：前期计入其他综合收益当期转入损益的净额		（4 558）	（24 002）
可供出售金融资产公允价值变动计入保单红利部分		13 029	（9 575）
按照权益法核算的在被投资单位其他综合收益中所享有的份额		（524）	318
以后会计期间不能重分类进损益的其他综合收益（扣除所得税）		——	——
七、综合收益总额		（6 098）	41 328

3. 现金流量表（本公司）

2016 年度公司现金流量表

（除特别注明外，金额单位为人民币百万元）

项　目	附注	2016 年度	2015 年度
一、经营活动产生的现金流量			
收到原保险合同保费取得的现金		432 979	379 802
保户储金及投资款净增加额		112 346	12 120
收到的其他与经营活动有关的现金		4 712	3 420
经营活动现金流入小计		550 037	395 342
支付原保险合同赔付等款项的现金		（270 148）	（236 686）
支付再保险业务现金净额		（630）	（347）
支付手续费及佣金的现金		（50 907）	（34 890）
支付保单红利的现金		（18 530）	（13 203）
支付给职工以及为职工支付的现金		（15 614）	（14 157）
支付的各项税费		（11 149）	（13 093）
支付以公允价值计量且其变动计入当期损益的金融资产现金净额		（70 365）	（85 983）
支付的其他与经营活动有关的现金		（21 280）	（15 067）
经营活动现金流出小计		（458 623）	（413 428）
经营活动产生的现金流量净额	67(o)	91 414	（18 086）

2016 年度公司现金流量表（续）

（除特别注明外，金额单位为人民币百万元）

项　　目	附注	2016 年度	2015 年度
二、投资活动产生的现金流量			
收回投资收到的现金		757 769	650 469
取得投资收益收到的现金		98 596	90 760
处置固定资产、无形资产和其他长期资产收回的现金净额		114	196
处置子公司及其他营业单位收到的现金净额		—	5 550
投资活动现金流入小计		856 479	746 975
投资支付的现金		(929 647)	(652 019)
保户质押贷款净增加额		(7 483)	(11 305)
购建固定资产、无形资产和其他长期资产支付的现金		(5 075)	(2 110)
支付买入返售金融资产现金净额		(21 632)	(9 623)
投资活动现金流出小计		(963 837)	(675 057)
投资活动产生的现金流量净额		**(107 358)**	**71 918**
三、筹资活动产生的现金流量			
发行其他权益工具收到的现金		—	7 791
收到卖出回购金融资产款现金净额		50 664	—
筹资活动现金流入小计		50 664	7 791
偿还债务支付的现金		(30 000)	—
支付卖出回购金融资产款现金净额		—	(14 170)
分配股利、利润或偿付利息支付的现金		(17 147)	(15 879)
筹资活动现金流出小计		**(47 147)**	**(30 049)**
筹资活动产生的现金流量净额		**3 517**	**(22 258)**
四、汇率变动对现金及现金等价物的影响额		**283**	**192**
五、现金及现金等价物净增加/(减少)额	67(o)	**(12 144)**	**31 766**
加：年初现金及现金等价物余额	67(o)	74 750	42 984
六、年末现金及现金等价物余额	67(o)	**62 606**	**74 750**

二、中国平安财产保险股份有限公司 2016 年度财务三表

1. 资产负债表（本公司）

单位：人民币元

资 产	附 注	2016 年 12 月 31 日	2015 年 12 月 31 日
货币资金	十四(1)	6 933 574 197	6 153 216 671
以公允价值计量且其变动计入当期损益的金融资产	十四(2)	193 419 056	415 358 036
衍生金融资产		—	32 401 596
买入返售金融资产	八(3)	2 676 417 214	19 000 127
应收利息	十四(3)	2 426 499 347	2 747 645 789
应收保费	八(5)	25 632 177 319	26 977 568 391
应收分保账款	八(6)	10 972 085 523	6 972 463 897
应收分保未到期责任准备金		5 849 052 595	6 768 450 986
应收分保未决赔款准备金		7 503 993 363	8 605 160 278
存出保证金		101 730 047	178 689 610
定期存款	八(7)	27 270 000 000	33 405 000 000
可供出售金融资产	十四(4)	79 269 334 396	64 406 792 906
持有至到期投资	十四(5)	33 064 062 452	36 067 959 464
应收款项类投资	十四(6)	44 806 287 049	34 657 927 474
长期股权投资	十四(7)	7 997 081 686	2 527 306 713
存出资本保证金	八(12)	4 200 000 000	4 200 000 000
投资性房地产	八(13)	1 601 409 537	1 735 230 918
固定资产	八(14)	2 047 595 752	1 877 834 882
无形资产	八(15)	8 345 426	12 680 936
递延所得税资产	八(16)	4 881 125 301	3 340 710 109
其他资产	十四(8)	**7 532 524 056**	**3 636 386 509**
资产总计		**274 966 714 316**	**244 737 785 292**

负债及股东权益	附注	2016 年 12 月 31 日	2015 年 12 月 31 日
负债			
衍生金融负债		2 577 868	—
存入保证金		456 051	442 811
卖出回购金融资产款	十四(9)	2 224 699 435	5 341 785 116
预收保费		13 552 589 020	10 802 301 797

（续表）

负债及股东权益	附注	2016 年12 月 31 日	2015 年12 月 31 日
应付手续费及佣金		3 660 400 395	2 851 437 489
应付分保账款	八（21）	12 210 240 948	6 891 908 272
应付职工薪酬	十四（10）	4 943 500 982	3 696 046 019
应交税费	十四（11）	4 689 545 244	4 943 831 922
应付利息		105 587 396	105 629 987
保户储金及投资款	八（24）	70 047 229	132 499 576
未到期责任准备金	八（25）	90 496 191 193	82 480 930 163
未决赔款准备金	八（25）	62 667 025 005	55 861 539 693
农业保费准备金	八（26）	133 498 270	92 090 359
应付债券	八（27）	8 129 396 438	8 073 486 132
其他负债	十四（12）	8 524 635 138	5 201 713 918
负债合计		211 410 390 612	186 475 643 254
股东权益			
股本	八（29）	21 000 000 000	21 000 000 000
资本公积	八（30）	（29 332 389）	（9 158 669）
其他综合收益	十四（20）	1 597 017 941	2 478 697 107
盈余公积		17 847 463 816	16 618 860 361
一般风险准备	八（32）	5 551 924 139	4 323 320 684
未分配利润	八（33）	17 589 250 197	13 850 422 555
股东权益合计		63 556 323 704	58 262 142 038
负债和股东权益总计		274 966 714 316	244 737 785 292

2. 利润表（本公司）

单位：人民币元

	附 注	2016 年度	2015 年度
一、营业收入		162 623 295 912	145 186 148 455
保险业务收入	八（34）	177 996 918 742	163 687 625 123
其中：分保费收入		89 265 531	46 755 214
减：分出保费		（15 714 809 732）	（19 119 679 372）
提取未到期责任准备金	八（35）	（8 934 659 421）	（10 502 132 286）
已赚保费		153 347 449 589	134 065 813 465
投资收益	十四（13）	8 368 869 605	10 211 453 782
公允价值变动损益	十四（14）	（37 147 293）	33 454 471

（续表）

	附 注	2016 年度	2015 年度
汇兑收益		91 377 815	59 206 467
其他业务收入		852 746 196	816 220 270
二、营业支出		（147 854 694 075）	（129 512 737 672）
赔付支出	八(38)	（84 359 143 239）	（74 333 441 667）
减：摊回赔付支出		8 867 153 688	8 952 373 411
提取保险责任准备金	八(39)	（6 805 485 312）	（12 552 330 127）
减：摊回保险责任准备金		（1 101 166 915）	1 915 971 058
提取农险保费准备金	八(26)	（41 850 289）	（38 824 973）
分保费用		（12 259 808）	（11 136 404）
手续费及佣金支出		（25 515 590 102）	（19 630 564 839）
税金及附加	十四(15)	（4 002 861 936）	（9 240 702 848）
业务及管理费	十四(16)	（39 657 536 148）	（30 903 953 461）
减：摊回分保费用		6 058 904 120	7 686 035 035
财务费用		（434 910 306）	（213 255 027）
其他业务成本	十四(16)	（296 166 828）	（108 213 248）
资产减值损失	八(42)	（553 781 000）	（1 034 694 582）
三、营业利润		14 768 601 837	15 673 410 783
加：营业外收入	十四(17)	258 554 579	253 004 614
减：营业外支出	十四(18)	（127 274 971）	（113 204 532）
四、利润总额		14 899 881 445	15 813 210 865
减：所得税	十四(19)	（2 613 846 893）	（3 437 166 127）
五、净利润		12 286 034 552	12 376 044 738
六、其他综合(亏损)/收益的税后净额			
以后将重分类进损益的其他综合(亏损)/收益			
可供出售金融资产公允价值变动		（844 384 385）	1 758 139 192
权益法下在被投资单位以后将重分类进损益的其他综合亏损中享有的份额		（37 294 781）	（11 574 106）
其他综合(亏损)/收益合计	十四(20)	（881 679 166）	1 746 565 086
七、综合收益总额		11 404 355 386	14 122 609 824

3. 现金流量表（本公司）

	附注十四	2016 年度	2015 年度
一、经营活动产生的现金流量			
收到原保险合同保费取得的现金		189 639 898 493	163 897 966 793
收到的其他与经营活动有关的现金		1 230 863 904	853 739 130
经营活动现金流入小计		190 870 762 397	164 751 705 923
支付原保险合同赔付款项的现金		(81 748 582 911)	(71 980 473 017)
再保业务产生的现金净额		555 197 311	(2 827 071 014)
保户储金及投资款净减少额		(60 870 813)	(123 072 246)
支付手续费及佣金的现金		(24 706 627 196)	(19 140 780 305)
支付给职工以及为职工支付的现金		(13 535 479 566)	(11 984 158 684)
支付的各项税费		(15 621 604 072)	(14 913 972 442)
支付的其他与经营活动有关的现金	21(3)	(29 695 898 198)	(19 823 090 853)
经营活动现金流出小计		(164 813 865 445)	(140 792 618 561)
经营活动产生的现金流量净额	21(1)	26 056 896 952	23 959 087 362
二、投资活动产生的现金流量			
收回投资所收到的现金		111 977 778 904	103 411 737 647
取得投资收益收到的现金		12 588 261 021	9 621 116 385
处置投资性房地产、固定资产和其他长期资产收回的现金净额		67 755 914	48 900 255
收到的其他与投资活动有关的现金		79 906 641	—
投资活动现金流入小计		124 713 702 480	113 081 754 287
投资支付的现金		(136 597 316 244)	(143 875 563 303)
购建投资性房地产、固定资产、无形资产和其他长期资产支付的现金		(740 648 357)	(628 846 437)
收购子公司支付的现金净额		—	(327 304 000)
支付的其他与投资活动有关的现金		(264 359 888)	(268 350 178)
投资活动现金流出小计		(137 602 324 489)	(145 100 063 918)
投资活动产生的现金流量净额		(12 888 622 009)	(32 018 309 631)
三、筹资活动产生的现金流量			
发行债券收到的现金		—	5 000 000 000
卖出回购业务资金净增加额		—	4 141 585 116
筹资活动现金流入小计		—	9 141 585 116

（续表）

	附注十四	2016 年度	2015 年度
偿还债务所支付的现金		—	（2 500 000 000）
分配股利及偿付利息支付的现金		（6 607 878 173）	（338 204 451）
卖出回购业务资金净减少额		（3 117 085 681）	—
筹资活动现金流出小计		（9 724 963 854）	（2 838 204 451）
筹资活动产生的现金流量净额		（9 724 963 854）	6 303 380 665
四、汇率变动对现金及现金等价物的影响		65 177 050	73 852 080
五、现金及现金等价物净增加/（减少）额	21(2)	3 508 488 139	（1 681 989 524）
加：年初现金及现金等价物余额		6 222 272 718	7 904 262 242
六、年末现金及现金等价物余额	21(4)	9 730 760 857	6 222 272 718

三、光大永明人寿保险有限公司 2016 年度财务三表

1. 资产负债表（本公司）

（单位：人民币元）

	2016 年	2015 年
资产		
货币资金	594 688 620.98	1 242 468 355.02
以公允价值计量且其变动计入当期损益的金融资产	658 396 809.97	311 374 597.02
买入返售金融资产	614 129 362.41	999 300 470.00
应收利息	326 908 713.14	448 103 856.43
应收保费	177 060 973.11	84 049 355.18
应收分保账款	98 503 538.27	211 033 552.49
应收分保未到期责任准备金	20 125 444.82	20 953 060.06
应收分保未决赔款准备金	21 026 277.15	10 411 500.25
应收分保寿险责任准备金	10 337 456.38	11 331 945.01
应收分保长期健康险责任准备金	24 061 093.67	19 532 109.21
保户质押贷款	302 858 105.67	261 573 909.87
定期存款	2 230 694 800.00	4 621 083 200.00
归入贷款及应收款的投资	2 922 404 436.00	2 802 399 164.00
可供出售金融资产	12 849 430 184.83	11 142 220 837.04
持有至到期投资	287 507 149.76	439 323 620.45
存出资本保证金	1 117 992 000.00	1 100 128 000.00
长期股权投资	973 169 917.11	941 331 554.10
固定资产	44 506 661.10	47 574 286.79

(续表)

	2016 年	2015 年
在建工程	1 084 801 299.82	1 036 223 018.33
无形资产	86 398 981.88	79 241 459.03
独立账户资产	24 232 518 105.22	24 970 416 466.44
其他资产	1 174 710 106.72	524 416 601.19
资产总计	49 852 230 038.01	51 324 490 917.91

	2016 年	2015 年
负债和所有者权益		
卖出回购金融资产款	1 868 153 141.86	2 838 244 217.67
应付利息	5 038 364.66	3 810 952.25
预收保费	97 656 733.75	97 138 823.51
应付手续费及佣金	75 726 497.87	21 337 552.83
应付分保账款	105 865 744.04	182 524 677.92
应付职工薪酬	99 424 661.29	84 765 105.50
应交税费	5 131 679.19	41 478 678.23
应付赔付款	523 494 057.16	362 692 875.24
应付保单红利	233 507 684.93	240 981 370.17
保户储金及投资款	6 977 510 888.82	7 429 181 721.65
未到期责任准备金	73 364 295.00	68 912 461.05
未决赔款准备金	366 887 043.27	316 523 075.97
寿险责任准备金	9 128 288 397.48	7 880 692 543.40
长期健康险责任准备金	917 275 410.54	674 294 057.53
应付债券	900 000 000.00	900 000 000.00
独立账户负债	24 232 518 105.22	24 970 416 466.44
其他负债	243 799 286.21	675 781 678.01
预计负债		3 200 000.00
负债合计	45 853 641 991.29	46 791 976 257.37
所有者权益		
实收资本	5 400 000 000.00	5 400 000 000.00
资本公积	278 670 455.04	278 670 455.04
其他综合收益	(49 712 866.04)	486 310 751.64
未弥补亏损	(1 630 369 542.28)	(1 632 466 546.14)
所有者权益合计	3 998 588 046.72	4 532 514 660.54
负债和所有者权益总计	49 852 230 038.01	51 324 490 917.91

2. 利润表（本公司）

（单位：人民币元）

	2016 年	2015 年
营业收入	6 258 140 246.42	5 058 409 748.70
已赚保费	4 921 882 801.57	2 971 910 685.68
保险业务收入	5 072 083 240.38	3 121 539 538.18
减：分出保费	（144 920 989.62）	（144 860 917.43）
提取未到期责任准备金	（5 279 449.19）	（4 767 935.07）
投资收益	1 066 845 234.22	1 835 725 395.02
其中：对联营企业的投资收益	40 961 388.24	21 485 056.74
公允价值变动（损失）/收益	（30 474 183.01）	（18 536 644.53）
汇兑收益/（损失）	28 447 053.96	24 411 795.24
其他业务收入	271 439 339.68	244 898 517.29
营业支出	（6 248 949 272.18）	（4 898 914 787.89）
退保金	（369 062 085.00）	（604 662 021.64）
赔付支出	（2 373 984 165.35）	（3 035 742 088.09）
减：摊回赔付支出	73 113 327.52	98 592 286.10
提取保险责任准备金	（1 540 941 174.39）	887 056 593.21
减：摊回保险责任准备金	14 149 272.73	（53 617 957.79）
保单红利支出	（108 434 262.14）	（128 240 993.40）
营业税金及附加	69 169 221.75	（154 906 829.73）
手续费及佣金支出	（423 808 894.95）	（200 212 580.47）
业务及管理费	（1 168 746 728.64）	（1 095 875 704.90）
减：摊回分保费用	42 076 729.99	61 780 359.26
其他业务成本	（388 763 143.76）	（632 593 842.48）
资产减值损失	（73 717 369.94）	（40 492 007.96）
营业利润/（亏损）	9 190 974.24	159 494 960.81

	2016 年	2015 年
营业利润/（亏损）	9 190 974.24	159 494 960.81
加：营业外收入	3 001 807.98	4 010 392.14
（其中：非流动资产处置利得）	17 457.09	2 128.78
减：营业外支出	（10 095 778.36）	（11 747 117.16）
（其中：非流动资产处置损失）	（669 817.16）	（1 098 133.48）
利润/（亏损）总额	2 097 003.86	151 758 235.79
减：所得税费用	—	—

（续表）

	2016 年	2015 年
净利润/（亏损）	2 097 003.86	151 758 235.79
其他综合收益的税后净额	（536 023 617.68）	360 977 822.84
以后将重分类进损益的其他综合收益	（536 023 617.68）	360 977 822.84
可供出售金融资产公允价值变动	（536 023 617.68）	360 977 822.84
综合收益总额	（533 926 613.82）	512 736 058.63

3. 现金流量表（本公司）

（单位：人民币元）

	2016 年	2015 年
经营活动产生的现金流量：		
收到原保险合同保费取得的现金	4 977 260 376.42	2 566 673 434.79
收到的先征后返营业税	83 575 450.52	971 551 409.93
收到再保业务现金净额	6 140 148.23	—
收到其他与经营活动有关的现金	1 349 943 773.37	91 946 119.91
经营活动现金流入小计	6 416 919 748.54	3 630 170 964.63
保户储金及投资款净减少额	（723 483 163.22）	（4 131 255 138.49）
支付原保险合同赔付款项的现金	（2 272 603 462.24）	（3 117 689 433.48）
支付再保险业务现金净额	—	（15 923 554.51）
支付手续费及佣金的现金	（418 196 491.50）	（255 787 132.38）
支付保单红利的现金	（115 907 947.38）	（166 954 870.71）
支付给职工以及为职工支付的现金	（660 679 279.30）	（531 142 235.00）
支付的各项税费	（150 802 238.80）	（69 390 108.55）
支付其他与经营活动有关的现金	（2 783 436 600.55）	（783 522 997.26）
经营活动现金流出小计	（7 125 109 182.99）	（9 071 665 470.38）
经营活动产生的现金流量净额	（708 189 434.45）	（5 441 494 505.75）
投资活动产生的现金流量：		
收回投资收到的现金	14 324 689 230.46	44 071 908 338.42
取得投资收益收到的现金	1 109 772 809.39	3 639 342 535.42
处置固定资产、无形资产和其他长期资产所收到的现金	77 412.57	856 067.90
收到其他与投资活动有关的现金	107 334 923.53	—
投资活动现金流入小计	15 541 874 375.95	47 712 106 941.74

	2016 年	2015 年
投资支付的现金	（13 557 446 364.26）	（42 601 387 958.44）
保户质押贷款净增加额	（39 983 624.02）	（38 285 360.77）
购建固定资产、无形资产和其他长期资产支付的现金	（86 446 800.57）	（38 234 903.63）
支付其他与投资活动有关的现金	（310 252 991.83）	（101 975 013.84）
投资活动现金流出小计	（13 994 129 780.68）	（42 779 883 236.88）
投资活动产生的现金流量净额	1 547 744 595.27	4 932 223 705.06
筹资活动产生的现金流量：		
收到卖出回购金融资产款现金	—	1 193 852 236.78
收到其他与筹资活动有关的现金		5 599 999.90
筹资活动现金流入小计	—	1 188 252 236.88
支付卖出回购金融资产款现金	（970 091 075.81）	—
偿付利息支付的现金	（88 866 874.93）	（132 863 481.47）
筹资活动现金流出小计	（1 058 957 950.74）	（132 863 481.47）
筹资活动产生的现金流量净额	（1 058 957 950.74）	1 055 388 755.41
汇率变动对现金及现金等价物的影响	28 447 053.96	19 305 995.24
现金及现金等价物净增加额	（190 955 735.96）	565 423 949.96
加：年初现金及现金等价物余额	1 479 438 180.29	914 014 230.33
年末现金及现金等价物余额	1 288 482 444.33	1 479 438 180.29

参 考 文 献

［1］财政部会计司编写组.《企业会计准则第 22 号——金融工具确认和计量》应用指南,2018

［2］财政部.企业会计准则第 22 号——金融工具确认和计量(2017 年修订),2017 年

［3］财政部.企业会计准则第 25 号——保险合同,2020 年 12 月

［4］光大永明人寿股份有限公司 2016 年度信息披露报告［R］.

［5］郭振华.IFRS17 内在原理及新财务报告［M］.上海：上海交通大学出版社

［6］侯旭华.保险公司会计［M］.第五版.上海：复旦大学出版社.2016.

［7］彭雪梅.保险会计学［M］.第二版.成都：西南财经大学出版社.2010.

［8］企业会计准则编审委员会,企业会计准则应用指南.［M］.上海：立信会计出版社.2015.

［9］瑞士再保险公司研究部.了解寿险业盈利状况［J］.Sigma 杂志,2012(1).

［10］瑞士再保险经济研究部.保险公司的资产与负债管理［J］.Sigma 杂志.2000(6).

［11］瑞士再保险经济研究部.极具挑战的全球投资［J］.Sigma 杂志,2010(5).

［12］中国保监会,保险公司偿付能力监管规则(1—17 号)［S］

［13］中国精算师协会.精算实践标准：人身保险内含价值评估标准［S］.2016 年 36 号文.

［14］中国平安 2015 年年度报告［R］.

［15］中国平安 2016 年年度报告［R］.

［16］中国平安财产保险股份有限公司 2016 年度信息披露报告［R］.

［17］中国人保资产管理公司保险与投资研究所.伯克希尔哈撒韦的运营经验及启示.研究报告［R］.2014.12.31.

［18］中国人寿保险股份有限公司 2015 年年度报告［R］.

［19］中国人寿保险股份有限公司 2016 年年度报告［R］.

［20］中国银行保险监管管理委员会偿付能力监管部,《保险公司偿付能力监管规则及讲解》,中国金融出版社,2022

［21］周国端.保险财务管理：理论/实务/案例[M].北京：中信出版社.2015.

［22］IASB.Amendments to IFRS 17,2020 年 6 月

［23］IASB.IFRS 17 Insurance Contracts,2017 年 5 月

索　引

B

保单红利　13,16,42,46 - 48,118,156,169,184,234,235,254,300,303,307,
　　308,310,311,315 - 317,324 - 326

保单未来盈余　174 - 178,180,181,252,253,264,265

保费分配法　284 - 286,288,301

保户储金及投资款　9 - 14,24,35,42 - 46,52,102,105 - 108,112,113,115,
　　117,119,124,126 - 130,134,156,169,233 - 235,244,252,284,300,309,311,
　　315,317,320,322,324,326

保户投资款新增交费　2,4,6 - 9,25,36,37,42 - 44,102,105,107,117,284

保户投资款业务　42 - 46,102,105 - 107,110 - 112,115 - 117,119 - 123,126,
　　127,130,141,235

保险财务损益　292 - 294,309,310,312,313

保险风险　5 - 8,15,18,103,150 - 153,159,161,164,171,178,182 - 188,190,
　　193,195 - 197,199,201,203 - 205,229,230,245,254,255,260,265,266,282,
　　283,288,306,312

保险服务费用　289 - 291,306 - 308,310 - 312

保险服务收入　285,289 - 292,305 - 308,310,312

保险混合合同　2,5

表外业务　111,112,116,123

C

长期股权投资　52,53,65,67,70 - 81,83,87 - 89,91,98,167,168,180,209,
　　212,213,215,251,253,263 - 265,299,314,319,323

长期健康险责任准备金　9 - 14,16,21,22,25,36 - 39,41,46,48,49,91,151,
　　153,156,169,252,300 - 302,314,315,323,324

偿付能力　69,70,77,80,81,111,135,138,150,153,155,158 - 163,165,166,

169,171,175,181 - 185,187,188,193,206,207,211,212,217,224,228 - 232,
239,242,247 - 250,252,256,258 - 260,265,267,269,270,276

偿付能力充足率　135,158,161,162,173,174,181,210,215,217,248 - 250,
259,260,265,278

偿付能力额度　141,159,162

承保利润　1,11,19,23,24,27,30 - 35,40,43,47 - 49,52,96,102,110,112,
114,116,118,121 - 123,128,129,136,137

持有至到期投资资产　56 - 62

穿透计量　163,164,182,218,220,223,224,226

D

贷款类投资资产　60,62

独立账户负债　9,10,12 - 14,42 - 46,52,54,89,102,103,105,106,108,111,
112,117,119,124,127,128,134,169,170,183,244,251,252,262,284,300,
315,324

独立账户业务　42 - 46,102 - 107,110 - 113,116,117,121,123,235

独立账户资产　54,89,91,103,104,111,112,167,183,250,262,300,314,324

F

非基础资产　164,205,209,211,212,214,215,218 - 227

非金融风险调整　284,287 - 292,301 - 303

分保费用　24,29 - 31,35,46,47,114,118,137,138,286,304,307,310,311,
316,321,325

分红险　5,7,9,10,12,17,42,97,106,125,134,135,184

风险边际　15 - 20,169,170,174,175,284,287,288,302

风险综合评级　161,162,165,248,249,259

浮动收费法　284,285,297,301,309,310

附加资本　182,183,185,186,250,255,260,267

附属资本　161,166,170,172,173,181,251

G

公司成本率　125 - 127,133

共保　201

股价风险　150,152 - 154

固有风险　161,183

H

合理估计负债　15,16,18－20,134,169,174,175,284,287,288,302

合同服务边际　284－292,301－303,306,312

合营企业　70－73,75,77,78,92－95,167,168,209,213,247,250,251,261,263,305,310,316

核心偿付能力充足率　161,249,250,259,260

核心资本　161,166,170,172－174,181,249,252,259

汇率风险　150,152,154,155,205,214,255,266,267

J

基础资产　209,220,221,223－226

集中度风险　165,190,205,215,221,222,258,271

交易对手违约风险　215－219,221,223－226,255,266,267

交易性金融资产　52,54－56,65,69,70,77,87,92,93,233,234,295,299,300

金融资产　8,11,13,46,52－54,56－58,60－63,66－71,89－91,97,105,107,111,113,120,121,150,152－157,167,210,217,222,232,233,236－241,252,261,294－297,299,300,304,305,309,311,314,315,317－319,321,323,324,327

经营活动净现金流回溯不利偏差率　242,243,257,269,270

净投资收益　92－95,132,133,294

净投资收益率　94,95,132,133,138,145

净现金流　15,16,19,58,59,170,204,207,240－244,257,258,270,271,304

净资产收益率　131,145,147,256,268

K

可供出售金融资产　52,53,63－70,77－81,83,87－93,153,154,256,294－297,300,305,309,311,314,317,319,323,326

客户成本率　125－127,133

控制风险　97,161,165,182,183,185,186,228,230,231

控制风险最低资本　182,185,228－231,250,254,255,260,267

L

利差风险　215－221,227,228,255,266

利率风险　150,152,153,159,205－208,215,217,225,227,228,254,255,266,267

联营企业　71－73,75,77,78,81,92－95,167,168,209,213,247,250,251,261,
　263,305,310,316,325

量化风险最低资本　182,185,230,254,255,260,265,266

流动性风险　99,150,155－157,159,161－163,165,229,230,232,233,242－
　248,256－258,269－271

流动性覆盖率　242,243,256,257,269,270

履约现金流量　285－293,307,312

M

每年续保定期再保险　201

N

内含价值　131,139－148,274,277－280

内含价值营运回报率　131,145－148

P

普通寿险　5,7,9,10,12,17,19,97,106,134,136,276

R

认可负债　80,160,166,168－171,180,183,249－252,260－262,264,265

认可资产　77,80,160,166－168,170,180,183,249－253,260－265

S

SARMRA 评估　228－231,248,254,267

剩余边际　15,16,18－20,140,145,169,171,174,175,252,284,287,288,
　302,312

实际利率　57－64,66,68,69,87,295,298,305

实际资本　80,150,159－164,166,167,170,172－175,179,180,182,247－253,
　259－261,263－265

市场风险　150,152,161,163,164,182－185,205,213－215,218,220,221,223,
　225－227,229,230,245,254,255,260,265－267

手续费及佣金支出　28－31,42－44,47,104,105,107,113,114,117,118,120,
　134,137,138,307,308,310,311,316,321,325

寿险责任准备金　9－14,16,19－22,25,36－39,41,46,48,49,91,151,153,
　156,169,252,300,301,314,315,323,324

T

摊余成本　14,53,56－63,68,69,87,295,297

通用模型法　284－286,288,289,301

投连险独立账户新增交费　2,4,6,9,42,102

投资连结保险　4－6,10,35,103,104,167,169,244,246

投资性房地产　52,53,70,84－86,88,89,91－95,114,119,132,167,168,180,
211－214,222,223,237,253,261,263,264,299,314,319,322

退保金　9,21,41,47,118,201,233,235,244,258,259,307,308,310,311,
316,325

W

万能险　4－6,12,14,17,83,97,104－106,113,116,134,135,178,252,284

未到期责任负债　285,287－293,301,303－307

未到期责任准备金　8－16,18,19,21,25－27,31,36－39,46,48,91,113,138,
145,156,168－170,174,175,187,236,252,264,287,288,300,301,305,306,
310,314－316,319,320,323－325

未决赔款准备金　9－15,21,25,27,28,31,36,37,41,46,91,113,138,145,156,
168－170,175,187－190,203,236,244,252,264,287,300,301,314,315,319,
320,323,324

未来现金流量现值　284,287－289,292,302,303

X

新业务价值　131,139,143－148,277－280

新业务价值增长率　131,145,146,279

信用风险　143,150,155,159,161,163,164,182－185,190,193,215,218－223,
225－227,229,230,245,254,255,258,260,265－267

修正共保　201

Y

要素法　284

业务及管理费用　29,44

已发生赔款负债　287,288,290－293,301,307

已赚保费　25,26,28－32,36－39,47,48,114,118,137,138,145,192,305－
308,310,311,316,320,325

以公允价值计量且变动计入当前损益的金融资产　55

以公允价值计量且其变动计入当期损益的金融资产　53,54,66－68,91,233,
234,294,295,300,317

以公允价值计量且其变动计入其他综合收益的金融资产　295,300

以摊余成本计量的金融资产　68,295,297,300,305,310

原保险保费　2-4,7,9,102

Z

重大保险风险测试　2,5-10,12,14,20,39,50,106,282-284

资产收益率　129,132,135,256,268

资金成本率　106,107,124-136

子公司　71,72,77,78,87,88,90,112,166-168,209,213,215,222,237,247,248,250,251,253,261,263,264,318,322

总投资收益　92-95,114,115,119,120,132,133

总投资收益率　94,95,106,113,115,117,119,125,128,130,132,133,135,136,138,145,154

综合偿付能力充足率　135,138,145,161,247,249,250,254,259,260

综合成本率　30,31,47,131,136-139,145,186,187,189,190,192,268

综合赔付率　30,31,47,136,137,139,268

最低资本　99,150,160-164,171,182-190,193-201,203-228,230,247-250,254,255,259,260,265-267

后　　记

　　本教材由上海对外经贸大学资助出版,特别感谢上海对外经贸大学教务处对本书写作和出版的大力支持。

　　我要对上海对外经贸大学历届选修《保险公司经营管理》或《保险财务分析》课程的同学们道谢,正是这些同学的选修给了我一个持续多年的讲台,给了我不断充实和更新相关知识的动力。

　　感谢我的微信公众号"保险神谭"的朋友们,每当我将自己对保险财务分析领域的新感想或新体会通过保险神谭向大家分享时,总能得到用户朋友们的大量阅读、点赞和留言,谢谢各位的关心和支持!

　　感谢上海交通大学出版社吴芸茜女士以及其他编辑对该书的"挑剔"以及对读者和作者高度负责的敬业精神,为本书避免了许多可能出现的失误,保证了质量。

　　最后要特别感谢我的爱人刘敏女士,除上班时间外,我经常利用下班时间写作,挤占了大量的家庭时间,刘敏女士的宽容和承担是本书得以顺利完成的基础。

郭振华
2024 年 5 月 1 日